日本对抚顺煤矿殖民经营研究

郑 超◎著

辽宁人民出版社

图书在版编目（CIP）数据

日本对抚顺煤矿殖民经营研究 / 郑超著.—沈阳：辽
宁人民出版社，2022.4
　　ISBN 978-7-205-10443-6

　　Ⅰ.①日… Ⅱ.①郑… Ⅲ.①日本—殖民统治—煤矿
开采—研究—抚顺 Ⅳ.①K264.07

　　中国版本图书馆CIP数据核字（2022）第073966号

出版发行：辽宁人民出版社
　　　　　地址：沈阳市和平区十一纬路 25 号　邮编：110003
　　　　　http://www.lnpph.com.cn
印　　　刷：辽宁新华印务有限公司
幅面尺寸：170mm×240mm
印　　张：15.75
字　　数：210千字
出版时间：2022年4月第1版
印刷时间：2022年4月第1次印刷
责任编辑：董　喃
装帧设计：留白文化
责任校对：刘再升
书　　号：ISBN 978-7-205-10443-6
定　　价：60.00元

历史的回音

　　历史是一面镜子，可以映照现实、远观未来。历史是最好的教科书，以史为鉴，以史明志，才能更好开创未来。历史是有记忆的，不会随着岁月流逝而湮灭，每一次发掘、每一次梳理，都是重现与反思，都会在民族的共同意识里留下印记。

　　习近平总书记强调，铭记历史，不是为了延续仇恨，而是要引以为戒。传承历史不是为了纠结过去，而是为了开创未来，让和平的星火代代相传。这就需要我们从历史中总结经验，吸取教训，汲取前行的智慧和力量。

　　抚顺煤矿既是近代东北工矿业掠夺史的缩影，也是日本帝国主义侵华罪行的铁证，具有十分重要的研究价值。据史料记载，1931年至1945年日本在中国东北地区掠夺煤炭高达2.4亿吨。早在日俄战争期间，日本就武力抢占抚顺煤炭开采权。1907年，南满洲铁道株式会社（以下简称"满铁"）正式接手抚顺煤矿，由此开启了对"东亚第一矿"长达近40年的殖民经营。20世纪30年代，随着对外侵略战争动员的提速，日本对煤炭、钢铁等战备物资需求激增，抚顺煤矿战备价值和战略地位凸显。

　　日本对抚顺煤矿的殖民性经营，始终以扩大产能、攫取资源为首要目的，在生产、经营、管理等层面进行一系列调整和改进，以求为日本军事扩张提供能源保障和经济支撑。技术上，电气化生产、大露天开采、供电通信等新技术得到应用，煤炭生产率明显提高；销售上，成本优势凸显，迅速占领了我国东北、日本、朝鲜等国内外市场；管理方面，优化调整机构设置，实施"以赛促产"等激励机制。在需求增加、技术领先、高效管理等有利条件催化下，抚顺煤矿于 20 世纪 30 年代中期产能达千万吨，成为东亚首屈一指的大型现代煤矿企业。但这种"现代化"的生产背后却是日本对抚顺煤矿的掠夺式开采，以及残暴对待矿工的"人肉开采"。1907 年至 1945 年间，日本共掠夺抚顺煤炭超 2 亿吨，奴役折磨致死中国矿工超过 25 万人。

七七事变后，在贸易受限、劳力锐减等因素影响下，抚顺煤矿生产经营由盛转衰，产能逐年下降。为扭转不利局面，抚顺煤矿对生产、经营、管理等环节进行调整，采取制订五年发展规划、强化特殊工人管理、强制性招募劳动力等手段，力图增加产能、提高绩效，但收效甚微。太平洋战争爆发后，物资供应不足、劳动力短缺、工人反抗运动等问题进一步加剧，抚顺煤矿生产经营每况愈下，陷入发展困境。

抚顺煤矿对中国矿工的剥削压榨，最能体现抚顺煤矿的殖民性特征。日方无视矿工生死安危，在高强度、高风险的作业环境里，强制施行以血肉换资源的"人肉开采"政策，导致矿难频发、数以万计矿工死亡。在殖民者和汉奸把头双重盘剥欺凌下，广大矿工待遇低下，生活赤贫，生命安全毫无保障，更谈不上其他正当权益与合理诉求。

需要指出的是，抚顺煤矿的"工运"斗争得到了党的领导，中共满洲省委多次派人到抚顺煤矿开展党的工作，在抚顺正式成立了特支，宣传马克思主义，组织工人建立红色工会，领导罢工斗争，使矿山运动由自发的经济斗争，发展为自觉的、有组织的政治斗争，打击了日本殖民当局的嚣张气焰。

总体而言，作为日本庞大殖民经济体系中的一环，抚顺煤矿在近 40 年的殖民经营史中，始终无力摆脱时局变化影响和日本军政制约。掠夺与剥削始终是日本殖民当局的终极目标，而在投资、技术、管理、销售等诸多环节，则体现了日本殖民主义"将资本与技术转移满洲开发"的总方针。在外部环境的强力作用下，日本殖民经营下的抚顺煤矿缺乏独立性，更不具备延续性，而其"不自觉"状态下促成的所谓"现代性"表现，本质上也是一种畸形的城市化，归根结底是为了满足日本的殖民统治。可以说，抚顺煤矿的殖民经营史是日本军国主义侵华最有说服力的罪证。

整理发掘抚顺煤矿的殖民经营史，是为了更好地保存历史记忆、启示当下、关照未来，唯有铭记历史、以史为镜，才能获得启迪，更加振奋精神、发愤图强。

写作过程中，我的博士生导师南京大学历史学院中国史主任李玉教授、合作导师中国社科院郑一明研究员给予了谆谆教诲、悉心指导和无限启发，还有熊秋良教授、张生教授、崔之清教授对我的建议和帮助。同时，还要感谢辽宁省档案馆、抚顺市档案馆、抚顺市矿务局档案馆的大力支持。正是有了这些有温度的指导和支持，使我的研究成果更充实更完整。

郑超

2022 年 3 月

第三章　抚顺煤矿的生产技术与基础设施

第四章　经济统制下的开采与销售

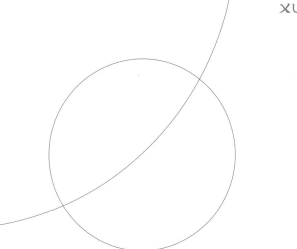

第一章

绪 论

xulun

第一节　研究缘起

一、缘起

煤，被称为"工业的粮食"，既是燃料，又是工业原料，在人类文明史上发挥了至关重要的作用。工业革命以后，煤的战略价值更突出，有力推动了相关国家的近代化。煤矿工业是中国近代最大的工业之一，1933 年净产值为 1 亿元，仅次于棉纺织业的 1.34 亿元和烟草业的 1.26 亿元。就雇佣工人而言，现代煤矿业中大约有 27 万名矿工，比棉纺织厂 19.9 万名工人还多。[①]中国煤炭资源储量巨大，成为近代列强争夺瓜分的重点。1895 年《马关条约》的签订，是中国近代经济发展的重要转折点，外国资本利用条约获得在华办厂资格，纷纷在沿海口岸城市投资设厂，并把魔爪伸向内地矿产资源，尤其在煤铁两矿投资开采方面，迅速超过其对工厂的投资。列强通过独自开采、合资开采及强制吞并等手段，控制了中国 90% 以上的采煤权和 80% 以上的铁矿开采权。

特别在东北地区，日俄两大列强争霸，围绕量丰质优的煤矿资源进行激烈博弈和争夺，终以日本完胜、独霸关外告终。据统计，近代以来 90% 的东北煤矿资源遭到日本染指支配。在东北各大煤矿中，抚顺煤矿以高产量、高质量著称，所产之煤挥发性好，灰分较低，热量高达 7000 大卡，为全国品质最佳的

---

① 刘大中、叶孔嘉：《中国大陆经济：1933—1959 年的国民收入与经济发展》，1965 年，第 69、143、569、575 页，转引自［澳］蒂姆·赖特：《中国经济和社会中的煤矿业：1895—1937》，丁长清译，东方出版社，1991 年，第 3 页。

炼焦煤。抚顺因此被冠以"煤都"之称。

抚顺煤矿是近代日本殖民东北最早建立的工矿企业之一,更是日本殖民东北的重要载体,被日方视为"会社财源""帝国宝库",系"满铁"龙头企业。[①] 与同期其他外资煤矿相比,抚顺煤矿产能一度领先全国、冠绝东亚,而高产能背后是抚顺煤矿长达近40年的殖民经营史,与日本殖民东北的时间基本同步。殖民性特点突出、代表性强的抚顺煤矿,是考察日本在华经济掠夺与扩张的典型个案。

美国学者凡勃伦在其著作《企业论》中指出,现代文明的物质基础是工业体系,而使它活跃起来的主导力量是企业[②]。可见,一个典型企业即是一个民族乃至一个国家工业发展的缩影。抚顺煤矿的殖民性及其特殊地位,决定了其在中国近代企业史扮演的重要角色。作为日本殖民东北最具代表性的企业,抚顺煤矿的发展与困境、辉煌与衰落,每一次生产经营层面的重大变化,均与影响近代中国走向的历史大事件紧密相关。研究抚顺煤矿,具有重要的史学价值。

通过相关史料阅读和资料梳理,笔者决定选取抚顺煤矿为研究对象,将其置于日本在华经济掠夺的历史大背景下予以考察,从企业史研究视角切入,重点考察其殖民性特征、表现及影响,通过微观考察、个案分析,探究史实真相。

二、研究意义

抚顺煤矿位于辽宁东部,距省会沈阳市约70华里,具体位置在抚顺城南浑河之左岸。该矿自被"满铁"掠夺经营以来,"事业日见发达,其规模之大,建筑之精,中国各矿殆无其匹,洵东三省最著名之矿山也"[③]。

---

①抚顺矿务局煤炭志编纂委员会:《抚顺矿区史略 1901—1985》,抚顺矿务局,内部资料,1988年,第37页。

②[美]凡勃伦:《企业论》,蔡受百译,商务印书馆,2011年,第40页。

③陈真、逢先知:《中国近代工业史资料》(第2辑),生活·读书·新知三联书店,1958年,第651页。

1906 年末，日本在大连成立了"满铁"。次年，满铁即被日本政府授权管理经营抚顺煤矿[①]。日本方面称之为"满铁抚顺炭坑"，并任命工学博士松田武一郎任抚顺炭坑长。1911 年 6 月，正式改称为"满铁抚顺炭矿"[②]。

抚顺煤矿由日本经济财团"满铁"直辖经营，管理体制上实行"路矿联营"，从事抚顺、烟台[③]、蛟河、老头沟等地煤矿开采，由铁路部门专门负责运输，所开采的煤炭主要供给日本本土及海外市场。可见，资源掠夺始终贯穿抚顺煤矿的殖民经营史，也是本研究的主线和依据。笔者认为，抚顺煤矿是研究日本在华殖民经营的极佳样本，对其进行微观考察的学术意义，主要体现在以下三个方面：

首先，有助于深化煤矿史的研究。既有研究成果中，单从殖民侵略视角考察煤矿企业发展较多。研究对象上，主要涉及焦作、淄博、井陉等煤矿[④]。对于殖民煤矿代表抚顺煤矿，以往研究几乎没有涉及，遑论以其为对象的个案研究。从学术累积层面而言，对抚顺煤矿的研究，有利于进一步提高学界对日据时期抚顺煤矿乃至东北煤矿的关注度。既有相关研究主要集中于资源掠夺、工人运动等内容，而对企业内部运营管理、生产技术革新、工人日常生活等方面尚付阙如。

其次，有助于拓展企业史研究视角。关于中国近代企业史研究成果，李玉和高超群都做过较为详细的综述[⑤]。总体来说，学界在中国近代企业

---

① 朱诚如主编：《辽宁通史》（第 5 卷），辽宁民族出版社，2009 年，第 92 页。

② 抚顺矿业集团有限责任公司志书编纂委员会：《抚顺矿区志 1901—1985》（下卷），抚顺矿务局，内部资料，2004 年，第 36 页。

③ 烟台煤矿，即抚顺煤矿支矿，矿区在辽宁省辽阳县。唐代即有人采掘，1899 年部分矿区被东清铁路公司俄人租采。日俄战争后，被日本占有，由南满洲铁道株式会社开采。

④ 笔者通过学术检索工具发现，既有煤矿个案研究不多，且主要是硕士论文，而博士学位论文相对少见。主要有郭士浩主编：《旧中国开滦煤矿工人状况》，人民出版社，1985 年；杨玉霞：《山西近代煤矿企业的个案研究：山西保晋矿务公司》，山西大学硕士学位论文，2012 年；董佳康：《民国时期焦作煤矿矿难问题研究》，华中师范大学硕士学位论文，2009 年；郝飞：《近代开滦煤矿矿难研究》，河北大学硕士学位论文，2009 年；王瑛：《1937—1945 年间日本对井陉煤矿的掠夺与"开发"研究》，河北师范大学硕士学位论文，2011 年。

⑤ 参见李玉：《中国近代企业史研究概述》，《史学月刊》，2004 年第 4 期；高超群：《中国近代企业史的研究范式及其转型》，《清华大学学报》（哲学社会科学版），2015 年第 6 期。

史研究中，多集中在劳工问题、企业性质、企业制度与公司治理机制等方面。相对而言，有关此类特殊企业的自身行为、内部经营与管理、工人日常生活等问题仍有待深入。本文尝试通过微观考察，探讨此类日据企业的殖民性特征，以期为当前学界企业史研究提供一个新视角。

再次，有助于深化对近代中国工业化进程的认识。近代中国工业化具有典型的后发外生特征。简言之，外来资本在中国的工业化进程中，发挥了不可忽视的作用，其一方面掠夺中国资源，榨取剩余价值，打击民族工业，另一方面引进先进生产和管理技术，客观上推动了中国的工业化进程。作为以资源掠夺为主要导向的抚顺煤矿，充分体现了该特征。但与其他外资企业不同的是，抚顺煤矿的发展，一定程度上加速了抚顺城市的形成与发展。尽管如此，这并不能改变日本在华资源掠夺的殖民本质。对于这种"非主观"影响和作用，应如何看待和理解？亦是本文重点探讨和解决的问题。

第二节　学术史回顾

煤矿在近代中国工业史中占有重要地位。以下拟从煤矿史、企业史、城市史等方面对近30年来煤矿史研究作简要梳理，以期对本研究提供参照和借鉴。

一、煤矿史研究

目前学界对于煤矿史的相关研究，主要集中在以下几个方面：
首先，近代煤矿发展概况的总体性研究。祁守华、吴晓煜主编的《近代中国煤矿史》，对近代中国煤矿史进行了全面的梳理，将煤矿开发划分为3个时期，逐一分析各时期煤炭资源开发影响因素，勾勒出完整的煤炭资源开发构架体系，还综合考量了社会背景、资本、技术、劳动力、市场运销等因素，对近代煤炭资源开采最终衰落进行深入分析，突破以往单纯将煤炭资源开发作为一种经济行为的局限，也是迄今为止国内对近代中国煤炭资源开发研究最为全面的著作。其中，对日本在东北及全国地区煤炭资源掠夺情况、影响进行了评述[1]。薛毅《关于中国煤矿历史研究的回顾与思考》则对20世纪以来中国煤矿历史研究总体情况进行了述评，提出了建立中国煤矿历史整体观的学术见解[2]。以矿业发展脉络为主要内容的专著包括朱训主编《中国矿业史》、马韵珂《中国矿业史略》，这类专著历史跨度大，展示了从古至今的矿业发展历程，对理清中国煤矿发展历史脉络有一定参照和借鉴。

其次，区域研究多集中于煤矿资源丰富、发展历史较长的地区。华北、华东、山西等地区一直是学界关注的热点区域。刘龙雨《清代至民国时期华北煤炭开发：1644—1937》，以时间段为线索，重点考察清初至全面抗战前的华北煤炭发展状况，突出对矿工、矿业城市、铁路等的考察，力求展现整个华北地区煤炭开发全貌。[3] 马伟《煤矿业与近代山西社会：1895—1936》从煤矿业与社会关系视角出发，考察煤炭资源、煤矿业与近代山西政治、经济的内部关联，在客观全面展示近代山西煤矿业发展脉络的同时，试图阐明其对区域社会变迁的影响力[4]。东北地区煤炭资源开发历史悠久，王林楠《近代东北煤炭资源开发》一文以近代东北煤炭资源开发为研究对象，通过分区比较，选择典型性较强的阜新、抚顺、鹤岗等煤矿，进行地理、技术等层面的分析，分析近代东北煤炭资源开

① 祁守华、吴晓煜：《近代中国煤矿史》，煤炭工业出版社，1990年。
② 薛毅：《关于中国煤矿历史研究的回顾与思考》，《中国矿业大学学报》（社会科学版），2007年第4期。
③ 刘龙雨：《清代至民国时期华北煤炭开发：1644—1937》，复旦大学博士论文，2006年。
④ 马伟：《煤矿业与近代山西社会：1895—1936》，山西大学博士论文，2007年。

发兴衰起伏的自然及历史原因[1]。

　　台湾地区学者也有一些关于近代东北煤炭开发问题的研究成果。其中以陈慈玉教授为代表，她发表了包括东北地区在内的近代中国煤矿资源开发问题的众多研究成果。其代表作《台湾矿业史上的第一家族——基隆颜家研究》主要展示颜家企业掌门人颜国年1924年对大陆华北、东北地区及日本煤矿等历时两个半月的参观访问情况，重点考察了开滦、抚顺、淄川、中兴等煤矿，对整个中国煤矿史研究有一定的参考价值[2]。另外，西方及日本学者研究成果亦较多，如久保山雄三《支那石炭事情》、芳贺雄《支那矿业史》、澳大利亚蒂姆·赖特《中国经济和社会中的煤矿业：1895—1937》等，都有颇有造诣的研究佳作，提供了有别于国内研究的新颖视角，对扩展研究视阈有所助益。

　　再次，帝国主义掠夺中国近代煤矿研究方面。相关成果较多，以英资企业福公司为典型。如薛毅《英国福公司在中国》[3]、翁文灏《关于福公司的历史回顾》等论文重点考察了英商福公司在华发展历程，揭示出其掠夺中国煤炭资源的独特手段，即步步为营式的掠夺。杨炳延《1897—1904年英国福公司侵占河南矿山的阴谋活动》、黄天弘《论1897—1915年英国福公司对河南矿产资源的掠夺及其影响》等详细论述了福公司对河南矿产资源的掠夺过程，及对豫北近代经济的作用和影响。[4] 李玉《尽一分努力，保一分利权——河南官员与晚清福公司办矿交涉》、何玉畴《清朝末年河南人民向英商福公司收回矿权斗争》、景东升《论近代河南官民对英国福公司经济侵略的斗争方式》等，则重点叙述福公司对豫北矿权的掠夺过程，反映出晚清各方势力围绕矿权的斗争博弈，以及河南人

　　① 王林楠：《近代东北煤炭资源开发研究（1895—1931）》，吉林大学博士论文，2010年。
　　② 陈慈玉：《台湾矿业史上的第一家族——基隆颜家研究》，基隆市立文化中心，1999年。
　　③ 薛毅：《英国福公司在中国》，武汉大学出版社，1992年。
　　④ 杨炳延：《1897—1904年英国福公司侵占河南矿山的阴谋活动》，《史学月刊》，1964年第8期；黄天弘：《1897—1915年英国福公司对河南矿产资源的掠夺及其影响》，郑州大学硕士论文，2002年。

民收回矿权的英勇斗争与措施^①。

开滦煤矿研究成果也十分丰硕。云妍《中国早期工业化中的外资效应——以近代开滦煤矿的外溢性影响为中心》一文，重点从开滦煤矿经营主体变动后的兴盛繁荣及对地区工业化作用、"鲇鱼效应"促使国人纷纷投资矿业进入市场竞争、开滦煤矿引起的中外资本利益冲突等方面展开论述，并从政策、法律、战争等外部因素研究开滦煤矿的政治及社会影响^②。王广军《论近代日本对阜新煤炭资源开发权的攫取》，以较具代表性的阜新煤矿为研究对象，分阶段揭示近代日本对我煤炭资源掠夺的过程和特点^③。

最后，近代矿难与矿工运动研究。这方面研究多以矿难为切入口，侧重政治因素及对社会的影响。刘影、施式亮《中国近代煤矿业发展历程及煤矿事故概况研究》梳理了中国近代煤矿业发展历程中的煤矿事故概况，主要从社会层面分析事故原因^④。薛毅《中国煤矿早期工人运动论述》对早期中国煤矿的工人运动进行了梳理和考察，重点对五四运动前的工人运动进行综合研究^⑤。薛世孝论文《一九二五年英商福公司焦作煤矿罢工》以1925年持续8个月之久的煤矿大罢工为研究对象，详细考察相关影响因素，肯定了罢工的积极作用^⑥。有关近代煤矿工人工作环境及待遇问题，郝飞在《英日统治开滦煤矿时期对生产力的掠夺述论》有所论述，认为劳动力严重过剩、资本家对利润的贪婪和对劳工生命的冷漠，是开滦统治者实施掠夺式生产的主要原因，直接后果就是矿难频发、伤

---

① 何玉畴：《清朝末年河南人民向英商福公司收回矿权斗争》，《兰州大学学报》（社会科学版），1985年第2期；李玉：《尽一分努力，保一分利权——河南官员与晚清福公司办矿交涉》，《中州学刊》，2000年第1期。

② 云妍《中国早期工业化中的外资效应——以近代开滦煤矿的外溢性影响为中心》，《中国经济史研究》，2010年第1期。

③ 王广军：《论近代日本对阜新煤炭资源开发权的攫取》，《社会科学辑刊》，2009年第2期。

④ 刘影、施式亮：《中国近代煤矿业发展历程及煤矿事故概况研究》，《中国安全生产科学技术》，2009年第1期。

⑤ 薛毅：《中国煤矿早期工人运动论述》，《河南理工大学学报》（社会科学版），2006年第2期。

⑥ 薛世孝：《一九二五年英商福公司焦作煤矿罢工》，《中州学刊》，1982年第3期。

亡惨重 ①。

二、城市史研究方面

煤矿生产是社会化分工的重要体现，煤炭开采需大量不同技术类型的工人，其过程中会产生人口集聚效应。矿工生活区往往是现代城市的雏形，煤炭生产与现代城市的产生发展有重要联系。事实上，以煤为代表的矿产资源开采，曾有效带动了当地城市的兴起。学界对于煤矿开发与城市现代化关系研究较多，主要分为以下几个方面：

首先，近代煤矿开发与城市发展。煤矿产业的兴起，一定程度推进了城市近代化进程，曾发挥了重要推动作用。特别是工业城市，煤矿产业从人口、交通、商业、社会生活等方面促进其向近代城市转化。冯云琴《开平煤矿与唐山城市崛起》主要论述民族工业的兴起是唐山城市变迁的重要推动力，而开平煤矿则是城市崛起的基础性产业 ②。王敬平《英商福公司与焦作近代煤炭工业城市的形成》，通过考察福公司发展与焦作城市形成间的联系，展现了煤炭开采业在焦作这类近代煤矿工业城镇发展史上的特殊作用 ③。

其次，煤矿城市的现代转型。煤业独大是煤矿等资源型城市的产业通病，如何转型一直是学界的关注热点。薛毅《外国煤矿城市转型述论》从世界主要产煤国城市发展概况、煤矿城市转型模式、煤矿工业遗产保护、借鉴与启示等四个方面进行了系统全面的梳理，对其他资源型城市转型发展提供了重要参照 ④。李成军《煤矿城市经济转型研究》坚持问题导向，充分运用实证分析方法，对煤矿城市经济转型中的挑战和难题进行系统

---

① 郝飞：《英日统治开滦煤矿时期对生产力的掠夺述论》，《唐山学院学报》，2008 年第 3 期。
② 冯云琴：《开平煤矿与唐山城市崛起》，《河北师范大学学报》，2006 年第 5 期。
③ 王敬平：《英商福公司与焦作近代煤炭工业城市的形成》，《焦作工学院学报》（社会科学版），2000 年第 1 期。
④ 薛毅：《外国煤矿城市转型述论》，《湖北理工学院学报》（人文社会科学版），2014 年第 4 期。

研究，重点回答了煤矿城市转型的理论依据与实践问题①。王志宏、李成军、李芳玮《煤矿城市转型时机选择》针对激进式转型两种转型方式的成本差异特点，从实施成本和风险成本两方面进行对比，提出在不损失利润最大化的前提下，通过在利润下降区间增加一部分长期平均成本，以实现未来城市成功转型，是煤矿城市转型的最优选择②。

再次，抚顺煤矿史与城市发展。通过 CNKI、万方、读秀、维普和人大报刊复印资料等五大数据库检索结果表明，学界对抚顺煤矿研究成果数量不多，绝大多数为论文。目前尚未发现以抚顺煤矿为专门研究对象的博士论文及史学专著。研究视角也多以资源掠夺、工人运动为主，如张国辉《甲午战争后日本资本掠夺、经营抚顺、烟台煤矿》③、薛志刚《满铁经营下的抚顺煤矿》④，主要从资源掠夺视角，揭示日本长期掠夺式开采过程。李世宇《伪满时期满铁抚顺煤矿中国工人状况之考察》⑤、朱晓明、任真《满铁时期抚顺煤矿发展与城市空间演变》⑥，则从城市发展角度对抚顺煤矿进行考察。丁万强《满铁时期抚顺煤矿安全事故伤亡状况之考察》⑦，重点在安全生产方面进行了考察。

综上所述，十余年来学界对近代煤矿史研究主要集中在三个方面：帝国主义掠夺、矿难与工人运动、近代煤矿开发与城市发展。学界对煤矿史关注度上升，主要呈现研究对象更加细化的特点。

首先，从宏观研究转为微观研究，从整体研究到个案研究再到个案比较研究的趋势明显。其次，研究视角更新颖。不少成果从社会关系、阶层文化、企业发展视角研究煤矿史，从行业、政策、法律层面揭示近代区域社会经济的复杂形态。再次，研究方法多元化。除经济学、管理

① 李成军：《煤矿城市经济转型研究》，辽宁工程技术大学博士论文，2004 年。
② 王志宏、李成军、李芳玮：《煤矿城市转型时机选择》，《辽宁工程技术大学学报》，2005 年第 6 期。
③ 张国辉：《甲午战争后日本资本掠夺、经营抚顺、烟台煤矿》，《中国经济史研究》，1996 年第 4 期。
④ 薛志刚：《满铁经营下的抚顺煤矿》，《大连近代史研究》，2010 年第 1 期。
⑤ 李世宇：《伪满时期满铁抚顺煤矿中国工人状况之考察》，《许昌学院学报》，2007 年第 1 期。
⑥ 朱晓明、任真：《满铁时期抚顺煤矿发展与城市空间演变》，《中国名城》，2013 年第 2 期。
⑦ 丁万强：《满铁时期抚顺煤矿安全事故伤亡状况之考察》，《黑龙江史志》，2008 年第 19 期。

学方法外，社会学、文化人类学、心理学等多学科研究方法不断被引入，跨学科趋势明显。

以上这些研究成果，为本选题的进一步研究，奠定了坚实的学术基础。

三、既有研究不足

从学术史回顾部分可以看出，目前学界对于抚顺煤矿的相关研究仍较为薄弱，主要体现在以下几个方面：

首先，史料利用问题。抚顺煤矿史料相对封闭，未被大量使用的主要原因是，留存至今的 400 多卷史料均为日文资料，大部分存于抚顺矿务局档案馆，管理严密，且不对外开放。关于抚顺煤矿的档案内容庞杂、分散，整理利用较为不便。另外，日文档案整理需大量时间，诸多因素造成以往对抚顺煤矿档案资料利用十分有限。

其次，研究领域与空间有待拓展。抚顺煤矿为省属直管企业，与地方政府联系较少，地方科研机构与研究部门互动较少。以往对其研究侧重于资源掠夺、工人运动，对抚顺煤矿自身生产技术和现代管理模式关注不多，一些关键问题有待探讨。如"满铁"和抚顺煤矿二者之间的关系？抚顺煤矿企业内部危机如何自我调适？企业自身如何运营管理？另外，矿工群体还有深入研究空间，如矿工生活状态、水平等。

再次，研究视角较为单一。以往关于抚顺煤矿的研究多从煤矿史角度出发，而从社会学、管理学等视角进行跨学科研究明显不足。特别是微观研究亟待加强，对煤矿企业内部自我调适、风险应对、制度革新等方面缺乏深入研讨，对技术革新、管理改革、劳动力招募的关注度不高。

最后，重复研究现象较为突出。主要表现在煤矿史研究方面，关于近代煤矿研究成果较多，但多从侵略、殖民视角出发，批判色彩浓厚，让人有先入为主的思想。一些文章的研究思路和史料运用相似，如一提及外资煤矿，就从工人抗争运动、剥削压榨手段进行考察，缺乏创新和突破，难以跳出批判性、揭露性的传统研究视角，也就难以全面客观地反映历史原貌。

第三节　研究思路

在参考既有研究成果和阅读档案馆藏相关资料的基础之上，笔者拟定以下研究思路和框架结构。

一、研究思路

本选题将研究主体置于 20 世纪上半叶中国艰难迈向现代化的大背景下，以重大历史事件为参照，以企业内部运营为着力点，探讨日本经营抚顺煤矿的发展脉络、运营规律、影响作用及其制约因素。通过梳理分析史实表象，力求点、线、面相结合，具体考察日本经营抚顺煤矿的生产、技术、销售、管理等情况特点及其影响，深入剖析企业规模由小到大、产能由盛转衰的内外制约因素，透视近代复杂动荡环境下企业运营规律及社会经济发展特点。主要有三个研究视角和思路：

首先是企业史视角。以 1907 年至 1945 年为时间段，重点考察抚顺煤矿企业内部经营的发展状况和规律特点。以近代东北民族煤矿资本兴起为研究起点，通过中、日、俄三方矿权博弈较量，阐述民族矿业资本黯然退出的历史现象。突出重大历史事件和关键时间节点，重点展示九一八事变、七七事变、太平洋战争爆发、日本战败等关键时期的企业表现与反应，深入考察抚顺煤矿生产、经营、管理、销售等方面的政策调整变化，通过梳理纵向发展轨迹，勾勒抚顺煤矿经营轨迹，揭示企业在发展困境中的应对与选择，力求客观展现抚顺煤矿在特定历史环境下的成长史和变迁史。

其次是经济史视角。通过考察企业运营指标及状况，分析长期趋势变化，寻找抚顺煤矿与伪满经济政策、日本殖民经济体系乃至当时世界经济环境的关联。突破传统政治视角，通过考察企业自身经济行为的目的、手段、过程及结果，客观评价实施效果和影响作用，理清近代日本军政体制下的经济政策特征，客观定位抚顺煤矿在日本庞大殖民经济体系中的位置和价值，将微观与宏观结合，审视近代中国煤炭产业的发展困境。

最后是社会史视角。透过现象看本质，选取矿工生活为切入点，考察工资待遇、消费水平、消费结构、物价水平等变动情况，反映当时社会生活各方面之真实样态，探讨抚顺煤矿与社会发展间的互动关系，提出历史启示。

研究主要运用历史实证研究法，力求用事实说话，用史实佐证，重回历史现场，重构历史发展的自然脉络，重现历史原貌和情景。通过还原历史、超越历史，以反思历史、启迪现实。具体研究中，既分析企业发展的外部性条件，又总结内部因素制约，还将考察有关各方利益关系，拟解决一些问题和困惑：抚顺煤矿对经营目标方向进行调整的根本依据是什么？20世纪30年代抚顺煤矿达到经营顶峰的原因有哪些？日方经营抚顺煤矿的殖民性最突出表现是什么？抚顺煤矿在抚顺城市形成发展中的地位作用如何？以上一系列问题，均需对研究对象进行细致入微、抽丝剥茧的深入考察。

二、主要结构

本书是以抚顺煤矿为对象的个案研究。总体说来，以时间为经，事件为纬，围绕日本对于抚顺煤矿的侵夺过程为主要叙述线索，对抚顺煤矿的设立渊源、企业管理、工人日常生活等方面展开论述。除绪论外，主要包括五个部分，具体内容如下。

第一，抚顺煤矿的开办及矿权演变过程。重点围绕抚顺矿权之争，揭示从日俄争夺到日本独占期间，清末东北矿权演变的曲折历程。展现近代列强觊觎进而掠夺中国矿权的方式手段，阐明民族矿业资本举步维艰、被迫退出的历史原因，剖析矿权沦落列强的深层次原因。

第二，抚顺煤矿的管理与改造。为扩大产能、攫取资源，抚顺煤矿积极推进技术革新，采用先进的采煤技术，在采煤方法、排水、通风等核心环节均达到国内领先水平。为扩大规模、提高收益，抚顺煤矿大力发展石油、钢铁、化工、火药等附属产业，打造与煤炭主业互为补充的全产业链。为劫掠煤炭资源，日方积极构建陆海一体化物流运输体系，从东北腹地到日本本土乃至东南亚，修筑了一条条"吸血通道"。生产技术的领先，是抚顺煤矿产能不断扩张的硬件基础。

第三，经济统制下的开采与销售。首先，结合时代背景，以两段不同时期的产业开发计划为重点，分析抚顺煤矿经营发展方面的规划与调整。其次，阐述日本实施经济统制政策的背景及演变。再次，剖析抚顺煤矿遭遇的经营困境，从劳动力供应和物资供应两个方面寻找原因，理清企业殖民经营始终围绕日本军事扩张调整的历史脉络。最后，揭示超强度开采的殖民本质。日方以武力胁迫、强制劳动等方式，以25万中国矿工的伤亡，掠夺2亿余吨抚顺煤，平均每开采1.9万吨煤，就要付出死亡1人、伤残25人之残酷代价。

第四，考察矿工。从劳动力招募和管理两个重要环节入手，分析七七事变前后劳动力招募方式的变化及成效，分析日方为提高生产率、挽回产能衰落败局所采取的"硬刺激""软激励"手段。通过对消费结构、恩格尔系数、物价指数等指标的量化分析对比，多角度考察矿工待遇和生活境遇，分析矿工生活持续恶化、濒临破产的原因。

第五，对抚顺煤矿殖民性进行梳理总结，提出结论。剖析近代抚顺煤矿的发展及其困境，分析殖民经营的特征及影响，揭示殖民经营的"溢出效应"。抚顺煤矿的殖民经营史是日本军国主义侵华的最有力最生动"证明"。

第四节　学术创新

一、学术创新

本研究的学术创新之处在于，从企业史角度，具体考察抚顺煤矿之于"满铁"体系下的发展特点，在分析近代煤矿业发展基础上，围绕抚顺煤矿发展过程中的诸多问题进行阐述，探析殖民经济统制政策下企业管理、生产技术、市场销售等方面的特点，揭示日本殖民掠夺的本质和影响，力求有所突破。主要体现在以下几个方面：

首先，运用第一手史料，使论证更有说服力。运用大量未刊日文史料是本研究主要特色。主要包括：抚顺矿务局档案馆日伪时期抚顺炭矿生产管理及矿工档案，辽宁省档案馆的奉天省长公署档等。此外，还包括日本图书馆、哈佛东亚图书馆等丰富档案资料佐证，力求论证更科学严谨，结论更客观。

其次，在研究视角上，以个案研究为特点，对日据时期资源型企业进行微观考察。文章突破产业经济学研究角度，从企业内部生产、经营、工人视角研究企业发展史，将"满铁"时期抚顺煤矿作为一个整体单位来考察，拟从企业管理角度对矿工生活、煤矿工业发展关系进行论述。

再次，吸收多学科研究方法。笔者将利用历史学、经济学、社会学、管理学等多学科交叉，故采用比较分析研究方法、计量分析法、描述法、定性分析法等研究方法。通过计量史学和比较史学研究方法，利用已有资料，系统分析抚顺煤矿生产、销售特点，如煤炭产量、矿工人数等，力求对历史事实作出科学、整体性阐释。应用经济学和管理学研究方法，找出抚顺煤矿产量提高的根本原因。

二、研究资料

本研究论题以史料分析为主,致力于史实重建(reconstruction)。史料在本研究中就占据极为重要的地位。"文章不说一句空",尽力做到言出有据。对于第一手资料的重要性,梁启超指出:"史料为史之组织细胞,史料不具或不确,则无复史之可言"[1]。笔者将利用抚顺市矿务局档案馆、抚顺市档案馆、辽宁省档案馆馆藏的第一手未刊档案为主体资料,这些档案大都为日文,皆未被学界使用,故具有重要的学术价值。

本选题源于 2014 年 3 月,笔者在抚顺矿务局档案馆翻阅档案时,意外发现该单位收藏了大量珍贵的日伪时期抚顺煤矿资料,而且这些资料至今尚未被人利用过。同时,经过进一步的学术检索与资料查找,发现抚顺市图书馆现有日伪时期图书 3000 余册,其中包括大量关于抚顺煤矿的第一手资料。另外,辽宁省图书馆、辽宁省档案馆、辽宁大学图书馆、国家图书馆等也藏有许多抚顺煤矿的重要资料。此外,《申报》《中国矿业纪要》《经济月刊》《东北新建设》《工商半月刊》《东北通讯》等近代报纸杂志,也刊载过许多关于抚顺煤矿的记载和报道。因此,既有种种丰富翔实的史料基础,为研究抚顺煤矿创造了有利条件。

可见,除了档案资料外,笔者将利用省市图书馆收藏的"满铁"和抚顺煤矿管理方内部发行的书刊、各大报纸、地方志等文献资料作为补充,使本书在资料运用上凸显自身的特色。

---

① 梁启超:《中国历史研究法》,上海古籍出版社,2006 年,第 39 页。

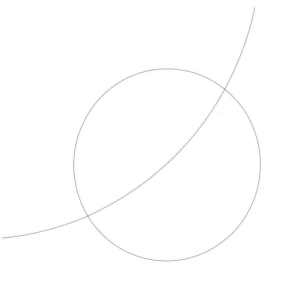

抚顺煤矿的开办与矿权演变

fushunmeikuangdekaiban
yukuangquanyanbian

第一节　清末民初东北采煤业概况

一、清末民初的采煤业

鸦片战争前，中国经济是以小农和家庭手工业为基础的自然经济。在此背景下，煤矿业仅作为农副业，由小地主、小商人或农户集资开办，以手工采掘为主，规模有限、技术落后、产量较低、运输成本高。因此主要是自采自用，难以与洋煤进行市场竞争。如1866年京西斋堂煤矿，每吨煤的采掘成本仅为2两5钱，但经由牛车辗转运到天津市场，售价则高达每吨12两，价格远高于进口洋煤，毫无竞争优势。近代中国急剧增长的煤炭需求量与旧式煤窑生产效能不足的矛盾日渐凸显[1]。1890年后，中国逐渐接受先进的生产技术[2]。这就迫使列强和清廷出于各自目的寻求解决办法，新式煤矿应势而生。

19世纪70年代，新式煤矿开办条件也已基本具备。

首先，现代采煤技术的发展与成熟。在以蒸汽机为标志的第一次工业革命中，蒸汽动力机广泛应用于各工业领域，促进了西欧采煤技术迅猛发展。例如，1866年，英国发明了以蒸汽为动力的圆盘式截煤机。以电气为标志的第二次工业革命给工业生产，特别是煤矿业提供了更强大的机械动力[3]。台湾基隆煤

---

[1] 资料显示，1858年上海输入煤炭近3万吨，1872年增至16万吨。参见《英国领事报告》，转引自张国辉：《洋务运动与中国近代企业》，中国社会科学出版社，1979年，第182页。

[2] Chi-ming Hou, Foreign Investment and Economic Development in China, 1840—1937, Harvard University Press, 1965, p.218.

[3] 《中国近代煤矿史》编写组：《中国近代煤矿史》，煤炭工业出版社，1990年，第9页。

矿使用了蒸汽泵、卷扬机以及通风风扇；开平煤矿不仅采用了卷扬机和水泵，在升降井中还使用了罐笼、铁轨[①]。

其次，煤炭资源勘探初见成效。德国地质学家李希霍芬（Baron Ferdinand von Richthofen），曾于 1861 年随德国使节来华考察，后于 1869 年至 1872 年间在美国银行、英国商会的经济支持下，到中国内地进行了 7 次考察，走遍了包括山东、直隶、四川、辽南等在内的大半个中国，归国后撰写了《中国——亲身旅行和据此所作研究的成果》一书，并于 1877 年出版[②]。该书一经出版即轰动世界，激起西方列强攫取中国矿权的野心和贪欲。李希霍芬认为山西煤炭储量多达 18900 亿吨，按当时世界耗煤量计算，可供全世界用 2100 年[③]。19 世纪六七十年代，一些英国人也到华北许多地区调查煤炭资源[④]。

再次，煤矿劳动力市场已经形成。与旧式手工煤窑不同，新式煤矿需要大规模长期可雇佣工人。而 19 世纪中叶，中国逐渐具备了与之相适应的劳动力市场。即由于外国资本的大量涌入，自给自足的自然经济受到了破坏，特别是鸦片战争后，土地兼并加剧，大量农民失去土地，无数破产农民和手工业者沦为劳动力出卖者，成为可供近代煤矿业使用的廉价劳动力。有调查显示，20 世纪 20 年代末和 30 年代初，中国煤矿工人约在 15 万至 22 万之间，至抗战前夕甚至上升到 30 万人[⑤]。

在新式煤矿发轫条件业已具备的前提下，还有三大动因促成近代煤

---

①［澳］蒂姆·赖特:《中国经济和社会中的煤矿业》(1895—1937)，丁长清译，东方出版社，1991年，第 47 页。

②中国社会科学院近代研究所翻译室编《近代来华外国人名词典》，中国社会科学出版社，1981年，第 408 页。

③Henry H.Howorth.Obituary–Professor Baron Ferdinand von Richthofen, Geological Magazine , Volume.2,No.11, 1915, pp.526–527.

④《中国近代煤矿史》编写组:《中国近代煤矿史》，煤炭工业出版社，1990 年，第 9 页。

⑤［澳］蒂姆·赖特:《中国经济和社会中的煤矿业》(1895—1937)，丁长清译，东方出版社，1991年，第 28 页。

矿业兴起：

首先，外部环境驱动。鸦片战争后，列强撬开了中国门户，中国被迫向资本主义世界开放[①]。近代航运业和机器工业的兴起，需消费大量煤炭资源。外国资本主义为掠夺中国市场，在鸦片战争后不久，即在中国大力发展航运业，设立船舶修造厂和各种加工厂，如砖茶厂、缫丝厂、制糖厂、玻璃厂、铁器厂等。1843 年至 1875 年间，外国资本在中国经营的近代企业就有 50 个[②]。这些企业需要消耗大量煤炭。如从 19 世纪 50 年代后期到 70 年代初期，仅上海一地的煤炭消费量就从 3 万吨增加到 16 万吨左右，大部分供应给行驶于口岸之间的外国轮船[③]。美国驻华公使蒲安臣在 1864 年估算：中国沿海的外国轮船每年消耗煤炭达 40 万吨，价值 400 万两[④]。而这一时期外轮所耗之煤炭，绝大部分来自英国、澳大利亚和日本，只有极少部分来自我国台湾手工煤窑，煤炭运输不便且价格昂贵。1872 年，上海市场的英国煤每吨售价 11 两，澳大利亚煤为 8 两，日本煤质量较差，也需要每吨 5 两 5 钱[⑤]。由此可见，外国资本急切希望"就地取材"，在中国获得物美价廉的煤炭，以便在中国倾销商品、掠夺原料，攫取更多利益。

其次，自强求富需要。面对数千年未有之变局，从 19 世纪 60 年代起，鼓吹自强、求富、师夷长技的洋务派发起了声势浩大的洋务运动。洋务派为实现自强，开办了一批军用企业，为了求富，兴办了一批民用企业。1861 年至 1894 年期间，洋务派领袖曾国藩、李鸿章、沈葆桢、左宗棠和一些地方官僚，先后在上海、南京、福州、天津、兰州、广州、杭州、汉阳等地建立了 19 个不同规模的近代军用企业[⑥]。规模较大

[①] 李长傅：《列强在中国之势力》，《申报》1931 年 3 月 5 日，第 21 版。
[②] 孙毓棠编：《中国近代工业史资料》（第 1 辑），科学出版社，1957 年，第 234 页。
[③] John K.Fairbank，Kwang-Ching Liu，The Cambridge History of China Volume 11: Late Ch'ing，1800—1911, Part 2, p. 76.
[④] 张国辉：《洋务运动与中国近代企业》，中国社会科学出版社，1979 年，第 181—182 页。
[⑤] 张国辉：《洋务运动与中国近代企业》，中国社会科学出版社，1979 年，第 182 页。
[⑥] 孙毓棠编：《中国近代工业史资料》（第 1 辑），科学出版社，1957 年，第 565—566 页。

日本对抚顺煤矿殖民经营研究

且有代表性的有：1861 年创办的安庆内军械所、1865 年创办的上海江南机器制造总局和南京金陵机器制造局、1866 年创办的福州马尾船政局、1870 年创办的天津军火机器总局、1872 年创办的上海轮船招商局、1880 年创办的上海机器织布局、1891 年创办的汉阳铁厂等。这些军用、民用企业的运转经营，均离不开重要的煤炭资源。洋务派认为，军事国防实力的强大取决于整个国家经济的发展，要求能源、钢铁等工业与之相配套①。为维护民族利益，必须发展壮大民族经济，与洋人进行商战、争利。中国近代煤矿产生之前，上述企业所需煤炭几乎全部依赖国外进口，价格既高又难以保证供应，一旦中外关系紧张，洋煤断绝，这些企业就要停工坐困，轮船亦寸步难行②。正是出于这样的考量，洋务派迫切希望煤炭供应能够自给自足，中国近代矿业因此顺势而生。1881 年，洋务派设立开平矿务局；1889 年、1890 年，又在湖北、江西设立汉冶萍煤铁厂矿公司。

再次，财政危机加剧。鸦片战争以来，清政府签订了一系列不平等条约，割地赔款，国库空虚，内外交困。特别是甲午战败后，沉重的赔款和外债本息，严重破坏了清政府前 10 年间苦心维持的财政平衡③。财政不断恶化，"言常用则岁初岁入不相抵，言通商则输出输入不相抵，言洋债则竭内外之力，而更无以相抵"④。为此，朝廷内外臣工纷纷上书，请广开矿产为济急要图。在这种危急形势之下，清政府终于放开了对矿业的限制。1896 年 2 月，光绪帝发布上谕："现在库储告竭，借款甚多，若不将各省有矿可采之处设法开办，收天地自然之利以供国用。"遂诏令各省广开矿产，并以金银矿物为优先。此后，清政府相继设立矿务铁

① John K. Fairbank, the Missionary Enterprise in China and America, Harvard University Press, 1974. p.444.

② 《中国近代煤矿史》编写组：《中国近代煤矿史》，煤炭工业出版社，1990 年，第 4 页。

③ 《马关条约》签订后，清政府背负 2 亿两白银战争赔款，辽东半岛归还又加赔 3 千万两。

④ 盛宣怀：《愚斋存稿初刊》（第 1 卷），第 6 页，转引自汪敬虞主编：《中国近代经济史 1895—1927》，人民出版社，2000 年，第 1595 页。

路总局、矿政调查局、农工商部等机构，几次颁布和修改矿务章程管理矿业[1]。从辽宁地区看，鸦片战争时期，清政府对辽境内矿业发展仍持封禁政策。直至1896年初，盛京将军奏准开办奉天矿务，并派员分赴金州、铁岭、海城、开原、岫岩、盖平调查矿产，筹资试办。从这一年开始，辽宁境内煤矿逐渐增多，当年复州[2]镶蓝旗开办12家煤窑。1897年，翰林院编修贵铎奉派办理奉天矿务，10月在省城设立奉天矿务总局，下设8处分局，因官款不能筹，商股亦难纠集，只由各分局就近召集商民，任其自备资本，报领开采，官方稽征课金。办理两年多，各矿大多限于资力，难以奏效，总分各局亦入不敷出。1899年，清廷将贵铎撤差，奉天矿务局随之停撤。1901年以来，东清铁道开通，列强虎视眈眈，一些中国人又每以旧龙票私售外国人，矿利竞争日迫。1902年由奉天督辖矿务局总司辽宁全省矿务。

在上述条件和因素共同作用下，中国第一批近代煤矿产生。1875年至1894年，中国先后出现规模不等、存续时间不一的新式煤矿16个[3]，其中包括中国近代第一个新式煤矿台湾基隆煤矿、新式煤矿代表开平煤矿等。基隆、开平煤矿创建后，民族资本投资煤矿业日益增多。19世纪80年代至90年代初，国内形成了一个开办煤矿的小高潮。至1895年，各地先后办起十几个规模较小的近代煤矿。安徽池州、湖北荆门、山东峄县、广西贺县、直隶临城、江苏徐州利国驿、奉天金州骆马山、北京西山、山东淄川等地，都有私人集资勘测和开采煤矿的活动[4]。

近代煤矿创办伊始就具有明显的封建性特征。从创办者来看，大都是封建官吏和买办，如唐廷枢、徐润等。从创办资金看，一部分出自清政府

---

① 辽宁省统计局：《辽宁工业百年史料》，辽宁统计局，内部资料，2003年，第134页。
② 即辽宁省大连市瓦房店市，辽兴宗时设置，1913年改复州为复县，1985年改为瓦房店市（县级）。
③ 白寿彝主编：《中国通史》（第11卷），上海人民出版社，2007年，第485页。
④ 《中国近代煤矿史》编写组：《中国近代煤矿史》，煤炭工业出版社，1990年，第36页。

官吏，一部分则来自于商人；从经营性质看，主要有官办、官商合办或官督商办3种①。因此，这些煤矿大都带有严重的衙门作风。这些煤矿，大多由于经营管理的腐败，或中途倒闭，或长期亏损，难以长期发展。如官督商办的直隶临城煤矿，在临城一县便设了一个总局、两个分局。每隔四华里即设一个局，其结果是非生产人员过多、开支大，初办头十年，年年亏本②。据统计，1875年至1895年20年间，先后开办的15个煤矿中，因资金无着和订购不上机器而宣告失败的2个；因资金不足而中途停办的2个；因管理不善，销路不佳，连年亏损而停办的5个；余下的6个煤矿，只有开平煤矿产销两旺，年有盈余③。

另外，近代中国的煤矿企业在技术上完全依赖国外，矿井设备需从国外购买，矿师、工匠要从国外聘请，稍具规模的煤矿企业，生产管理的实权也都操于外国矿师之手④。需要指出的是，虽然煤矿生产技术受制于人，给列强染指插手中国矿权可乘之机，但早期煤矿经营管理权仍由官吏和大买办把持，矿权仍在中国政府手中。近代中国矿权的丧失，始于中日甲午战争之后。

二、东北采煤业概况

清以前，东北地广人稀，聚居着满、蒙古、回、赫哲、鄂伦春、鄂温克等少数民族，其生产方式以渔猎游牧为主。清朝建立后，大量关内移民逐渐出关，东北工商业缓慢起步。显而易见，东北的民族资本发展晚于关内地区，近代东北民族资本从出现到发展，都属于后发外生型⑤。

甲午战后，民族危机日益加深，列强蚕食变本加厉，爱国绅士纷纷以

---

①官商合办，即由政府、商人各出一部分资金，官商合股经营，但实权操于官府。官督商办，即商人出资，政府官员管理。

②徐梗生：《中外合办煤铁矿业史话》，商务印书馆，1947年，第33页。

③《中国近代煤矿史》编写组：《中国近代煤矿史》，煤炭工业出版社，1990年，第45页。

④《中国近代煤矿史》编写组：《中国近代煤矿史》，煤炭工业出版社，1990年，第43页。

⑤费正清、费惟恺编：《剑桥中华民国史：1912—1949》(下卷)，刘敬坤译，中国社会科学出版社，2007年，第350页。

办厂自救相号召，挽回权利呼声高涨，形成了振兴实业、办厂自救的热潮。清政府就此施行鼓励政策，扶持民族实业以制衡列强，东北地区民族资本迎来黄金期。黑、吉、辽三省官府纷纷兴办实业，普通民营资本也日趋繁荣，迅速发展。民族资本开始进入农、工、矿、商、金融等各个领域，并取得明显进步[①]。

清末采矿业发展之所以迎来黄金期，其中一个重要原因是清政府解除了长期实行的矿禁政策。据《抚顺市志》载，抚顺地方煤矿发展最早的是新宾县[②]，早在第二次鸦片战争前夕，即有吕允成于新宾西河掌村三道岭集资办矿。据《奉天矿产调查书》记载，1881年四平街有村民土法开采，每日出煤约80吨。1887年10月，满族人保恩集资，在三道岭和响水河地区开办煤矿。同年，满族人诚桂于翅山（新宾县南）开办煤矿[③]。随后，清政府矿业政策继续放宽，认为与其使邻国垂涎而起侵占之心，不如由本国开采以裕兵饷之源。特别是1895年《马关条约》签订后，为筹集对日巨额赔款，弥补入不敷出的财政，清政府进一步放宽矿禁。1896年，清政府制定《奉天矿务章程》规定："无碍三龙脉者，[④] 方准开采，有碍者一概封禁。"[⑤]

随着清政府解除封禁、准许开矿，宽松的政策为民族矿业发展营造了有利的外部环境。1896年3月，光绪谕令盛京将军依克唐阿垫款2万两白银，以资助副都统荣和率部开采奉天属境金银各矿。同年4月，依克唐阿上奏："今蒙朝廷弛禁，商民踊跃呈请自备资本分段试办。是用兵力则多费开销，因民力则不致亏累。"他提出"不用官款，招商开采，

① 至民国元年(1912年)，奉天全省共有1096家工厂。其中，成农业235家，占21.4%；榨油业137家，占12.5%；制酒业133家，占12.1%；棉织漂染业123家，占11.2%。参见：辽宁省统计局编：《辽宁工业百年史料》，辽宁统计局，内部资料，2003年，第52页。

② 全称新宾满族自治县，为抚顺市下辖县。

③ 抚顺市社会科学院、抚顺市人民政府地方志办公室编《抚顺市志》（第11卷），辽宁民族出版社，2003年，第174页。

④ 三龙脉指连接清三陵地区，三陵即永陵、福陵、昭陵。

⑤ 沈阳市人民政府地方志办公室编：《张氏帅府志》，沈阳出版社，2013年，第410页。

由官抽收课金之法。每商领票准占一处，所带矿丁至多以 500 人为限。所提矿金，4 成归公，6 成归商。"[①] 之后，金州、海城、宽甸、盖平等地出现商办矿业数十处。但这些新产生的民族矿业均遭遇资金、人力、技术等难题，少有成功者。

1898 年，总理衙门议定《振兴工艺给奖章程》，上谕"倘有制造新书新器果系堪资实用者，与民有益，且合乎国之大计，则准其酌定年限专利出售，并照军功例允以悬赏，以昭激劝"。同年，清廷任命前江西巡抚德馨、翰林院编修贵铎办理奉天矿务。他们二人上任后，着手调查境内矿产及开采情况，设置矿务分局多处，并发布告示称："开办矿业庶可以上备国课，下裕民生。查奉省地大物博，矿产林立，若不竭力筹办，广为开采，实司弃货于地，转恐利溢于人。"[②] 当局鼓励商办矿业收到一定效果。

第二节　抚顺煤矿的开办

一、河西、河东矿区的开办

早在 1896 年，就有吴春田在千金寨及龙眼矿以土法进行开采。而同年沙俄华俄道胜银行势力渗透到该地区[③]。1901 年初，沙俄多次以拘捕匪

---

① 东北经建编辑委员会、东北行辕经济委员会编：《东北经建》，编者自刊，1947 年，第 16 页。
② 董启俊：《近百年来之东北》，正中书局，1946 年，第 11 页。
③ 台湾"中央研究院"近代史研究所编：《中日关系史料路矿交涉（1912—1916）》，台湾"中央研究院"近代史研究所，1976 年，第 406 页。

人为借口，派军士数百，荷枪实弹，闯入抚顺城、千金寨、杨柏堡等地区。事实上，这种无端滋事的军事示威，不过是沙俄掠夺矿产的伎俩而已[1]。不久，一名叫阎宝善的华人受俄人指使，在千金寨雇工挖煤。阎宝善自称：领英、俄两国财东，带领通事曲某在千金寨山内，雇觅工段，硬行开挖，不听劝止。俄人意欲染指抚顺煤田，逼迫清廷表态，或由俄国侵占，或由中国人自办，开矿已势在必行[2]。

1901年6月，抚顺地方乡绅、顶戴花翎候选府经历王承尧同东北绅商英伦、英凯等拟共同开采抚顺千金台地区煤炭，联合向奉天府尹、盛京将军增祺请求开矿，提交了《千金寨煤矿开采申请书》。王承尧首先指出开矿之于国家有益之处，陈明时局社会动荡，国家财力匮乏，兴办煤矿业是充盈财政的有效手段。"变乱以来，物力凋敝，时政奇绌。目下善后经营需费甚多，非振兴商务不能获取经费，然振兴商务非地尽其力不可。综观泰西各国，无不设法开采地下之五金、煤炭。"其次，他言明办矿之有利条件，即奉天矿业资源丰富、得天独厚。"奉天煤矿良好，储量丰富，就中抚顺矿界内虎台山（老虎台）、千金台（千金寨）、杨柏堡、万达屋煤炭尤佳，且地处高原，夏无水患，若准予开采，必事半功倍"[3]。最后，他表明了开矿决心和为国效力的责任，即"征集资本四万两，另报效银一万两。开采后，照章纳税，决不滞缴"。不难看出，这份申请书既有实业兴邦的壮志，又有为国分忧的热忱，充分体现了一个爱国绅商的赤子之心。

稍后，抚顺地方乡绅、花翎同知会衔候选知县翁寿，候选直隶州州判颜之乐等，也向增祺申请集资开矿，并以白银万两为报效。增祺得到银两，考虑到沙俄对我东北地区渗透加剧，攫取铁路建筑权进而觊

① 沈阳市人民政府地方志办公室编：《张氏帅府志》，沈阳出版社，2013年，第410页。
② [日]稻叶岩吉：《满洲発達史》，辛未编译社，1935年，第78页。
③ 台湾"中央研究院"近代史研究所编：《矿务档》（第6册），台湾"中央研究院"近代史研究所，1960年，第3662页。

觊矿权的严峻现状，遂支持王、翁集资开矿，他还分别在王承尧和翁寿处各入股白银 5000 两，并于 1901 年 7 月派同知刘朝钧和知县祥德，与王承尧、翁寿一起到抚顺实地勘察。8 月 7 日，增祺训令王承尧、翁寿先行试办矿业并规定杨柏堡河为界，河西归王承尧开采，河东归翁寿开采。鉴于试采情况较好，8 月 26 日，增祺上书慈禧和光绪，请求批准开采抚顺煤矿。在奏折中，增祺突出华商开矿的重要性和必要性，详陈支持开矿的三大原因：首先，可"保利权"。增祺已觉察到沙俄、日本两大列强对东北矿权的觊觎和野心，支持民族资本办矿乃是对列强资本的制衡，"非惟利源无外溢之虞，且亦操纵之由我"，有利于保护矿权不被染指。其次，"资筹款、扩利源"。甲午战败，清政府"办理善后，一切在需款"，且"翁寿、王承尧各请报效充饷银一万两"，可以缓解政府捉襟见肘的财政困境；第三，"无碍风脉"。经实地考察，抚顺煤田"距福陵四十余里，且中有一河之隔，距陵寝较远，无碍风脉之处"[1]。说明千山台等煤矿虽属昔日封禁之地，但实距福陵（清太祖陵）40 余里，且中有一河之隔，开矿并无碍风水，没有破坏大清龙脉的后顾之忧。若按东三省铁路条约"铁路所造须在陵寝 30 里外"规定，还远出十余里。光绪皇帝在增祺奏折上朱批"著照所请该都知道"。抚顺煤矿正式取得清政府确认。

1901 年 10 月 29 日，增祺正式颁发了煤炭开采批准书："令承办千山台等处矿商王承尧，本将军会同府尹于光绪二十七年八月二十六日上奏，为确保利权，有助于筹款，请分别开办推广奉天各省煤矿事，已于十月二十四日奉谕批准，仰谨体圣旨，遵守章程，相应开采。"从此，抚顺煤矿开始了大规模的开采[2]。

在王承尧等人竭力经营下，抚顺煤矿日渐起色。两年后，抚顺煤矿之

----

① 赵广庆、曹德全：《抚顺通史》，辽宁民族出版社，1995 年，第 291 页。

② 抚顺矿务局煤炭志编纂委员会：《抚顺矿区史略 1901—1985》，抚顺矿务局，内部资料，1988 年，第 18 页。

经营颇有成效，"先后集华股银十万两，嗣复添招道胜银行银六百两，除报效银一万两，其余资本银十五万两，另有身股四百股，每股作银一百两，统计两千股。"①

开矿申请获清廷准许后，王承尧募集华人股份，组织资本金 10 万两白银，取名华兴利公司，以杨柏堡河以西至古城子之间为矿区，开始采煤②。矿区原均为民地，经过收买、租赁或抵押，变为矿区。华兴利总公司设在千金寨，分公司设在奉天城内，董事长由东北地方官吏荣伦（旗管协领、三品顶戴）担任。王承尧自任总办，另外设执事（经理），由张宝瀛担任，把头（采煤监督）由刘宝隆、隋广恭二人担任。总公司职员50~60 人，分公司职员约 10 人，所有人员均为中国人，从未用过外国人。华兴利公司自 1901 年 8 月开始产煤，日产少则 10 万斤，多则 70~80 万斤，坑口有 5 个，矿工约 500~600 人。③

王承尧是一位极有经营头脑的爱国民族资本家，他引进道胜银行股银事先征得了奉天将军的认可，坚持华兴利公司名义不变。为妥善处理中外股东关系，明确各股东之权利与义务，1902 年 3 月，经股东会议讨论，抚顺煤矿第一个成文法规——华兴利公司章程④出台。该章程共有 13 条，兹将重要条款摘录如下：

> 第一条，本公司资本为十六万两，一百两为一股，每股发给股票一张、息折一扣、章程一册。权利股不得转让他人。
>
> 第二条，股东得到股票后，不得随时抽出股金。
>
> …… ……

---

①台湾"中央研究院"近代史研究所编：《矿务档》（第 6 册），台湾"中央研究院"近代史研究所，1965 年，第 3622 页。

②《撫順炭鉱ノ件》，アジア歴史資料センター，日本外务省外交史料馆藏，卷宗号：B03030237800。

③抚顺矿务局煤炭志编纂委员会：《抚顺矿区史略 1901—1985》，抚顺矿务局，内部资料，1988 年，第 19 页。

④政协抚顺市委员会文史委员会编：《抚顺文史资料选辑》（第 4 辑），内部资料，1984 年，第 156 页。

第四条，俄中股东应各选出一名董事，董事要选品行端正者充任之。第五条，煤矿使用干部时，必须取保证人，万一被录用者发生侵吞公款行为，则保证人应负赔偿责任。薪俸付给应按其勤、怠和职务简烦情况，慎密地进行核定，不得以私人关系录用人。

…… ……

煤矿所有物资，由公司直接自行办理，以免利源外溢。第九条，目前煤井由当地工人进行采掘，将来扩大设备改进机械操作时，应随时由会议决定之。

…… ……

第十一条，矿税应按矿税规定缴纳之。

另外，1904年"满铁"《抚顺煤矿》译登该章程附两点备注，也值得关注：第一，根据第三条，股金应一律存入道胜银行，因王承尧洞察其不可靠性，将股金存入了中国钱庄。第二，根据第四条，由俄中股东各选出一名为董事之规定，但实际业务完全由王承尧代表中国股东执掌董事职务，其地办公人员及矿工全部为中国人[1]。

---

①政协抚顺市委员会文史委员会编：《抚顺文史资料选辑》（第4辑），内部资料，1984年，第158页。

图 1　1901年抚顺煤矿总公司股票执照 ①

资料来源：国立东北大学编《东北要览》，国立东北大学出版社，1944年，第523页。

　　由此可见，章程体现出的现代企业管理理念，与官办或官商督办企业大相径庭。第一，明确了董事、股东的权责义务，突出股权管理规范。第二，坚持公正的用人制度，特别指出用人不能徇私"走后门"。第三，坚持收入分配公平原则，按照工作勤勉程度和职务情况设定薪酬。第四，管理严格，规范物资采购，防止利源外溢。第五，按章守法，按规定纳税。需要特别指出的是，王承尧华兴利公司敢于引进外国股银，但并未出卖主权、依附列强。从章程备注可知，俄资虽入股华兴利公司，但公司管理权、支配权完全由中国股东掌控，整个公司里没有一个俄国人任职，这与翁寿抚顺煤矿公司截然不同。由此，便可理解其后来坚持严正立场，

日本对抚顺煤矿殖民经营研究

　　① 该股票执照宽66.6厘米，长41.8厘米，在宣纸上用蓝黑色印制而成。周边有四条龙纹装饰，中间上部从右至左写"执照"二字，其下从右至左竖版印有：奏办抚顺煤矿总公司，为发给股票事，照得本公司报劾兵饷银一万两，禀请军督部堂增，奏准开办千山台南北小河以东等处煤矿，所有河东一带地方自应招商开办。招集商股相应发给股票，以沈市平银一千两作为一股，每股发股票一张，股折一扣除。将各项章程暨号册存案备查外，理合将股票息折发给本人收执，以凭查验而昭信守须至股票者。另起一行写道：今收到公济堂股本银一千两整。最后一行落款：光绪二十七年十一月初一日右给公济堂收执。（沈阳市人民政府地方志办公室编：《张氏帅府志》，沈阳出版社，2013年，第410页。）

誓死与日本侵略者就矿权进行十余年斗争的正义行为，是有其思想基础的。

在华兴利公司开办的同时，翁寿也集资开办了抚顺煤矿公司，股东有纪凤台、颜之乐、朱化东、赵子秀、郭振运，俄人雅可夫、陆宾诺夫等。股本为 4.5 万两白银，其中俄籍华人纪凤台[①]股银 1.3 万两，俄告休参将雅可夫、陆宾诺夫股银 1.7 万两。陆宾诺夫为董事长，纪凤台为辅助董事。由此可见，翁寿的抚顺煤矿公司成立伊始，就被沙俄所控制。

二、其他中小煤矿的开办

20 世纪初，除王承尧、翁寿外，还有许多地方士绅在抚顺地区投资办矿。这些官商资本开创的煤矿规模有限，但对遏制日本、沙俄等列强的资源掠夺具有一定的积极作用。1904 年，孙世昌等呈请开采抚顺褡裢咀子煤矿，并于 1907 年集股银 1 万两，由农工商部发给开矿执照，组成大来煤矿公司从事开采。同年，矿商周从龙等筹资请领开采新屯煤矿，张慎修等报领新屯以东的龙凤坎煤矿。同年，抚顺县东得古口子煤矿也有人开采。1910 年 7 月，张润清等筹资 2 万元，组成润清煤矿公司，开采瓢儿屯一带煤矿[②]。但这些煤矿始终受到日本严重威胁，进入民国后期相继沦为中日合办，渐被日本吞并控制。如矿商周文富与日商合资开办抚顺褡裢咀子煤矿，面积计 3325 亩[③]。矿商戴文英请与日商峰八十一合资开办抚顺下章党煤矿，面积计 1620 亩[④]。矿商周海清呈请与日商牧野

①纪凤台受沙俄派遣在抚顺开设"纪凤台钱庄"，名义以私人参股抚顺煤矿，实则为沙俄攫取抚顺矿权的傀儡。他以请矿商为名，将俄退役大校、精通煤炭开采技术的陆宾诺夫请进公司，并接受后者股金。

②《矿商吴尚忠报领抚顺县小瓢屯南沟村煤矿》（矿字第 52 号）1921 年 10 月 25 日，辽宁省档案馆藏，奉天省长公署档案，卷宗号：JC010-01-003393。

③《矿商周文富与日商合办抚顺褡裢咀子煤矿》（庚亨字第 4 号）1931 年 4 月 8 日，辽宁省档案馆藏，奉天省长公署档案，卷宗号：JC010-01-003388。

④《财政厅呈戴文英与日人合办抚顺煤矿》（矿字第 17 号）1921 年 6 月 5 日，辽宁省档案馆藏，奉天省长公署档案，卷宗号：JC010-01-003395。

十四郎合资开办抚顺白龙山煤矿[1]。

但那些未被日本吞并的民族矿业则相继陷入经营困境，以停业或破产收场。1911年的《抚顺县志略》记录了一些民族矿业的这些遭遇。如石门寨的溥裕公司，开办人为魏雪棋，股东有丁汝毅等，合集资本5000两，于1901年秉呈开办并缴照费银100两。计矿界东至新屯镇，西至石门寨岭，南至清浑沐北岭，北至本山后。该坑坡深30丈，内有分坑两处，往西平创分坑17丈，东8余丈，雇华工50余人，日出煤41000—42000斤。1903年产煤炭180余万斤；1907年出煤709万斤；1908年出煤980余万斤；1909年出煤242万斤，后因出产不旺，赔累甚巨，于1909年春季停业。

再如小瓢屯的润清公司，有股东张润清等3人，合集资本2万两，造房50间，于1910年春开办，以土法开采，矿界东至古城子，西至小干沟，南至南岭，北至姜姓地，面积383亩，井口有四[2]。1911年出煤1499.85万斤，运销1097万斤。

其他的还有莺咀子之大来公司，股东佟恩陞等合资1万两，于1907年禀呈开办。东至山头，西至龙卜坎（即龙凤坎），于1908年因日人竞争停止，封禁坑口13处；夹槽沟之天增公司，开办人张雨田，股东五六人，合资4000余两，于1900年8月开采，因不旺，于1910年春季停业；铁岭人葆贞创立之瓢儿屯煤矿，资金15万元，计划购进机器，建设新井，扩大矿区，建筑抚顺至奉天铁路专线，但计划未能完全实现。

清政府开禁后，除上述官商资本金较多、规模相对较大煤矿外，许多私人小煤窑也纷纷兴起，多达数十处。据《东北年鉴》简略记载，1901年至1910年间，抚顺地区私人开办的小煤窑多达37家。（见表1）

① 《矿商周海清呈请与日商牧野十四郎合办抚顺白龙山煤矿》（矿字第62号）1921年8月7日，辽宁省档案馆藏，奉天省长公署档案，卷宗号：JC010-01-003390。

② 《撫順炭鉱ノ件》，アジア歴史資料センター，日本外務省外交史料館藏，卷宗号：B03030237800。

表1 1901—1910年抚顺地区私人开办煤窑统计

地点	矿地面积	矿主姓名
侯家窝堡	804亩	李聘三
小东沟	540亩	蓝蓬三
宽盘山	270亩	王世荣
汪良屯	686亩	蓝诚玉
前湾子	282亩	卢润璞
前往户屯	3200亩	王尧阶
五老屯	4300亩	赵维环
小甸子屯	4300亩	张炳南
大小瓢儿屯	2000亩	蓝智丰
小甸子	4300亩	祖承先
关岭	4300亩	付铭德
夜海沟	5300亩	马荣升
元龙山	5400亩	孙绍权
旺户屯	5400亩	李宪武
茨儿山	5400亩	张在南
郎士冲沟	4300亩	赵世臣
蛮子沟	4800亩	忠厚
杨柏堡	4600亩	赵殿一
老虎沟	3200亩	赵殿一
老虎沟	3200亩	佟良
药王庙	3800亩	肇东宜
大小拉谷峪	3200亩	孙伯宗

地点	矿地面积	矿主姓名
松岗堡	4500亩	孙伯宗
和气冲	2200亩	赵殿一
佟家坟	3200亩	佟良
千金堡	5100亩	王谦臣
吴家堡	2600亩	张景印
同前	2000亩	周文贵
二道沟	2700亩	周鸿陛
新太河洛	2900亩	张景云
板石沟	2000亩	鲍学绅
老虎沟	2600亩	龚育恩
于家窝棚	2000亩	赵殿一
前后甸子	3500亩	周育臣
泉眼沟	2700亩	潘孝思
齐家岭	2000亩	李少阳
塔峪	2700亩	王子明

资料来源:东北文化社年鉴编印处编:《东北年鉴》,1934年,东北文化社,第105页。上述私自开办的小煤窑,由于资金不足,开采有限,多数被迫停办,少数被日本人侵占或强制收买,划归"满铁"管辖。

另据各矿政分局1904年4月统计,辽宁全省共开设石棉矿1处,铁矿2处,铜矿1处,金矿9处,煤矿59处。至民国初年,民族矿企数量和生产额大幅增加。如奉天省矿企数量,由1913年20家增至1918年的63家,5年增长215%;开采矿区亩数,由6.7万亩增至12.4万亩,增长85%。1913年至1919年,奉天省各种矿原产品价额由65.1万元增至4154.4万元,6年增长63倍;各种矿制炼品价额由5.1万元增至1439.1

万元，增长 281 倍[①]。1915 年，奉天省采矿工人为 75958 人，占全国矿工总数的 16.22%；探矿工人 2962 人，占全国 7.03%；探矿师 49 人，占全国 23%[②]。

第三节　矿权演变

一、列强对中国矿权的争夺

列强对中国煤炭资源垂涎已久。甲午战后，列强掀起攫取掠夺中国经济利益的狂潮，采矿权亦沦于外人之手。"不到东北，不知东北之富"[③]。资源禀赋享誉海内外的东北首当其冲，成为列强争夺重点。中俄铁路贯通之后，不仅增加了东北的资源优势，也带来了更加激烈的争夺。"迨日俄战后，北满属俄，南满属日，三十年来，日人竭力经营，于政治侵略之外，更加以经济之侵略，与东省之矿产森林遂骎骎概入日人掌中，兼之铁路到处铺设，以其与国联络，铁路所至，权力随之。"[④]

1898 年中德签订《胶澳租借条约》，标志中国矿政主权开始丧失。该条约第二段第四款规定：

> 德国得在山东境内自胶州湾修筑南北两条铁路，铁路沿线

---

① 东北政委会经济委员会编：《东北经济》，编者自刊，1948 年，第 55 页。
② 东北物资调节委员会研究组编：《东北经济小丛书》，编者自刊，1948 年，第 88 页。
③ 施良：《东北的矿业》，东方经济研究所，1942 年，第 3 页。
④ 陈觉：《东北路矿森林问题》，商务印书馆，1933 年，第 1 页。

两旁各三十华里以内矿产，德商有开采权。允许德商开挖煤斤等项及经办工程各事，亦可德商、华商合股开采，其矿务章程，亦另行妥议①。

继德国后，英、法、俄、日、意大利、比利时均染指攫取中国矿权。其中，英国凭借强大的海军实力和外交手腕，获利巨大。

1898 年，英国通过福公司与山西商务局签订《山西商务局与福公司议定山西开矿制铁以及转运各色矿产章程条例》，第一条就将盂县、平定州、潞安、泽州与平阳府所属煤铁以及他处煤油各矿批准由福公司办理，限 60 年为期。第十四条又规定山西商务局所借福公司银 1000 万两（系着估之数），将来每开一矿，实需资本若干，由福公司拨用后，准福公司所用之数造印借款股分票，刊刻章程，定期发还②。

同年，英国又与河南签订《河南开矿制铁以及转运各色矿产章程》，获怀庆左右黄河以北诸山各矿开采权。1902 年，英国又插足云南境内临安、澄江等七府各矿山；1905 年插足四川江北煤田；1912 年插足河北门头沟煤矿；1915 年插足吉林宝山煤矿、广东煤矿等③。从沿海到内地，从南粤到东北，都有英国染指中国矿权的痕迹④。

沙俄则把魔爪直接伸向中国东北地区。1895 年，俄国与中国签订《加西尼条约》，取得在中国开矿权。1896 年，逼迫清政府签订《合办东省铁路公司合同》，攫取了东省铁路沿线开采权。1898 年，逼迫清政府签订中俄《东省铁路公司续订合同》，攫取南满铁路沿线 30 里以内的煤矿开采权。1901 年至 1902 年，又要挟吉林、黑龙江、奉天三省地方当局，签订了开矿具体合同，其第二条规定该铁路公司有独善之权，可先行于

① 汪敬虞编：《中国近代工业史史料》（第 2 辑），科学出版社，1957 年，第 29 页。
② 山西同乡会事务所：《山西矿务档案》，山西省城晋新书社，1907 年，第 3—5 页。
③《中国近代煤矿史》编写组：《中国近代煤矿史》，煤炭工业出版社，1990 年，第 76 页。
④ Carlson, Ellsworth C., The Kaiping Mines (1877—1912), Harvard University Press, 1971, p.28.

其他公司之人施行采掘。无论有华人、洋人，还是华洋同办之人，有欲在该公司所经营之煤矿铁路两旁 30 里之内施行采掘的，则未经其允许，一概不准举办。除此之外，其铁路两旁 30 里以外，遇有煤矿，如该公司欲行开采，则应先行知照吉林将军后，或由中俄两国合办 ①。种种规定，为沙俄侵夺矿产开采权提供了垄断性便利。俄国关东军总督阿力喀塞克夫曾表示"各国有欲开办东省矿者，一经俄人允许，即可施行，中国不必过问，而中国则不得以某国欲开东省矿产商于俄人" ②。

1902 年 12 月 5 日，中俄又签订了《黑龙江煤矿合同》，其中第二条规定：

①铁路两旁 30 华里以内之地，公司有采掘煤矿之权；

②若有外国人或其他公司或华洋合办之人欲在铁路两旁 30 华里以外采掘煤矿，则须于黑龙江将军未经许可之前先与东清铁路公司商议；

③若东清铁路公司欲在铁路两旁 30 华里以外采掘煤矿，则其优先权之区别，须照中国通行之采掘煤矿章程办理 ③。

法国对矿权的争夺集中在中国西南地区。其攫取过程大致如下：1899 年，攫取了四川重庆等 6 处煤铁矿开采权；1900 年，又伙同比利时取得京汉铁路沿线采矿权；1901 年，与英商合办隆兴公司，经营云南七府煤铁矿产 ④；1912 年，法商蒲旭于湖北阳新县开办了炭山湾煤矿。

与上述列强相比，日本丝毫不落其后。甲午战后，日本迅速向中国东北地区扩张，与沙俄竞争，贪婪掠夺中国矿产资源。然后趁 1904 年日

① 汪敬虞编：《中国近代工业史资料》（第 2 辑），科学出版社，1957 年，第 32 页。
② 汪敬虞编：《中国近代工业史资料》（第 2 辑），科学出版社，1957 年，第 32 页。
③ 陈真等：《中国近代工业史资料》（第 2 辑），生活·读书·新知三联书店，1958 年，第 801 页。
④ Feuerwerker, Albert, China's Early Industrialistion: Sheng Hsuan-Huai and Mandarin Enterprise, Harvard University Press, 1958, p.143.

俄战争战胜沙俄之机，强占了抚顺、烟台煤矿。路权也是日本的攫取重点。日本侵略东北，为达到其政治、经济、文化等侵略政策，"必先夺去铁路的建筑权。换言之，铁路之经营，乃帝国主义者侵略之唯一利器也"[1]。1905年9月，日俄在美国经过长达25天谈判后，签订了《朴次茅斯和约》，该条约将由长春（宽城子）至旅顺口的所有与铁路相关之沙俄资产，全部无偿移让于日本政府。自此，日本继承了沙俄在华矿业特权。

总体而言，1895年至1912年间，帝国主义攫取中国煤矿权的条约、协定和合同，共计42项，遍及奉天、吉林、黑龙江、云南、广西、四川、安徽、福建、贵州、山东、浙江、山西、河北、热河、河南、湖北、西藏、新疆等19个省区的重要煤矿。这一时期，堪称世界列强瓜分中国煤矿最疯狂期，中国矿权丧失，大部分是在这个时期[2]。1915年1月，日本向袁世凯提出灭亡中国的"二十一条"，其中第二、第五条强迫中国承认日本在南满和内蒙古东部及福建享有采矿权。第一次世界大战期间，德国战败，沙俄被推翻，法国筋疲力尽，其结果是日本趁机攫取了山东胶济铁路沿线采矿权。总的来说，在攫取中国采矿权的列强中，日本获利最多[3]。

归纳列强掠夺中国矿权的手法，大致可分为以下四类：

首先，先攫取铁路建筑权，后攫取铁路沿线开矿权。如1898年中德签订的《胶澳租借条约》规定，在胶济铁路两旁15公里以内，德商有矿山开采权。1902年的中俄黑龙江煤矿条约和1909年中日满洲路矿协定，就是该条约的翻版，并使俄国与日本分别攫取了扎赉诺尔煤矿和抚顺、烟台煤矿。

其次，与中国政府交涉，取得一省或部分地区采矿权。如福公司取得了山西采矿权和河南部分采矿权，德商瑞记洋行取得山东5处采矿权，

---

[1] 陈觉：《东北路矿森林问题》，商务印书馆，1933年，第2页。
[2]《中国近代煤矿史》编写组：《中国近代煤矿史》，煤炭工业出版社，1990年，第80页。
[3] 陈真等：《中国近代工业史资料》（第2辑），生活·读书·新知三联书店，1958年，第639页。

英法隆兴公司取得云南七府采矿权。

再次，指定矿地，得到政府特许经营。如山东鲁大公司[①]、四川江北煤矿。

最后，先与私人订立合同，后由政府追认。如井陉煤矿、临城煤矿等[②]。

清末东北矿禁政策解除后，民族资本开始进入采矿业并形成一定规模。但在日俄两列强加剧侵略的背景下，中国矿权终落入外国之手，虽有王承尧等爱国实业家奔走呼号、进行矿权斗争，但在列强武力威胁、野蛮霸占以及清政府软弱妥协下，民族矿业资本的初期尝试和实践成果尽失。

矿权的丧失，表面为孱弱的民族资本败于雄厚的列强资本，实质是近代中国半殖民化加深、民族危机加剧的经济表现。

二、沙俄资本对抚顺煤矿的介入

沙俄以迫日还辽[③]有功自居，加速在东北地区扩张势力范围。尤其在矿权方面，沙俄一直企图独霸抚顺煤田，早在翁寿创办抚顺煤矿公司时便入股控制，并伺机染指王承尧的华兴利公司。而随后发生的翁寿侵占华兴利煤坑纠纷案恰给沙俄以可乘之机，实现了俄资参股华兴利的目的。

按照清政府《试采许可书》[④]规定，杨柏堡河以西归王承尧的华兴利

[①]Tim Wright, Sino-Japanese Business in China: The Luda Company, 1921—1937, The Journal of Asian Studies, No.39, pp.711—727. 文中还强调，作为一家中外合资公司，地理位置的重要性和地质因素是决定一家矿业公司能否成功的关键。

[②]《中国近代煤矿史》编写组：《中国近代煤矿史》，煤炭工业出版社，1990年，第74页。

[③]1895年4月17日，清政府与日本明治政府签署《马关条约》，割让辽东半岛。俄、德、法出于自身利益，以提供"友善劝告"为借口，迫使日本把辽东还给中国。俄国以迫日还辽有功，迫使清政府签署《中俄密约》，大肆攫取利益。干涉还辽也成为日俄战争导火索。

[④]1901年9月，盛京将军增祺批复的《试采许可书》记载："候选府经历王承尧、翁寿先后申请，集股开采千山台等煤矿并拟各报效银一万两。经派遣委员与该申请者同赴该处，实际测查后，以杨柏堡河为界，确定界限，准许翁寿在河东、王承尧在河西进行开采。"（解学诗主编：《满铁史资料》（第4卷），中华书局，1987年，第11页）

公司开采,河东归翁寿开采。但在勘察过程中,翁寿发现王承尧煤矿良好,便将原属于王的芦沿(属千金寨)两个采煤坑霸占。王承尧发觉后,向翁提出交涉,要求停止开采交回两坑,但翁寿不予理睬,反而勾结俄商纪凤台、陆宾诺夫等,倚为靠山,有恃无恐地继续强采煤炭。

王承尧无奈状告于增祺,要求政府进行判决干预,将矿井归还华兴利。增祺认为此案颇为棘手,因为他在两公司各有5000两股金,均可参与分红。另外,若按原规定将芦沿二坑判还王承尧,将得罪有俄资背景的翁寿一方。考虑再三,增祺想将烫手山芋甩出,于是将此案批至奉天省交涉局处理。但交涉局徐总办也畏于沙俄势力,不敢秉公裁决,转而劝王承尧忍让,把两个矿坑让与翁寿以解除争端。王承尧坚决不允,坚持矿权属于华兴利。结果,此案又被退回增祺处裁决。

最终,在王承尧的据理力争之下,增祺只得派人前往争执地区实地勘察,将争议的两坑判还王承尧。沙俄借此机会,派华俄胜道银行买办吴介臣进行游说,企图实现先入股后控制华兴利之目的。

经过此次矿权争端,王承尧深感翁寿之所以敢于公然违约抢占矿井,主要是背后有沙俄的支持。为避免类似事件重演,王承尧不得不听从吴介臣劝说,于1902年3月吸收该银行股金6万两白银,但实际只收到3.75万两白银。沙俄染指华兴利的初步目的实现了,但王承尧吸收俄资入股的主要目的是增强华兴利公司实力,以抵御翁寿一方的侵扰挑衅,根本不给俄资操控公司的机会。为防止沙俄趁机染指华兴利日常之经营管理,王承尧明确规定,俄人只入股分红,不得参与公司管理。民族气节颇高的王承尧将此作为原则和底线,直至沙俄战败逃离抚顺,也没有控制华兴利公司。

由于王承尧的精明与坚持,沙俄企图利用翁寿挤垮吞并华兴利、最终独霸抚顺地区煤矿阴谋未能得逞,遂决定实施攫取翁寿抚顺煤矿公司的计划。1902年,俄人陆宾诺夫等策划召开改选公司董事长会议,以图窃取抚顺煤矿公司主导权。结果是陆宾诺夫、纪凤台分获正副董事长头衔,接管了煤矿。1903年初，沙俄派人到抚顺勘察煤田时发现当地煤田质优、量大，且副产品丰富，于是提议将翁寿抚顺煤矿公司转让给俄国远东森林公司[1]。1903年3月1日，陆宾诺夫、纪凤台以5万卢布的价格，将抚顺煤矿公司所属煤田及一切财产转让给沙俄远东森林公司负责人俄国陆军中校噶德里托夫。至此，翁寿开办的抚顺煤矿公司完全落入沙俄手中。

当初依靠沙俄势力强占王承尧矿坑的翁寿，直至被沙俄夺去矿权后方才醒悟，他虽"复控俄人不守合同，抢占矿产"，且获得增祺的支持，但沙俄毫不理会，继续强行开采，由俄兵带领160多辆大车抢运煤炭，并派兵抢占王承尧华兴利公司的3个矿[2]。

1904年日俄战争爆发，俄人未与华兴利公司做任何商议，就擅自在华兴利公司界内铺设铁路（南满铁路支线）外运煤矿，供应俄军。同年6月，王承尧得知俄人行径后急从奉天返回千金寨，窥破沙俄欲掠夺华兴利公司煤炭的野心，向增祺提出暂时停采呈请批准。

1905年1月，沙俄变本加厉，由噶德里托夫率400名俄兵将王承尧所拥有的5个坑口占领了3个，强行开采，且不准许另外2个坑口产煤外卖。王承尧十分焦急，向增祺呈报，但最终无济于事。只不过，对抚顺煤矿的抢夺并没有挽救沙俄失败的命运。1905年3月9日，俄军退出华兴利公司。1905年10月23日，华俄合办煤矿被日军占用[3]。

三、日资对抚顺煤矿的独占

日本对中国特别是东北地区的侵略野心蓄谋已久。1895年，日本首相山县有朋[4]向明治天皇提出"兵制改革"奏文，意图将中国辽东作为侵

---

① 由沙俄侍从武官组织的合资公司，名为在中国东北地区、朝鲜一带从事借贷的商业银行性质公司，实际是进行殖民经济掠夺机构。

② 千金寨、杨柏堡及老虎台三处露头煤。

③ 台湾"中央研究院"近代史研究所编：《矿务档》（第6册），台湾"中央研究院"近代史研究所，1965年，第3644页。

④ 山县有朋（1838—1922），日本军事家，政治家，日本陆军之父，大力推行军国主义路线，主张出兵侵略中国和朝鲜，形成了日本近现代史上的大陆政策。

略基地，把生命线扩大到中国东北。这就是通过吞并朝鲜，侵占中国东北，进而征服中国，称霸亚洲的"大陆政策"。1874年，日本入侵中国台湾，1875年强占朝鲜军事重镇江华岛。1895年，清政府甲午战败，与日本签订了丧权辱国的《马关条约》。当日本一步步扩大其在华利益的时候，其扩张野心遭到了沙俄的强烈反对，后者遂纠集英法等国进行干预，使日本被迫退出辽东半岛。而沙俄以租界地名义，霸占了辽东半岛，并改名为"关东省"，按俄制设立总督，同时取得中东铁路修筑权及兴办矿业、贸易减免等特权。事实上，沙俄不仅将辽东半岛吞并，而且将整个中国东北划为势力范围。

为与沙俄争夺东北，一雪被迫退出辽东半岛之耻，日本处心积虑，积极备战。1904年2月，在英国支持下，日本不宣而战，发动日俄战争，清廷宣布中立。日俄双方投入兵力近百万，以辽东半岛为中心激战一年半以上，给中国人民造成了深重灾难。"自旅顺迤北，直至边墙内外，凡属俄日大军经过处，大都因粮于民。菽黍高粱，均被芟割，以作马料。纵横千里，几同赤地"[1]。而盖州、海城等地有300余村被侵扰，计遭难者达8400家，约合男女5万多人[2]。逃入沈阳的辽阳难民更是不下3万人[3]。种种惨状，惨不忍睹。

1905年3月，俄军在奉天附近的大会战中一败涂地，仓皇逃窜，日军趁机追击俄军进入千金寨地区，趁机侵占了抚顺煤矿。俄军败退时破坏了大量厂房和设施，并向矿坑内灌水，仓库及大量器材被点燃。当时，日军占领的仅有杨柏堡木房4间、瓦房8栋及少许锅炉等[4]。

沙俄战败后，日本从沙俄手中夺取了辽东半岛租界权及长春至大连的南满铁路使用权。根据日俄《朴次茅斯和约》第六条规定：隶属南满

① 商务印书馆编译所编：《日俄战纪全书》（第13期），商务印书馆，1907年，第85页。
② 商务印书馆编译所编：《日俄战纪全书》（第16期），商务印书馆，1907年，第77—78页。
③ 商务印书馆编译所编：《日俄战纪全书》（第16期），商务印书馆，1907年，第84—87页。
④ 抚顺矿务局煤炭志编纂委员会：《抚顺矿区史略　1901—1985》，抚顺矿务局内部资料，1988年，第27页。

日本对抚顺煤矿殖民经营研究

铁道，而为铁道之利益所经营之一切煤矿，得中国政府之承诺，移让于日本政府。1905年底，日本政府代表小村寿太郎到北京与清政府谈判，强迫清廷签订了《东三省事宜正约》及附约，取代沙俄成为中国东北地区新霸主。

为加快殖民侵略步伐，攫取更大利益，1906年6月，日本以天皇的名义发布第142号敕令，公布《南满洲铁道株式会社成立之件》[1]，11月在大连成立"满铁"，资本金2亿日元。"满铁"从成立之初就攫取长约1100公里的铁路，霸占了中国大量土地，并在中东路沿线掠夺开采煤矿。

对于抚顺煤矿的重要性，日本当局有清醒认识。《申报》转述的日本《大阪每日新闻》的报道，将日本方面的贪婪表露无遗：

> 经营南满洲之主体，是在南满铁道。而南满铁路财源之基础，则煤矿事业为大宗，其次者为满洲铁道之经济政策。今之论抚顺煤矿者，莫不知是矿实含有四亿吨之巨额，而目前所采取者每日仅仅四百余吨……抚顺煤矿确实之调查，其总面积约三百万坪，共含有煤额三亿八千万吨。今试就可以采取之部分计之，姑以三分之一为例，应当有一亿三千万吨。一日采取千吨，须三百五十余年。一日采取五千吨，亦须七十年……由是而言，则抚顺煤矿今幸已落吾人之手，宜尽巨量采取以求先占大利者[2]。

由此可见，日本方面将铁路作为殖民经营南满的根基，而将煤矿产业视为财源基础和重中之重。对于侵占资源量巨大的抚顺煤矿，日本舆论表示庆幸和得意之极，提出当前首要目标便是实施"巨量"开采，以

①"满铁"极盛期拥有80多家关联企业股权，被称为"日本在中国的东印度公司"，也被称为"殖民会社"。到1945年日本投降时，总资产达42亿日元，就业员工也从开办时1.1万人增加到39.8万人。

②《论抚顺煤矿》，《申报》1907年6月20日，第2版。

谋求利益最大化。

接着,《大阪每日新闻》又发布《论抚顺煤矿(续)》,继续谈论抚顺煤矿的巨大经济价值和战略意义:

> 据最近之消息,谓抚顺煤矿采取之方针先以六年为一期,期内之采取额以一日五千吨为限……现时东洋诸港中,吸收外国煤炭之最多者首推香港,次推上海。香港一年在百万吨以上,上海一年在八十万吨以上……满铁会社既以经济为主,则现时断不能不多取之以为利,然使一日之采煤额为五千吨,则一年应出煤百八十万吨,实当日本输出总额三分之二,是等巨额无论影响于本邦之贩卖煤炭者为滋大。故有巨量之采取,必预筹巨量之消路。就现在东洋各商埠现势而论,其能消受此巨额否乎,是不可不以经济之通运法,而预为之计矣[1]。

这里,日本舆论聚焦抚顺煤矿的巨大经济潜力,认为"满铁"当务之急是拓展销路、扩大市场,打开"巨量之销路",确保"巨量之采取"转化为经济利益,为殖民扩张提供物资保障和支撑。1906年4月13日《申报》报道,"东京接满洲通信,谓抚顺煤矿产计长五英里,厚一百四十四尺,阔一英里。估计全矿所产之煤当有五百二十兆吨,现在每日出煤二千吨。"[2]由此可见,日本对资源丰富的抚顺煤矿觊觎已久,且为充分利用其经济价值可谓殚精竭虑、蓄谋已久。另据《申报》消息,1906年6月15日,东京方面有消息称当日日本天皇下诏,核准日本满洲铁道管理之事。日本将在抚顺煤矿设立一新公司以便开采,并按照中日满洲新约,华人亦可入股[3]。而根据后续报道,前述之矿产公司将办理抚顺煤矿东方铁路事

日本对抚顺煤矿殖民经营研究

①《论抚顺煤矿(续)》,《申报》1907年6月21日,第2版。
②《东报纪满洲煤矿之富饶》,《申报》1906年4月13日,第3版。
③《日本经营满洲实业》,《申报》1906年6月8日,第3版。

务，该公司资本为日银十五兆元半，由日本政府筹拨，半由中日两国合股，且外人亦可入股[①]。

日本通过日俄战争霸占抚顺煤矿之后，从烟台采炭所调来技师大八木乔朵与小山田淑助，加紧着手企业战后生产恢复，同时将华兴利公司所储4000吨煤炭强行运走。1905年5月，日本在抚顺成立抚顺采炭所，隶属于日军大本营，仍采用旧坑采掘，专供军用。因当时老虎台和杨柏堡等旧坑均已全部充水，只能利用千金寨采煤，同时着手开凿一、二新坑。在老虎台旧坑亦进行排水，同时开凿新坑，数月内每日出煤达300吨以上。同年9月11日，抚顺采炭所奉命复原，并在日军铁道提理部监督下，成立第一采煤班，进而开凿了杨柏堡坑，煤炭产量大幅增加，最高日产达1400吨。1905年9月至1907年3月，第一采煤班时期，抚顺煤矿总计共出煤229947吨，其中千金寨坑最多，达118625吨（占51.6%），老虎台坑次之，为95326吨（占41.5%），而杨柏堡只有15996吨。当时采煤成本每吨4.368日元。由于日俄大战后百事待兴，设备不完善，工资又较高，故此成本颇为昂贵。[②]

面对日本强占抚顺煤矿的野蛮行径，清政府与爱国民族资本家并未坐以待毙，而是据理力争，全力争取矿权。1905年12月14日，王承尧以总办千金寨煤矿事宜名义，禀呈农工商部，详细陈述千金寨煤矿被占情形，请予收回[③]。禀稿首先阐明华兴利公司与抚顺煤矿并非一样，华兴利虽有华俄胜道银行股份，但并非中俄合办，华胜道银行股金6万两，仅收3.75万两，其余并未交。"管理矿务一切事宜，均归华商主政，向不准该银行干预"。进而指出日本借口强占抚顺煤矿毫无道理。他对日人小山田淑助、加藤喜助卫门、大八木等先后占据该矿厂，又招集游民

　　①《日本振兴满洲实业》，《申报》1906年6月16日，第3版。
　　②解学诗主编：《满铁史资料》（第4卷），中华书局，1987年，第24—25页；虞和寅：《奉天抚顺煤矿报告》，台湾学生书局，1982年，第18—19页。
　　③台湾"中央研究院"近代史研究所编：《矿务档》（第6册），1965年，第3645页。

任其包做，致将煤洞燃烧数处，屡次分析，不容理论之举。他对日本的强盗行为据理申辩，慨言："官私不可混淆，奈何日本堂堂大国，概兴义师，何故为此商民之矿产岂能任为己有？"①

清政府商部对王承尧禀稿迅速回复，并令"盛京将军就近体察情形，酌核办理"。接替增祺担任盛京将军的赵尔巽，于1906年2月26日将此察批交奉天交涉总局详查。经奉天交涉总局调查，认定"抚顺千山台系中国之地，王承尧系中国之商，其开煤矿奏准在案"，日人"虽经暂据，理应议还"。于是奉天交涉总局官员与日方接触，要求日方立即交还煤矿。但日本政府驻奉天军政官（日驻东北最高官员）小山秋始终不作表态，敷衍应付，设词推诿，导致争端悬而无解。由于形势难解，东京方面于29日电令驻奉天之日本总领事小池赴北京与日使伊集院"会商抚顺煤矿及其他各问题"②。

1906年4月12日，清政府正式向日方提出照会，要求归还抚顺千台山煤矿。清政府军机大臣、总理外务部事务的庆亲王奕劻照会日驻清大使内田，指出："王承尧所办华兴利煤矿公司，却在千金台等处，并无俄人经营，自系中国人民财产，日军入境，本不应强占据。兹准前因，相应照会贵大臣转访该处日人，讯将此煤矿交还该公司接收，以昭公道。"并严正指出，该矿距离南满铁路最近处苏家屯车站达50公里，超过俄清《东省铁路公司南满支路合同》中规定铁路两旁30公里内之限制，不属于俄国铁路附属利权之列，故日方不能以《朴次茅斯和约》第六条为根据占据该矿。清政府敦促日方根据中日合约第四条之规定"速将煤矿交还"③。

但作为事实占据之一方，日本岂能甘心退出，故采取拖延办法，刻意回避该矿是否俄资经营的关键问题，一味辩称此前俄人派兵强占该矿期间，王承尧及东北地方当局并未能及时采取措施回收该矿，故可视作

---

① 王成敬：《东北之经济资源》，商务印书馆，1947年，第39页。
② 《奉天日领事赴京》，《申报》1909年11月13日，第3版。
③ 台湾"中央研究院"近代史研究所编：《中日关系史料·路矿交涉》，1976年，第25页。

王承尧自动放弃利权，且俄方在战时已经铺设铁路连接该矿并运输煤炭，故可视作俄方已接管该矿生产管理。同时，拒不承认中方所提"铁路两旁30华里范围"之说，称"以铁路线30华里以内为俄国开矿权畛域一节，过去时常出自清国当局之口，另附照会中，亦载明我方开矿权亦限于该区域内。此节在清俄间之东省铁路条约中并无规定。"[1]

面对中方据理力争、拒不放弃矿权的决心，日方也颇为顾忌，一方面加紧巩固占据事实，另一方面伺机彻底霸占。驻日公使杨枢提醒国内，"日本无意交还抚顺煤矿，请即与驻京日使交涉"[2]。但在1906年12月，"满铁"聘请工学博士松田一郎为抚顺煤矿技师长，制订为期5年、预算高达920万日元的长期发展计划[3]。这标志"满铁"对抚顺煤矿大型殖民开发规划进入实质性操作阶段，中方要夺回矿权的努力，已难上加难。

另一方面，为攫取抚顺矿权，日方继续在外交上颠倒黑白、无理狡辩。1907年3月，驻京日使牒复清廷外务部，竟说抚顺煤矿"为俄国所经营，显有证明，按照日俄合约，斯矿即约所称铁路利益所经营煤矿之一端，宜归属于日本。乃中国政府坚请交还，按之满洲条约第一条之所载，日本政府实不能解其何意也。再俄人干预斯矿，距日俄启衅数载以前，即投以经营之资本，复独占管理之实权。三十年后俄人又增筑铁路，设置卫兵，其经营规模非常宏大，中国政府未尝阻止。由此以观，俄国于斯矿地位不得谓非所承认，虽未明立合同，然揆请国际交涉，所有彼此行为因默认而定者甚多。日俄和议所称，日本收受俄国允让之一切，即系指俄国由中国认明或默认现享之一切权利利益而言也"[4]。据此可见，日方在不能证明该矿战前是否属于俄方利权的前提下，援引《朴次茅斯和约》第六条，认定抚顺煤矿属于日方继承俄国在南满地区一切铁路及相关附

---

[1]［日］内野敏夫：《東北鑛産志》，东北科学研究所翻印，1950年，第251页。

[2]《专电二北京（正月廿三日申刻）》，《申报》1907年3月8日，第2版。

[3]《满洲鉱業開發株式會社設立方策》（1936年8月18日），抚顺矿务局档案馆藏，日伪时期南满洲铁道株式会社抚顺炭矿档案，卷宗号：1-39-011。

[4]金士宣：《中国东北铁路问题汇论》，大公报馆，1932年，第38页。

属权益的范围。这种无理狡辩的背后，实际上是一种强盗逻辑，即如日本陆军大臣寺内正毅所言：既归俄人经营，又供俄国之用，则我军作为胜利者之权利，自可归为己有①。

1907 年 5 月，日本驻清公使林权助在对清政府的照会中，就以上两个关键问题进行了自相矛盾的解释：首先，将当时清政府无力驱赶俄国强占抚顺千台山煤矿的事实歪曲为对俄国经营开采权的默认，并称"国际间的权益除明文的契约允诺外，很多情况下是根据当事者的行为即默认的形式规定的。本案则正属于后一种情况"②。同时，对于中俄双方默认的铁路两侧 30 华里的权益范围之内"不论其名义如何，均应根据朴次茅斯和约和满洲条约归属日本。"林权助最后声称，此次照会"乃是帝国政府的明确回答，今后虽再接贵国政府有关本案的交涉，帝国政府亦丝毫无意改变上述原则"③。由于日方狡辩，中日关于抚顺矿权归属问题谈判陷入僵局。

清政府和王承尧并未就此妥协退让，继续通过外交手段对日交涉。清政府驻日公使杨枢也就抚顺煤矿一案与日本政府进行积极交涉。但日本外务大臣百般推诿，竟答复：此案应饬王承尧与南满铁路总裁后藤新平面议，方易了结，否则难断。清政府外务部遂指令王承尧与后藤新平直接面议。1907 年 6 月 15 日，后藤新平由日本返回奉天，王承尧前往欲与其面谈开矿之原委与索矿之理由。但后藤以事务繁忙推辞不见，令下属佐藤安之助接待王承尧，提出赔偿王承尧十万金以解决此事。但王承尧不为所动，坚决不放弃抚顺矿权。7 月 23 日，王承尧禀呈外务部，详细说明与后藤会见不成之事，同时恳请外务部嘱令外务省饬催后藤面议。他义正词严地表示，抚顺煤矿于利权有密切关系，商人财产反在其次，

---

① 台湾"中央研究院"近代史研究所编：《矿务档》（第 6 册），台湾"中央研究院"近代史研究所，1965 年，第 3644 页。

② 解学诗主编：《满铁史资料》（第 4 卷），中华书局，1987 年，第 289 页。

③《抚顺炭鉱ノ件》，アジア歴史資料センター，日本外務省外交史料館藏，卷宗号：B03030237800。

而我国之商权民气，全赖此一线之争，断不甘退让一步。充分表现出收回矿权的决心和气魄。

日本见中方态度坚决，无妥协退让可能，遂一方面对清廷及王承尧正当要求做拖延和应付之举，另一方面加快霸占和开发抚顺煤矿。1907年4月，抚顺煤矿矿长日本工学博士松田一郎带着抚顺煤矿开采五年计划和投资来到抚顺。同时，佐藤还在千金寨地区征购万坪土地，进一步扩大开采面积。对此，1907年11月29日《北京晚报》及《盛京时报》均登载了有关消息，揭露了日本霸占抚顺矿权的卑劣行径。

面对日方侵占的残酷现实，王承尧悲愤万分。1908年1月23日上书东三省总督[①]徐世昌：

> 千金寨为华兴利之矿产，此案正在交涉间，明明系中国人民产业，恃强延岩，不能开议，何又遽垂得陇望蜀之涎！抑或我政府则有条约准其购地，不知置职商矿产于何所？令职商懵然不解。若仍复哑忍，其如大局何？其如权利何？况千金寨系职商开采，奏准在案，该日本极端强霸奸狡之心，视公法如虚文，置公法于不顾……唯念此矿为东亚有名美矿，环球皆知，职商力虽不足，尚有公理可据，所以甘冒万死，决不甘为委弃权利之罪魁。

在国力衰微、外交无力的劣势下，王承尧据理力争，为捍卫矿权之尊严，披肝沥胆，置个人安危于度外。他认为"职商自有之利权，岂容坐失阻而不止，宁甘随晋省殉矿、浙省殉路之烈士，同甘身殉""决不甘为委弃利权之罪魁"，[②]王承尧的态度，显示出一种以身殉矿的壮烈决心。

然而，王承尧的爱国护矿之心却被徐世昌斥为"率以狂言上渎，殊

① 原盛京将军于1907年4月，改称为东三省总督。
② 辽宁中日关系史研究会编：《中日关系史论文集》，辽宁中日关系研究会，1984年，第266页。

属非是"。后者批复王承尧道："日人占据千金寨地亩一事，已派人丈勘，向日人索价，按亩分给，实为救恤小民起见。且声明此项地亩专为经营矿事铁道所用，只能行驶地面，与地中矿质不相交涉，将来煤矿交还，此地应一并交还。"可见当时清廷东北地区最高官员对日本处心积虑、步步为营的野心缺乏清醒认识，对日方征占千金寨矿区土地不以为然，甚至幻想将来与矿权一并索回。

迫于内忧外患和日方咄咄逼人的态度，清政府采取退让政策，既不能全还，若与合办，又苦无资本，不得已筹一特别办法，拟将矿产作为我之资本①。这种中日合办的设想遭到了日方拒绝。而此时抚顺煤矿交涉已超过 3 年，日本政府大规模投资扩张计划也已实施 2 年，不可能放弃对抚顺煤矿占据的事实。实际上，日本购买千金寨之民地，就已"合法地"把抚顺煤矿据为己有了。

清末国家屡弱、腐朽衰败，对外软弱丧权，对内严酷压制。1909 年 8 月，日方趁北京政局混乱之际，借口改筑安奉铁路，以外交讹诈、武力威胁等手段逼迫清政府，企图解决包括抚顺煤矿在内的所谓东省五案交涉问题②，以加快侵占东北、实施大陆政策的进程。抚顺矿权交涉一事，《申报》当时亦有记载。1910 年 8 月 3 日，《申报》据东京方面消息，得知日本方面对于中国方面所提出的诸如交还抚顺煤矿警权，除征矿税外，所出之煤如运销满洲境外则须另征出口税、从前未缴之矿税应由日本如数缴付等要求均不予承认，交涉实在难以进行③。

随后，在 8 月 7 日，东京方面又称，中国方面所要求的抚顺煤矿所出之煤如运销满洲境外须纳出口税一节，可由日本允诺按照英德在华之

① 解学诗主编：《满铁史资料》（第 4 卷），中华书局，1987 年，第 165 页。
② 东省五案问题系日本妄图吞并东北地区蓄意挑起的外交争端，是其实施大陆政策的重要侵略步骤。五案交涉自 1909 年 2 月 6 日由日本驻华公使伊集院向中国外务部提出无理要求始，到 1909 年 9 月 4 日止。分别为：安奉铁路之保护及警察权、抚顺煤矿烟台煤矿之合办、京奉铁路之延长、安奉铁路两旁用地之大小、南满铁路干支线两旁各矿之合办。参见《中日满洲交涉案奉天》，《申报》1909 年 12 月 10 日，第 5 版。
③《抚顺煤矿交涉近闻》，《申报》1910 年 8 月 3 日，第 6 版。

例办理，惟开矿税应自战后起算一节，日本将不承认。至于要求日本退让该矿警权的问题，则因关系安奉铁路区域内同一问题也难以妥协①。

面对强权，朝不保夕、摇摇欲坠的清政府被迫妥协，于当年9月4日与日本签订了《东三省交涉五案条款》。所有路矿两权，丧失殆尽。条约规定，中国政府如筑造新民屯至法库门铁道，须先得日本政府允许；由大石桥至营口之支路，归并为南满铁路支线；安奉沿线及南满干线之矿务，皆须与日本合办。其中条约第三条规定：

> 抚顺、烟台两处煤矿，现将中日两国政府和平商定如下：甲，中国政府承认日本国政府开采上开两处煤矿（即抚顺、烟台）之权。乙，日本政府尊重中国一切主权，并承允上述两处煤矿，开采煤觔向中国政府应纳各税，维该税率，应按中国他处煤税最惠之例，另行规定。丙，中国政府承允上述四处煤矿开采煤觔出口外运时，其税率应按他处煤矿最惠之例，另行规定。丁，所有矿界及一切详细章程另行派员协定②。

至此，拥有亚东第一佳矿美誉的抚顺煤矿，完全沦入日人之手。中日抚顺煤矿权交涉5年有余，终以交涉失败、开采权丧失结束。自起手交涉，已逾四载，为矿权奔走抗争的王承尧，终因清廷腐朽软弱宣告失败，只由"满铁"以抚恤金名义补偿银15万两了事，王承尧因无力偿还华兴利公司股债，愤而离开抚顺③。

经数年博弈，矿权之争彻底落幕，以中方完败、日方完胜告终。日本在事实和法理两个层面，均实现对抚顺煤矿的占据，日本对这一结果感到十分满意。

---

①《抚顺煤矿交涉续闻》，《申报》1910年8月7日，第5版。
②王铁崖编：《中外旧约章汇编》（第2册），生活·读书·新知三联书店，1959年，第599页。
③王芸生：《六十年中国与日本》（第5卷），生活·读书·新知三联书店，1980年，第194页。

《申报》曾对中国抚顺煤矿交涉及日本方面"胜利"作如下分析：

抚顺炭矿问题，中日两国代表者对于炭坑境界并王承尧之
救恤金额及一切契约，已为圆满之协定。其解决内容之要点，
东西两端炭坑区权利仍还附中国，向来由日本所纳出炭税本为
三分今减去一分。此外更交纳矿产税一分。闻此项税额与前年
九月满洲协约尚不相背，故日人甚为满意。如中国政府无何等
异议日内即可签字。抚顺煤矿问题今已大致解决，其余所剩悬
案只有中日奉天车站联接问题而已。然此两铁路联络问题，中
国既决定在南满在线高架铁桥而城内车站与南铁路车站接联一
事，本非大难问题，日间当可议决然。则日俄战后之中日悬案
至此可为尽完结矣[①]。

到 1911 年 4 月，中日两国委员会就矿区界限、矿产税、输出税及免
税报偿金等问题，达成协议。矿权交涉的失败，进一步助长了日本的扩
张野心，也反映出 3 个问题：一是中国外交色厉内荏、软弱可欺，缺乏
斗争到底的勇气和毅力；二是曾在洋务运动刺激下，短暂出现的民族资
本发展黄金期彻底逝去；三是以煤矿为核心的资源竞争白热化，成为左
右经济乃至时局的重要砝码。

此后 30 余年，抚顺煤矿完全处于日本殖民掠夺与残酷剥削之下。其
采矿成本，每吨仅需日金 1.5 元，销路亦极广，东至日本、朝鲜及台湾地区，
北至吉林、黑龙江，南达天津、上海、香港、新加坡及长江各埠。其分
销方法，以煤 200 百万吨析为二份，以百万吨留作满洲、朝鲜及本会社
之用，其余之百万吨则分销各处。1897 年，该矿资本不过 29 万余元，每
日产煤约 360 吨；今则所投之资本已达千万元以上，且有意增加 1800 万

---

① 《东三省通信》，《申报》1911 年 5 月 25 日，第 2 版。

的投入，专为扩充之用，而所产之煤每日能至 7000 吨，发展之快，不可谓不迅速[①]。

为扩大矿界，日本还以强占、低价收买、合资合办等各种手段吞并抚顺煤矿周边煤矿。对于这些中小矿主，日本方面态度十分轻蔑。"就此等经营企业家所表示之能力、素质、思想等观之，余深觉彼等大多不明了经营土地之农夫之事，惟知乘机赚钱而已。然此举所做成之书面及宣传，内地人视之，诚不失为非常之宏图，万世之伟业，而误认为日本国民非凡之奋发，是国家的事业。"[②] 面对日本咄咄逼人的侵夺行为，中国方面并没有太多的抵制手段，抚顺周边大小煤矿，渐次被日本占有。作为案例，以下列举几座煤矿，简述其被侵夺过程：

褡裢煤矿，也称褡裢咀子煤矿，位于抚顺煤矿东部，储量经当时测定约 1730 万吨，为规模较小煤矿，但煤质均系优良炼焦煤。1908 年，中国人孙世昌等筹资上报，得到清政府准予采掘的执照。但由于孙世昌等煤矿知识匮乏，所采煤炭质量低、成本高，难以在市场竞争，经营遇到较大困难。这一点恰恰被日方所洞察和利用。为吞并褡裢煤矿，日方派三好龟吉多次到该矿秘密考察，收集煤矿数据和信息，特别是掌握了褡裢煤矿因勘探技术落后，未能掌握矿脉而放弃上层开采，仅进行下层局部开采的状况，及时向"满铁"报告，并获得"满铁"大量资金支持。随后，日方利用褡裢煤矿经营困境，带来大量资金，声称与孙世昌合办煤矿，并于 1914 年 10 月哄骗中方签订合资合办合同，整个公司资本为十万日元，其中六万元由中国人出资，四万元由三好龟吉出资。合同于 1915 年 3 月 10 日获中国政府批准，而此时褡裢煤矿已成为中日合办的大兴煤矿有限公司。

1916 年 2 月，三好龟吉将自己在大兴煤矿有限公司一切权益转让给日人饭田益一，翌年 1 月饭田与孙世昌又签订了合同，合同规定该煤

① 欧阳哲生主编：《丁文江文集》（第 3 卷），湖南教育出版社，2008 年，第 134 页。
② 新中国建设学会编译：《日人对我东北言论集》，民友印刷公司，1933 年，第 4 页。

第二章 抚顺煤矿的开办与矿权演变

矿的开采、运输及业务支出等经费均由饭田承担，并以获取采煤收入的66%作为承包的报酬，其余34%分别由中国代表为六成，饭田为四成的比例分配。合同失效后，土地与矿井归中方所有，机器和房屋设施则由饭田取得。该煤矿的经营销售，除就地销售外，均委托"满铁"包销。1917年3月，饭田将股份出卖给东洋炭矿株式会社。1919年，孙世昌将所有煤矿权利转让给周文贵。1929年周文贵病故，其兄周文富接替，"满铁"利用周文富向外借款之机，趁机收买了其褡裢煤矿股权。

华胜煤矿。华胜煤矿与抚顺煤矿以占城子河为界，河东为抚顺炭矿区。1905年，马福隆、范宜春等人主持开采，创办华胜煤矿公司。日方经实地勘察，发现华胜煤矿埋藏数百万吨优质煤炭，且煤层较浅，易于开采，有利可图，遂处心积虑欲进行鲸吞。日方先用中国人周海清名义，提出设置新矿区，需延伸至华胜煤矿矿区地界，以官方交涉夺取霸占。1921年9月，华胜煤矿遭遇资金困难向抚顺炭矿请求贷款。日方趁机介入，与马福隆签订了合办合同：

> 抚顺炭矿矿长井上匡四郎为甲方，华胜煤矿公司经理为乙方，经中国政府许可之采矿执照中新增矿区的煤炭开采与销售全部业务委任给甲方；为经营而需要的机械、器材和资金由甲方筹办，并由甲方经营。乙方担负向中国政府交纳的矿区税、矿产税由甲方承担。后又签订附属合同，乙方将新增矿区全部土地卖给甲方，甲方每月支付乙方200元车马费。

由于抚顺炭矿对华胜煤矿的控制，迫使后者难以正常经营。1923年8月，马福隆将矿权、土地与设备，以66万元卖给抚顺炭所。自此，地处抚顺煤矿外的华胜煤矿被"满铁"完全占有①。

---

① 顾诗云编：《满洲问题与日本殖民》，新文化书社，1929年，第76页。

烟台煤矿。位于今辽宁辽阳灯塔市，1894年英国人庞氏投资开办。俄国人建东清铁路时，派技师英拉尔氏就地收买，矿票落入沙俄之手。1899年开采，后因义和团事起停办。1902年，王某等8人以8.1万元资本金开办烟台煤矿（商办）。1905年日俄战争后，日本强行占领。1907年4月交由"满铁"经营，作为抚顺煤矿的分矿[①]。

近代中国民族矿业的生存发展可谓举步维艰。一方面，出于殖民侵略中国之目的，西方列强决不允许民族矿业做大做强，进而影响和威胁其在华利益。西方列强采取收买、合资合办等手段攫取矿权，加紧圈地占矿，打压民族矿业，企图控制中国矿业命脉。另一方面，清政府出于充盈国库、制衡列强、自强图存等多方考量，放宽了采矿业门槛，不仅出资官办矿业，还鼓励支持民营资本进入。特别在东北地区，民族矿业境遇更具典型性。清政府东北矿禁政策的松绑，为民族采矿业的肇兴创造了有利外部条件，以王承尧、翁寿为代表的民族矿业纷纷兴起。但好景不长，东北地区一直是列强觊觎和争夺的焦点，民族矿业难以置身度外，企业生存环境恶劣，只能在日俄两大列强角力的夹缝中苦苦挣扎，发展壮大更是无从谈起。王承尧凭借智慧和有限的让步，遏制了沙俄控制华兴利公司的野心，但却在日本侵略者的野蛮强占面前无能为力。中日关于抚顺煤矿矿权的博弈和交涉，充分反映出晚清政府的软弱颓败，更揭露了日本侵华的贪婪野心。甲午战败，宣告了清廷洋务运动的彻底破产，而作为其连锁反应——东北地区矿权沦丧，则从另一个层面标志日本独霸东北进而图谋中国的野心迅速膨胀。

① 顾诗云编：《满洲问题与日本殖民》，新文化书社，1929年，第78页。

第二章 抚顺煤矿的开办与矿权演变

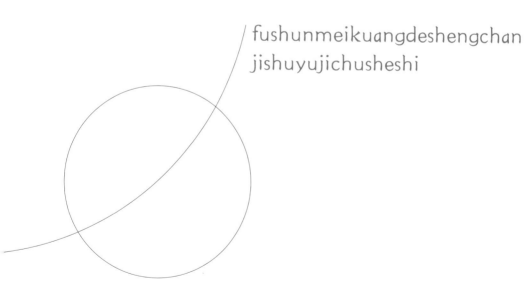

第三章

抚顺煤矿的生产技术与基础设施

fushunmeikuangdeshengchan
jishuyujichusheshi

第一节　殖民管理机构变迁

一、管理机构的设立

全面侵占抚顺煤矿后，日本当局立即着手建立殖民经营机构，将其纳入整个殖民经济体系，并根据重大殖民战略和政策的变动，多次对抚顺煤矿内部机构和管理体制进行调整改革。其目的在于使企业生产运营尽快与日方扩张政策保持同步，最大限度发挥职能作用，促进企业产能扩大、效率提高。其中包括两次重大调整，时间节点分别为九一八事变前夕和七七事变后。抚顺煤矿早期机构的调整，旨在适应企业生产经营，主要特点是业务增加、部门增多。九一八事变前，抚顺煤矿已有 14 个矿区开采，露天 4 处，井下 10 处，年产量已达七八百万吨[①]。

1907 年，日本当局颁布《抚顺炭矿分课规程》，将抚顺炭矿分为庶务课、会计课、坑务课、机械课、营缮课、用度课、运炭课等 7 个课，1909 年 3 月又增设电气课，有从事员 365 人[②]。1912 年 6 月，由于采煤量增加，第一个五年开发计划实施取得成效。"满铁"将抚顺炭坑改为抚顺炭矿，坑长改为炭矿长。炭矿机关废除了坑务课，设立工业课。将原归坑务课管理的各采炭所业务，实行独立经营，单独核算，自负盈亏。同年 9 月，炭矿机关又设矿务课，主要负责坑务课的一般坑务事项及运炭

---

① 周宪文：《东北与日本》，中华书局，1933 年，第 96 页。

② 抚顺矿务局志编纂委员会：《抚顺矿区志　1901—1985》（中卷），抚顺矿务局，内部资料，1994 年，第 39 页。

日本对抚顺煤矿殖民经营研究

课采矿事项[①]。

1917 年 6 月，正值第二个五年计划实施完成，煤矿经营范围不断扩张，抚顺炭矿再次进行改革，增设了庶务、矿务、工作三部。庶务部分庶务课、会计课、用度课、运炭课；矿务部分矿务课、各采炭所；工作部分机械课、工业课、土木课。同时，将大山、千金寨两个采炭所合并为大山采炭所；东乡、杨柏堡两个采炭所合并为东乡采炭所；老虎台、万达屋两个采炭所合并为老虎台采炭所；龙凤、新屯二采炭所合并为龙凤采炭所。此外，还有古城子、烟台两处采炭所。1924 年 11 月，炭矿本部实行职制改革，取消部制，恢复课制，将运炭课改为运输课。1926 年 4 月，将会计、用度两课合并为经理课[②]。

二、管理机构的变迁

九一八事变前夕，抚顺煤矿管理机构发生第一次重大变革。主要原因是日本在华军事扩张步伐加快，经济动员准备提速。抚顺煤矿机构改革则回应了这种变化。1930 年 6 月，随着"满铁"职制改革，抚顺炭矿管理体制发生较大变化，撤销调查股，另设庶务、经理、采炭、机械、电气、化学等六课。8 月，又废除电气、机械、化学等课，新增工作课，整置庶务、经理、采炭、工作四课。1931 年 8 月，抚顺炭矿职别改革启动，目的是扩大作业生产，改革内容为：分课规程案总务局，明确庶务课的组织和权限，文书、审议及进展，调查和统计，建筑物及管理、防卫等。1936 年 8 月，新设煤炭液化工厂临时建设事务所，直到建设完成后撤销。同年 10 月，又因"满铁"职制改革，除原有四课外，又新设制油课。

七七事变后，抚顺煤矿管理机构发生第二次重大调整。主要原因是由于发动全面侵华战争，日本军备能源物资需求激增。抚顺炭矿生产的煤炭、石油、钢铁等能源产品在殖民经济中的地位很重要，炭矿业务日

---

① ［日］三上安美：《炭鉱読本》，南満洲鉄道株式會社，1936 年，第 14 页。
② ［日］三上安美：《炭鉱読本》，南満洲鉄道株式會社，1936 年，第 15 页。

趋庞大，于是再次进行重大职制改革，以适应战争需求。1937 年 9 月，因建设特殊钢生产厂，炭矿本部成立了制钢试验工厂临时建设事务所。1939 年 4 月，将课、所两级机构，改为局、课、所三级机构。按照专业内容划分为总务、工务、第一采炭、第二采炭、工业等五个局。具体分工情况：总务局负责全矿庶务、人事、会计及产品推销事宜；工务局管理机械造制所、发电所、工事事务所及运输事务所；第一采炭局负责坑井内采炭事项；第二采炭所负责露天采煤事项；工业局负责各种工业制造事项。其中，人事课改革的内容主要是：日本人社员的人事关系及调整、日本人社员的进退、日本人社员给予待遇及日本人社员的养成、福祉、保健[①]。

第二节　采煤技术的改进

　　日本殖民统治抚顺煤矿 40 年，为掠夺更多煤矿资源，陆续开采扩建十余处矿井[②]，通过制定政策、革新技术、完善产销等措施手段，扩大生产规模，攫取高额利润，支撑军事侵略，彻底将抚顺煤矿纳入日本殖民体系中。约瑟夫·熊彼特曾说："某一个周期的上升波动是和某一种工业的发展或某一种生产技术的革新有关联的。"[③] 从抚顺煤矿被纳入日本

---

　　①《抚顺炭鉱職員クラブ書類》（1939 年 4 月 17 日），抚顺矿务局档案馆藏，日伪时期南满洲铁道株式会社抚顺炭矿档案，卷宗号：1-343-066。

　　②1907 年日本侵占抚顺煤田后，逐步建设第一、第二、第三露天掘、褡裢坑、龙凤坑、新屯坑、万达屋坑、老虎台坑、大山坑、东乡坑、杨柏堡坑等。1937 年开始统一规划，增加装备，将分散井群合并为三个大型煤矿，即大山采炭所、龙凤矿和老虎台矿。

　　③［美］约瑟夫·熊彼特：《经济发展理论——对于利润、资本、信贷、利息和经济周期的考察》，商务印书馆，2011 年，第 13 页。

殖民体系开始，便被动地走上"现代化"之路。

一、采煤方式的改进

中国传统采煤技术历史悠久，当西方许多国家不知煤炭为何物时，中国已采用桔槔[①]和辘轳[②]作为提升工具，进行煤炭开采[③]。西汉时已正式用煤炼铁，河南等地煤田已开始开采。至宋代，煤矿开采已有一套比较完整的技术。据对鹤壁古煤矿遗址考察，当时是先由地面开凿圆形竖井，深达 46 米，然后依地下自然煤层的变化开掘巷道。巷道高 1 米多，形状上窄下宽，上宽 1 米，下宽 1.4 米，再把需要开采的煤田凿成若干小区，运用"跳格式"的先内后外的方法逐步后撤。井下排水一方面用辘轳往外抽水，另一方面把地下水引进采完煤的坑洼地区贮积起来[④]。

至明清两代，煤的开采程度远超以往任何时期。许多重要煤田在明代和清前期已被发现和开采，其中见于明、清《一统志》的就有数十处，远处边陲云南和新疆也有记载。明清采煤技术主要见于《本草纲目》和《天工开物》，清初《颜山杂记》记载则更为详细。

明代对采煤技术记载较详细的是《天工开物》，"凡取煤经历久者，从土面能辨有无之色，然后掘挖。深至五丈许，方始得煤。初见煤端时，毒气灼人。有将巨竹凿去中节，尖锐其末，插入炭中，其毒烟从竹中透上，人从其下施镢拾取者。或一井而下，炭纵横广有，则随其左右阔取。其上支板，以防压崩耳"。这里讲的用竹筒排毒气办法在今天看来，仍然是很科学的[⑤]。清初在煤矿井坑设计和建造方面有了进一步的提高，在

① 于公元前 1700 年发明。俗称"吊杆""称杆"，古代农用工具，一种原始汲水工具，商代便用于农业灌溉。《庄子·天运》记载"且子独不见夫桔槔者乎，引之则俯，舍之则仰。"《淮南子·氾论训》："斧柯而樵，桔皋而汲。"

② 于公元前 1100 年发明。用不同材料制成的圆形滚动物体，包括轮子外圈、与外圈相连接的辐条和中心轴。透过滚动，轮子可大大减少与接触面磨擦系数。如配上轴，即成为车的最主要构成部分。

③《中国近代煤矿史》编写组：《中国近代煤矿史》，煤炭工业出版社，1990 年，第 172 页。

④ 自然科学史研究所主编：《中国古代科技成就》，中国青年出版社，1978 年，第 323 页。

⑤ 自然科学史研究所主编：《中国古代科技成就》，中国青年出版社，1978 年，第 324 页。

找煤、开凿、井下照明和通风上都达到了新的技术水平。此外，为让井下空气对流，发明了开气井的办法[1]。

第一次工业革命后，采煤技术有了质的飞跃，西方国家的社会经济由此从有机经济转向矿物经济[2]，人类生产可以不再受自然条件的约束而能持续增长。而同时期的中国却依然延续着传统的采煤技术，煤炭产业停滞不前。19世纪下半叶洋务运动兴起，中国开始引进西方采煤技术，使用机器采煤，中国由此从手工采煤向机器采煤转变。这种技术变革最先出现在东北和华北地区煤矿。19世纪末，现代煤矿增长的同时，依靠传统和手工方法生产的小煤矿在一些地区也明显增加[3]。采用传统技术的小煤矿几乎存在于每个产煤省份，大多数省份小煤矿的产量都在5万至10万吨之间。四川和湖南两省，现代采煤方法只是在第二次世界大战前才开始使用，这一大批小煤矿的年产量可能达到100万吨[4]。

现代采煤技术取代传统技术并非一蹴而就。以土法开采的小煤矿与现代煤矿并存，且形成了市场竞争现象，很长时间存在于现代煤矿经营

---

① 清代,孙廷铨1664年(康熙三年)纂修的《颜山杂记》对采煤技术进行更详细记载。其记载符合实际,是当时山东淄博地区煤矿工人实际经验的总结。首先对找煤方法进行阐述, "凡脉炭者, 视其山石, 数石则行, 青石、砂石否。察其土有黑苗, 测其石之层数, 避其沁水之潦, 因上以知下, 因近以知远, 往而获之为良工。"随后描写了煤矿开采技术, "凡攻煤, 必有井干焉。"这是指主井、竖井。"虽深百尺而不挠。"竖井虽深百尺也不弯曲,是直立的。"已得炭, 然后旁行其隧, 视其炭之行, 高者倍人, 薄者及身, 又薄及肩, 又薄及尻。"当竖井的深度和将要开采的煤层相当时,从竖井旁边开巷道,巷道的方向看煤层的走向而定。煤层有厚有薄, 道巷有高有低, 高的有两个人高, 薄的只有一人高, 再薄的只有一个人的肩头高, 最薄的只有一个人的屁股高。"凿者跂, 远者驰。凿者坐, 远者偻。凿者蟠卧, 远者鳖行。"这是讲开凿工和运煤工彼此的关系。当挖掘工人可以站着工作时, 巷道自然高敞, 所以运煤工人可以直立行走;当挖掘工人只能坐着干活时, 巷道低矮, 运煤工人就得弯腰走;当挖掘工人仰卧干活时, 道巷极低矮, 运煤工人只能像鳖一样爬行了。"脉乍大乍细, 窭窭螺螺, 若或得之而骤竭, 谓之鸡窝, 二者皆井病也。"这是指煤层不均匀, 时大时小, 甚至尖灭, 这都是不利于开采的。"凡行隧者, 前其手, 必灯而后入。井则夜也, 灯则日也。冬气既藏, 灯则炎长;夏气强阳, 灯则闭光。是故凿井必两, 行隧必双, 令气交通, 以达其阳。攻坚致远, 功不可量, 以为气井之谓也。"这里讲了井下照明和井下通风。

② 云妍:《近代开滦煤矿研究》, 人民出版社, 2015年, 第121页。

③ [日]手冢正夫:《中国煤鉱の土法形态》,《东亚研究所报》, 1943年, 第117—176页。

④ 实业部国际贸易局:《中国实业志·湖南省》, 实业部国际贸易局, 1935年; 张肖梅:《四川经济参考资料》, 上海, 1939年; 白家驹:《第七次中国矿业纪要》, 经济部中央地质调查所, 1945年, 第51页。

的区域，其中山东、北京和山西地区比较有代表性。第一个区域是山东中部博山的小规模煤矿，1902 年至 1936 之间，年均增长率为 8.6%（20 年代前这些小煤矿至多是利用蒸汽机提升煤和水）。即使除去两个 30 年代采用现代化经营的煤矿产量，增长率仍达 7.8%[①]。第二个区域是北京西山门头沟地区，许多小煤矿在与中英公司经营的现代化煤矿竞争中能够继续存在[②]。第三个区域是山西。该省东部现代化的保晋公司不得不与许多小矿共存，而这些小矿生产规模超过该地区产量的 60%[③]。山西北部大同地区，两个现代化煤矿产量仅占该区产量的 40%，其余 60% 产量均由 29 个传统小矿生产[④]。

有观点认为，传统煤矿的低工资使其能够在生产价格上与现代煤矿竞争[⑤]。事实上，这种工资差异是存在的。《矿业周报》报道，门头沟现代煤矿每班 8 小时，工资为 40-50 分，而传统煤矿每班 12 小时工资为 30~40 分[⑥]。在山西北部大同，3 个大矿里井下工人工资是 50 分，大多数小矿里井下工人工资是 30~40 分[⑦]。这种工资上的差异可能是由于现代煤矿必须支付维持一个劳动力全年的费用，而小矿只是在劳动力机会成本比较低的时候经营[⑧]。此外，土法仅开采接近地面的煤，因此可以避免大的提升费用和其他辅助活动，而这些在大的现代化煤矿里是不可少的。但土法开采很大程度上造成了资源浪费。在英国，19 世纪技术的改进不是大幅增加每个工人的产量，而且尽量防止采煤报酬递减，技术进步正是中国现代煤矿的基础[⑨]。

---

① ［日］兴亚院：《山东省矿山调查报告》，《调查月报》，1941 年，第 118 页。
② 满铁天津事务所调查课：《北中国鉱业纪要》，南满铁道株式会社，1936 年，第 230 页。
③ 满铁调查部：《山西省煤田调查资料》，南满铁道株式会社，1937 年，第 212 页。
④ 满铁调查部：《山西省煤田调查资料》，南满铁道株式会社，1937 年，第 30 页。
⑤ ［日］手塚正夫：《中国煤鉱の土法形态》，《东亚研究所报》，1943 年，第 163—169 页。
⑥ 中华矿学社：《矿业周报》，中华矿学社出版社，1932 年，第 343 页。
⑦ 满铁调查部：《山西省煤田调查资料》，南满铁道株式会社，1937 年，第 29 页。
⑧ 中国经济年鉴编纂委员会：《中国经济年鉴》（第 3 编），商务印书馆，1936 年，第 71—78 页。
⑨ 《欧洲采煤原始》，《经世报》1897 年第 16 期。

与现代采煤技术相比，传统方法缺陷明显，引进和推广西方技术势在必行。一是技术上的巨大差距。如勘测方法落后、保护设施落后、安全措施缺乏，严重制约产业发展。传统技术下的采煤只能限于较浅的煤层，头层煤采完，采煤业便无从发展而自行衰落，这也是传统煤窑限于手工业范畴而不能长期兴盛进而壮大为一项产业的重要原因①。二是缺乏规模优势。要利用铁路运输方面规模经济的长处，就需要大规模的生产设备或至少是大规模的装载设备。大规模生产是为了充分利用固定资产，需要长期进行生产。使用手工方法短期内成本是低的，但意味着煤田工作缺乏组织，对于长期效益而言是不经济的。当用传统技术能采的煤层被采完时，必须由深的现代化煤矿开采，或停止生产②。虽然有相当部分非现代化煤矿企业存在，中国煤矿业一般说来是从1895年后引进西方的现代采煤技术，并在大范围内生产中起到了支配作用③。

　　西方新法采煤与中国传统技术最本质的不同在于机器的使用。机器的普及使用，使开采范围扩大，面临的技术问题也随之拓展，因而逐渐形成一套复杂的程序。首先实地勘察，对井田范围、建设项目、资金费用、运销经营等进行全面筹划；再初步选择建井处打钻，探清煤炭存储情况，确定井位、井深；然后，利用人工打眼，炸药爆破，机器提升排水，开凿两个井筒，井壁石砌或砖砌；井筒打到预定之底后，开巷相连通风，再开平巷，横路上再开岔路，随之采掘；最后建设矿井的同时，相应地建设地面天桥、锅炉房、运输线路、机器维修厂及仓库、办公房等④。

　　1895年前，河北开平煤矿是中国唯一一座真正意义上的现代煤矿。它不仅有大的现代煤矿所有的重要特征——卷扬机和水泵，还在升降井

<hr>

① 云妍：《近代开滦煤矿研究》，人民出版社，2015年，第125页。

② [澳]蒂姆·赖特：《中国经济和社会中的煤矿业》(1895—1937)，丁长清译，东方出版社，1991年，第45页。

③ [澳]蒂姆·赖特：《中国经济和社会中的煤矿业》(1895—1937)，丁长清译，东方出版社，1991年，第46页。

④ 云妍：《近代开滦煤矿研究》，人民出版社，2015年，第125页。

中使用罐笼和铁轨以及人工通风。在其成立后的 15 年中，经营者先是建设了一条运河，后又建筑了一条运煤到市场的铁路[1]。随着比较广阔的铁路网的建立，其他现代煤矿亦相继建立起来，到 20 世纪 30 年代，中国有 20 多个煤矿公司至少在基本特征方面已属于现代煤矿。大型现代煤矿企业中，生产规模差异较大，20 世纪 30 年代有两个公司生产能力超过 500 万吨。

二、新技术的应用

抚顺煤矿公司，年生产能力最高可达 1000 万吨。另外两家煤矿公司 30 年代早期生产 100 万吨以上，此外还有 8 家超过 50 万吨。从技术层面看，更重要的是单个煤矿的规模，中国煤矿接近世界大矿的标准，当时中国最大的煤矿由开滦和抚顺经营。抚顺露天煤矿每年有 300 万吨以上的生产能力，其地下矿坑中至少也有超 100 万吨的生产能力[2]。

抚顺煤矿产量迅速提高，直至冠绝东亚，最重要原因在于生产技术优势。

首先，从采煤方法看。旧法采煤方法简单，凿井发现煤后即沿煤层走向或倾斜方向进行挖掘取煤。随着机器的应用，采煤方法变得多样复杂。近代煤矿采煤方法主要有残柱法、砂填法、引柱法、走向长壁法和露天开采法等。抚顺煤矿主要采用残柱法、洒砂充填采煤法和露天采煤法。抚顺煤矿初期主要采用井工开采方式，即最简易的手工掘煤方式，工艺落后，产量极低。随着开采不断加深，出现了小竖井和小斜坑，并开始使用坑木支护，形成了早期最有代表性的坑道式采煤法。提升方法也很简单，除人背肩扛顺竖梯背上地面外，也使用马架子式的提升工具和转

①Carlson, Ellsworth C, The Kaiping Mines（1877—1912）, Harvard University Press, 1971.p.66.
②满史会：《满洲开发四十年史》（第 3 卷），东北师范大学出版社，1988 年，第 109 页；满铁总裁室弘报课：《南满洲铁道株式會社三十年略史》，南满铁道株式會社，1937 年，第 368—369 页。

磨式斜坑牵引提升[1]。

残柱法。近代煤矿生产应用最早、最广泛的采煤方法。具体做法是沿煤层走向开一条大巷和若干条顺槽[2]，沿煤层倾斜开上（下）山，于是在采煤区域内，形成棋盘形之坑道，坑道之间留二三十米见方的煤柱，开采时先将煤柱用纵横两巷道分成四个小煤柱，再次将此小煤柱分成更小的煤柱，拆取最小煤柱时，一般先采煤层下部，再将支柱移出，待煤层上部自行塌落后，以铁制长柄扒钩将煤扒出，装筐外运，若煤质坚硬，不易自行塌落，则用炸药崩下[3]。该法早在1904年沙俄侵占抚顺煤矿后就被采用，当时提升也采用俄式井字大木架，木架上带有滑轮，牵引时曾使用过蒸汽机。日本占据抚顺煤矿后，对特厚煤层之采法缺乏经验，对煤层情况也不甚了解，且当时最新注砂充填法仍在试验阶段，故不得已沿用残柱法进行开采。残柱法在抚顺煤矿具体应用，有记载如下：由于当时诸营业坑采掘不深，大抵距地面不过200—400尺，及先于厚度150尺之煤层中选其煤质优良的部位，即4—5层以上，以上下垂直30尺的间隔平行掘进。自此所得之煤，名为富士、大和、朝日、常磐樱诸层。又沿各层之倾斜每60尺则设上下两片盘，或于各层每隔60尺则设横断坑道，以联络之。每层均留基盘形煤柱，而各片盘亦成煤柱形。至于坑道则普通高7尺，宽10尺，是最初之采煤法，惟以坑道掘进所得之煤，维持现状，并为将来实行煤层采掘之准备。又大山、东乡两坑掘到深处，其煤质脆弱，因之片盘间隔增至40尺。而联络各层之横断坑道，其间隔亦扩大到90尺。至其他各坑，采掘愈深，煤层亦随之扩大，出煤逐渐增加[4]。

①抚顺矿务局志编纂委员会：《抚顺矿区志 1901—1985》（中卷），抚顺矿务局，内部资料，1994年，第49页。

②《矿地术语》：《矿业周报》，中华矿学社，1928年，第144页。

③云妍：《近代开滦煤矿研究》，人民出版社，2015年，第130页。

④抚顺矿务局煤炭志编纂委员会：《抚顺矿区史略 1901—1985》，抚顺矿务局，内部资料，1988年，第54页。

日本对抚顺煤矿殖民经营研究

由此可见，残柱法在用手工回采的条件下，几乎适用于各种斜角、厚度的煤层，但缺点也十分明显，主要是回采率低，煤层愈厚，顶板愈破碎，回采率愈低，在厚煤层中一般仅能回采20%，工人采煤所用工具主要是镐、凿、锤、枪、钩、铲和筐，不仅劳动强度大，且常常需要在残柱下抢煤，危险性极高。正因为如此，该法后被逐渐淘汰[1]。抚顺煤矿采取残柱法数年后，由于坑道掘进过深，1911年如杨柏堡矿坑之东部，即达与老虎台坑相接之大断层，其深部亦达与东乡坑之境界仍依旧法继续采掘，导致支柱逐渐腐败，各处已多倾陷，补修之盘甚巨，而施工稍迟，即有自然发火之虞[2]。出于多方考量，抚顺煤矿遂采取填砂采掘法。

砂填法。起源于美洲，后传入欧洲英、德等国[3]。其原理是：将砂砾由八寸径之铁管，从井口通至采空区，然后用水力将砂砾注入采空区，水泻入水道，用抽水机抽去，砂砾则贮满于采空区，久而被顶石下压，成为人为砂岩，如此填充后，可达一劳永逸之支护效果，采煤可渐次进行。这种新兴的方法产生后，欧美各国仿行，用木节省，成本减轻。抚顺煤矿也采用此法，亦具成效。砂填法之利有三："一以克服地面之陷落，一以防止瓦斯之爆发，一以减少煤量之遗弃，而尤以厚煤层之采掘，为最经济"[4]。由此可见，抚顺煤矿较早使用此法，且特别适合抚顺煤矿厚煤层的特点。虞和寅《抚顺煤矿报告》记载：

> 根据抚顺煤矿特厚煤层当时采取的方法是，将煤层分为二枚或三枚以上，先从位于上盘部分开始采掘，渐次及于下盘，既在同一区域内，亦先浅处而后及于深处。其采掘方法，除特

---

[1]《中国近代煤矿史》编写组：《中国近代煤矿史》，煤炭工业出版社，1990年，第180页。

[2]采用此法采煤，巷道维护时间长、费用高，通风不良，工作面温度高，容易自燃发火，且回采率仅占采掘量的10%—20%。参见抚顺矿务局志编纂委员会：《抚顺矿区志 1901—1985》（中卷），抚顺矿务局，内部资料，1994年，第49页。

[3]《中国近代煤矿史》编写组：《中国近代煤矿史》，煤炭工业出版社，1990年，第181页。

[4]《煤矿支柱与砂填法》，《矿业周报》1928年第20期。

殊情况者外，多为水平掘，或循层向，或与之成直角的方向而掘之，高 8 尺至 10 尺，幅宽 12 尺至 18 尺，长约 100 尺、容积约 1 万立方尺至 2.2 万立方尺，合采掘与充填约需一个月方可完工。其充填方法，先于采掘场之入口及侧面，筑有木造或高粱秆造之堰，将注砂铁管插入其内，再于注砂场内将砂与水混合，由铁管流入采掘场内，坚实沉淀，水则由堰由出，流至沉淀池内，待泥土沉淀，渐次清净，再用即筒排出坑外，再作流砂之用[1]。

1912 年以前，抚顺煤矿用残柱法采煤，回收率很低（以杨柏堡坑为例，如继续沿用残柱法，将有十分之九遗弃于井下而不能取[2]，遗弃于采空区的煤又容易自燃，致使矿井火灾频发。为解决该问题，日方仔细研究破解办法，根据抚顺煤矿小竖井、小斜井排气送气及巷道布置和煤层特点，专门派员赴德国学习特厚煤层开采方法，引进了当时世界最先进的水砂充填法——德国奥柏尔西勒先煤矿洒砂充填法，最先应用于杨柏堡坑[3]。该法在原煤采出后，立即将湿砂和水顺充填井道冲到采空煤巷，然后再按采煤程序向上方和左右方向采掘[4]。1911 年 2 月，在杨柏堡着手开凿注砂小竖坑，1912 年开始注砂充填。当时所需之砂，即以杨柏堡河中手掘而得，当时填砂 710 立方米，效果甚佳。后于 1913 年在东乡、大山两坑设注砂井，大山第一注砂井、东乡注砂井分别于 1914 年 12 月、1915 年 1 月相继竣工，实行注砂。老虎台第一注砂井于 1917 年 3 月竣工。实行充填采掘诸坑，以杨柏堡为第一，依次是大山、东乡、老虎台、万达屋、

① 虞和寅：《抚顺煤矿大山坑民国十七年四月九日水灾记》，《矿冶》，1928 年第 1 卷第 4 期。
② 抚顺矿务局煤炭志编纂委员会：《抚顺矿区史略　1901—1985》，抚顺矿务局，内部资料，1988 年，第 55 页。
③《中国近代煤矿史》编写组：《中国近代煤矿史》，煤炭工业出版社，1990 年，第 181 页。
④ 抚顺矿务局志编纂委员会：《抚顺矿区志　1901—1985》（中卷），抚顺矿务局，内部资料，1994 年，第 49 页。

千金寨、龙凤及新屯等，俱先后实施。为解决充填用砂，共设有塔湾、戈布街、计军屯、杨柏堡、栗家沟、刘山等六处采砂场。采矿、运砂、注砂均使用机械进行[1]。

露天法。近代使用机械进行露天采煤，也始于抚顺煤矿。1914年，抚顺煤田西部煤层最厚的古城子坑首先进行露天开采，成为第一露天冢，后改称古城子坑，1920年复称第一露天冢。据1920年资料记载，当时的煤矿工人中，中国人1780人，日本人123人，日产煤400吨。[2]由于进一步探明了抚顺西部煤炭丰富储量，1917年，千金寨西采用露天采掘，并于1919年建成投产，成为第二露天冢。1927年，千金寨又在第二露天冢旁建设杨柏堡露天堀，当年建成投产，即第三露天冢。1938年，将第一、第二、第三露天冢合并为西露天矿。[3]抚顺露天矿，最初用人工打眼放炮剥离表土。

1915年，从美国购进蒸汽铲进行机械剥离，气铲容量为1.915立方米。1920年从日本购入小时生产能力达122.33立方米的挖掘机。剥离工厂全部使用机械。当时，日剥离砂土岩约5万立方米，合10万吨。工艺过程是：在用穿孔机打眼后，装药放炮，松动岩石或煤层，再用气铲把剥离物装入翻车或煤车，分别将矸石运往弃置场，将油页岩运往制油厂，将煤运往洗煤厂。露天采掘坑呈椭圆形，有若干个台阶（采掘段），台阶高约九米。每一台阶均铺设有运输铁轨。抚顺露天矿规模和机械化水平在东亚首屈一指，在世界上亦不多见[4]。据日本人估计，这一露天矿深度可建350米，东西延长约7公里，南北宽度为1公里，剥离物约1.5亿立方米（其中油页岩1.5亿立方米），整个容量相当于巴拿马运河工程数

---

①抚顺矿务局煤炭志编纂委员会：《抚顺矿区史略 1901—1985》，抚顺矿务局，内部资料，1988年，第55页。

②《石炭协议会议事録送付ノ件》（1920年日期不详），抚顺矿务局档案馆藏，日伪时期南满洲铁道株式会社抚顺炭矿档案，卷宗号：1-40-016。

③抚顺矿务局煤炭志编纂委员会：《抚顺矿区史略 1901—1985》，抚顺矿务局，内部资料，1988年，第58页。

④虞和寅：《奉天抚顺煤矿报告》，农商部矿政司，1927年，第27—36页、72—73页。

倍。对砂土岩石剥离方法，上部表土厚度在13米左右的平坦部分用挖掘机，高低不平部分用气铲或电镐。对于绿色页岩及油母页岩，用台阶式采掘方法，即采用阶段作业方式，各阶段高度为10米。爆破作业是采用旋转机或抚顺式钻机，有时亦用手工开凿，深度10米左右，然后装进硝铵炸药，用电气引爆，使地层松软，后用电铲装进运输翻斗车。采煤与砂土岩石的剥离相同，亦采用台阶式采掘方法，各阶段高度为9米，其爆破方法同剥离时爆破方法差不多，主要是用慢速黑色炸药松弛地层。运输方式是把煤炭装进4吨铁制煤车上，用12吨的小型电机车运到绞车线桥，再用25吨的箕斗两台（100马力绞车）、28吨箕斗4台（130马力绞车）以及其他箕斗或钢绳提升设备运到地面。剥离物运出的方法，采用标准轨距电气铁路运输，用35吨电机车，运至地面①。

其次，从核心技术环节看，新式采煤法最显著的特征就是排水、通风与提升三个环节上使用了机器②。抚顺煤矿以上技术环节在同期国内处于领先地位。

排水环节。旧式煤矿排水方法主要靠肩挑、手戽、牛皮包提③，难以排除大量矿井水，导致煤矿无法深采。世界第一台蒸汽泵使用于英国煤矿，标志煤矿业从手工开采向机械开采转变。1689年，英国人塞维利（Thomas Savery）制造了世界第一台蒸汽泵，用于矿井抽水，名叫"矿工的友人"或"用火抽水上来的机器"④。19世纪70年代，我国开始从西方引进排水机械，从而解决了矿井排水问题。近代煤矿引进的排水机，最初以蒸汽动力气泵为主，20世纪20年代，陆续出现电力水泵。抚顺煤矿开采规模不断扩大，加之地面沟渠，河流较多，洪水随时有淹没矿井可能，对生产构成威胁。矿井水量（包括工业用水、充填水、水运水及自然涌水）

---

①抚顺矿务局煤炭志编纂委员会：《抚顺矿区史略 1901—1985》，抚顺矿务局，内部资料，1988年，第59页。

②云妍：《近代开滦煤矿研究》，人民出版社，2015年，第126页。

③水龙是竹制抽水唧筒，又叫竹龙，长2—3米，在南方煤窑多用之，牛皮包提水多用于北方煤窑。

④华中工学院自然辩证法研究室：《现代工业技术史文集》，中国科学院出版社，1979年，第30页。

随着开采深度增加不断增多，对排水能力提出了新要求。为解决排水问题，抚顺煤矿大量使用了先进的涡轮式电泵、三枝式电泵。以老虎台矿为例，自 1901 年开采以来，为浅部开采，坑内自然涌水较少，未安装排水机器。日本 1905 年侵占抚顺炭矿后，1907 年开始大规模开采，坑内出现自然涌水，涌水量达 30 立方英尺 / 分。后因采用水砂充填法，水量增至 100 立方英尺 / 分。1920 年老虎台坑安设涡轮式水泵 6 台，坑内经二段排水，由竖坑排至地面。每分钟总排水量为 165000 立方英尺[①]。

万达屋坑在西部斜坑安设 4 台，在东斜坑安设 3 台，经二段至三段将水排到地面。1920 年以后，万达屋有斜井 13 条，除 1 条不通天外，其余 12 条形成三个完整的采掘、充填、运输、排水、通风系统。每个系统都设有临时性水泵房，随采掘下延。1936 年开凿的老万斜坑，1940 年已开凿到地下 225 米水平，安装日本制造额定扬量 6 立方米 / 分，额定扬程 550 米，功率 1250 马力，8 段水泵 2 台，1942 年 8 月安装完毕，投产使用。1943 年 12 月，又安装 1250 马力水泵 10 台，1000 立方米水仓 10 条，800 立方米水仓 8 条，建起井下排水系统[②]。

通风环节。通风是采煤生产极为重要的技术环节，尤其对于属于超级瓦斯矿的抚顺煤矿，矿井通风对煤炭生产至关重要。旧式煤窑主要依靠自然通风，风量极小，对于瓦斯含量较少的矿井影响有限[③]，但对瓦斯含量高的矿井而言，严重制约煤矿生产。19 世纪 70 年代，中国开始从西方引进通风技术，采用机械通风。通风设备最初使用蒸汽动力，至 20 世纪 20 年代，逐渐改为电力。抚顺煤矿由于瓦斯含量特别大，所需风量多，采用特大型扇风机，其通风能力居近代煤矿之首。其实，抚顺煤矿初采期，由于开采层较浅，当时并未发现瓦斯和有害气体，没有设立专门保安机构。

---

① 《抚顺煤矿调查》，《中行月刊》，1932 年第 4 卷第 6 期。
② 抚顺矿务局志编纂委员会：《抚顺矿区志 1901—1985》（中卷），抚顺矿务局，内部资料，1994 年，第 84 页。
③ 近代煤矿产量较多矿井一般都采用机械通风，但瓦斯量很少的矿井，如京西门头沟煤矿、淮南煤矿等仍采用自然通风。

日本侵占抚顺煤矿后进行大规模延深开采，瓦斯的出现导致各种灾害频发。为解决该问题，日本建立了独立的通风系统，并专门在"抚顺炭所"设立安保课，各采炭所设立保安系，下设保安班，专门从事矿井安保工作。具体业务是：矿井通风、瓦斯检查与消防火[①]。抚顺煤矿井下通风均采用机械通风，井下机扇主要有"沃尔卡尔""拉特""洽伯叶尔""西洛司风""纳伊尔达"等7种型号，风机功率为5马力，电压为380伏。由于瓦斯量高，抚顺煤矿风机都很大，老虎台矿安装风量13000米^3/分风机1台，龙凤矿安装风量分别为13000米^3/分和3000米^3/分风机各1台、1500米^3/分风机两台，大山、东乡坑安装8500米^3/分风机2台、6500米^3/分风机1台、3300米^3/分风机1台[②]。

提升环节。矿井提升工具是采煤业发展的关键。旧式采煤多使用辘轳，但由于骡马提升拉力有限，速度较慢，制约煤业生产规模扩大。近代煤矿诞生后，最初从西方引进蒸汽绞车作为提升机，继而引进电动提升机。1780年英国诺森伯兰威灵顿煤矿首次使用蒸汽绞车提煤。到中国基隆、开平煤矿引进蒸汽绞车，经历了一百年，但引进西方电动绞车只经历了不到20年[③]。可见，近代采煤技术的引进步伐不断加快。1915年，抚顺煤矿建成煤气发电厂后，各坑口陆续采用电动提升机。1936年投产的龙凤矿，安装了1台3769.39千瓦的电动卷扬机，一次可提煤4吨，日提煤能力达5000吨，冠绝全国。据载，龙凤矿主井提升机为单绳摩擦轮式，直径7.5米，钢丝绳直径75毫米，采用尾绳平衡提升。提升容积2台，4层罐笼，摇台承接装置。拖动电机功率4025千瓦。井塔为金属框架结构，高度51.6米，井深370米，提升速度11.5米/秒，小时提升能

---

①抚顺矿务局志编纂委员会：《抚顺矿区志　1901—1985》（中卷），抚顺矿务局，内部资料，1994年，第76页。

②罗维主编：《东北国营煤矿年鉴》，东北煤矿管理局计划处，1949年，第352页；《奉天抚顺煤矿报告》，第127页。转引自《中国近代煤矿史》编写组：《中国近代煤矿史》，煤炭工业出版社，1990年，第198页。

③《中国近代煤矿史》编写组：《中国近代煤矿史》，煤炭工业出版社，1990年，第192页。

力 560 吨[1]。

洗选加工。旧式煤窑完全依靠手工选煤。20 世纪 20 年代仍有不少煤矿采用这种方式。但随着产量和销量迅速增多，特别是焦炭用量的增加，煤的洗选日益重要，手工洗选已无法满足要求，机械洗选应用逐步推广。机械洗选技术于 19 世纪 80 年代传入，中国第一台选煤机安设于开平煤矿[2]。1909 年至 1911 年，日本新建的大山、东乡两坑洗选工艺设施建成投产，共设选炭设备 21 台，处理能力均为 225 吨／时，水洗杂煤 4 吨／时[3]。这是抚顺煤矿最早建立的洗选加工设施。1915 年，抚顺煤矿在老虎台采炭所安装 30 马力麦加司式筛选运输机两组，1920 年 4 月，又在万达屋采炭所安装 15 马力麦加司式筛选运输机两组。1934 年，龙凤采炭所开始建设龙凤选煤厂，并于 1937 年 4 月 1 日建成投产，设计能力为 150 万吨／年，小时处理量 330 吨，洗选出的精煤送往鞍山制钢所，大部分运往日本供应大型军工厂使用。为适应煤炭生产扩建需要，1937 年又在虎台山兴建大型选煤厂一座，占地 2160 平方米，设计能力为 120 万吨／年，1943 年 1 月竣工，洗煤能力为 125 吨／时，生产品种为大块、中块和粉煤等，主要供给鞍山制钢所炼钢、炼焦用，部分供电厂作燃料[4]。

此外，抚顺煤矿生产现代化还突出体现在供电、通信两方面。

1908 年 11 月，由于采煤需要，"满铁"在抚顺炭坑投资兴建了大山坑发电所，安装了两台 500 千瓦发电机，这是抚顺煤矿第一次利用电力作为动力。1910 年又增加 1000 千瓦发电机两台，开始向老虎台坑和杨柏堡坑送电。1913 年又增加 1500 千瓦发电机一台，发电机总数达 5 台，容量 4500 千瓦。1914 年开始，随着采煤量日益增加，蒸汽机已无法满足繁

①抚顺矿务局志编纂委员会：《抚顺矿区志 1901—1985》（中卷），抚顺矿务局，内部资料，1994 年，第 71 页。

②《中国近代煤矿史》编写组：《中国近代煤矿史》，煤炭工业出版社，1990 年，第 208 页。

③Zee Ziang-Soo, Notes on Coal Washing by Rheo-laveur Process at Kojoshi open Pit, Fushun Colliery; China. 《矿冶》1928 年第 1 卷第 4 期。

④抚顺矿务局志编纂委员会：《抚顺矿区志 1901—1985》（中卷），抚顺矿务局，内部资料，1994 年，第 89 页。

重的运输作业，为充分利用不断增多的劣质煤，"满铁"于当年11月建成特瓦斯发电厂，装机容量为两台1500千瓦发电机，当时称为"南发电所"。1924年12月，该所撤销，迁至大官屯发电所，称为"南满抚顺炭矿大官屯发电所"，下设4个系，即庶务系、计划系、电路系和经理系。1943年，电路系和发电厂分离，发电厂划归"满铁"电业管理，抚顺炭矿成立电力事务所，承担抚顺煤矿各厂矿交直流系统供电与通讯任务。当时有变电所22座，电话所3座[①]。

抚顺煤矿的现代通讯始于1907年。日俄战争后，日本关东军野战铁道提理部将30部磁石电话机移交至抚顺炭矿，以对讲方式通话。1908年，建成磁石式交换台装机100门，为抚顺煤矿最早建立的通信网络。1936年，在龙凤矿建立了步进制自动电话交换机，装机200门。1942年，建成龙凤交换所，装机400门，与此同时，万达屋交换所装机400门。

第三节　陆海一体化的运输体系

一、强化铁路交通网

销售在企业生产和经营中占据重要地位。从抚顺煤矿建立的四通八达的销售网络可看出，现代运输体系对煤矿产品销售具有决定性作用。日本当局正是利用多元化运输方式，将抚顺煤矿产品输向日本本土、东南亚等地区。抚顺煤矿的产品中大部分被日本军工部门所消耗，另外部

---

① 抚顺矿务局志编纂委员会：《抚顺矿区志　1901—1985》（中卷），抚顺矿务局，内部资料，1994年，第95页。

分被日本掠夺到本土或出口其他地区。1937 年日本国内煤产量为 4200 万吨左右，当年进口抚顺煤 200 多万吨，抚顺煤成为左右日本煤炭市价关键[①]。在抚顺煤矿早期经营中，由于产量有限，销售方式一般采取预先签订售煤契约，产煤基本就地售予包销者，再由包销者转售用户。日本侵占并由"满铁"接管抚顺煤田后，经大规模建设，产量大增，销售方式和渠道发生重大变化，特别是实行了路矿联运、产销一体方式，从而为大宗煤炭外销创造了有利条件。

铁路与煤矿业发展的关系十分紧密。铁路作为煤的主要运输媒介，对于煤炭工业的作用极为重要。在采用现代交通技术以前，中国的煤炭运输主要依靠车马、人力和水道。这些传统的运煤方式，尤其是陆路运输，多需比较高昂的运输成本。如在山东地区，用大车运煤每公里运输费约 6 分 / 吨，用独轮车运煤约 10 分 / 吨，用牲畜驮运高达 15-20 分 / 吨。[②] 而采用帆船或内陆水道运输方式的费用要低很多，长江航道上的运煤成本约 2 分 / 吨[③]。铁路运输费用更低，仅为传统陆上运费的 20%，费用小于 1 分 / 吨[④]。

为掠夺抚顺煤炭资源，日俄均重视和加强了矿区铁路运输建设，特别是"满铁"经营煤矿后，修筑了四通八达、领先全国的现代化路矿联运网络，构建了大肆掠夺抚顺煤炭的"吸血通道"。1904 年 4 月，日俄战争爆发后，沙俄为输送军队和铁路用煤，强行匆忙施工，从苏家屯（今沈阳市辖区）北浑河附近开始，沿浑河向东至抚顺修建了铁路，其中，正线从浑河至老虎台延长为 53.3 公里，杨柏堡矿岔线为 1.44 公里，轨距为 1.524 米（宽轨）。日俄战争结束以后，1905 年 4 月，日本野战军铁

① 解学诗主编：《满铁史资料》（第 4 卷），中华书局，1987 年，第 442 页。
② [澳] 蒂姆·赖特：《中国经济和社会中的煤矿业》(1895—1937)，丁长清译，东方出版社，1991 年，第 46 页。
③ [美] 托马斯·金斯米尔：《中国国内交通》，《皇家亚洲学会华北分会学报》（新 28 辑），1898 年，第 76 页。
④ [澳] 蒂姆·赖特：《中国经济和社会中的煤矿业》(1895—1937)，丁长清译，东方出版社，1991 年，第 58 页。

道提理部立即将宽轨改为 3 尺 6 寸的窄轨（1.067 米），苏家屯至老虎台坑正线延长至 55.90 公里，杨柏堡河至抚顺站（永安桥）岔线延长至 2.736 公里。1907 年"满铁"经营抚顺炭矿后，将窄轨铁路改为 4 尺 8 寸的准轨（1.435 米）铁路，于 1908 年 5 月竣工，并采用蒸汽机车运输千金寨、杨柏堡河老虎台矿煤炭。从 1913 年起，煤矿的电气化铁路开始施工，煤矿买进电气机车、电动客车、货车。1914 年 10 月，铁路完工并正式开始运行。其中，千金寨站以东各线划归抚顺煤矿专用线路，并在千金寨相邻处设立电车站，完成电车线路的建设，实现了铁路电气化，轨道总长 49.6 公里。1920 年实现矿内线路电气化。1926 年底电气化铁路达 156 公里，1935 年达 310 公里，到 1940 年 3 月，线路总长达 388.7 公里。1941 年西部工业地区电铁线路工程竣工，客车运行线路延长到制铁试验工厂。抚顺东部地区建设了东洲电铁大桥，桥长 188 米。[1] 抚顺炭矿年产 800 万吨煤炭，完全由铁路运输，且其中近 50% 需运往 435 公里外的大连，从大连经海运至日本本土。

二、构建海上运输网

与此同时，为加速把大量煤炭运至日本本土，日本当局非常重视海运网络的建设。1928 年 8 月，"满铁"在大连设立甘井子建设事务所，投入巨资收买甘井子煤炭码头用地，因当时人工装卸耗时长、效率低，影响船舶周转，又对码头进行机械化改造，配备了煤炭自装船机械设备、码头起重机、联合机、电拖拉机等。由此，仅 1930 年 7 月至 1931 年 3 月，甘井子煤炭码头船只达 250 艘，总吨位 991540 吨，向日本输出抚顺煤炭 12661280 吨，一日最高装船纪录达 13688 吨[2]。

---

①抚顺矿务局志编纂委员会：《抚顺矿区志 1901—1985》（中卷），抚顺矿务局，内部资料，1994 年，第 227 页。

②抚顺矿务局煤炭志编纂委员会：《抚顺矿区史略 1901—1985》（中卷），抚顺矿务局，内部资料，1994 年，第 60 页。

1937 年后，日本全国产业界因中国全面抗战所引起的恐慌，影响很大。1937 年 9 月 12 日《申报》曾载文章说："日本海运界，自卢沟桥战事，立即受到严重的影响。递信省首先颁布了外国船只及关东州船只的沿岸航路特许制，同时实施统制租船市场等应急对策，开放沿岸航路，变更分配船只。然而实际上要使近海船只的数量，适应需要，非常困难。因为递信省虽会同商工省斟酌运输货品，分轻重缓急，倾注全力，调剂船舶。但是各业反对甚烈，而海运自治联盟又不能奉令协力，大部分船舶，因有被征发没收的危险性，变更船籍与输送方向，而到暹罗反其他安全地带去，这种逃避行为政府是无法防制的。最近因为战事扩大的缘故，海运业内恐慌愈益显得深刻了。"[1]

第四节　产业关联与相关产业

　　日本殖民者占领抚顺煤矿后，一方面大肆掠夺煤炭资源，将抚顺煤矿纳入战时经济体制，实行残酷剥削政策，将其视为提供资源维持军事扩张的重要原料基地。另一方面，大力发展煤化工、人造石油、钢铁、火力发电、火药、电力、机械、化学等相关上下游产业。"满铁"经营下的抚顺煤矿经营规模和涉足领域不断扩张，根本原因是日本帝国主义以"满铁"等殖民机构为桥头堡和基地，在伪满实行经济统制，残酷打压掠夺中国民族资本工业。抚顺煤矿迅速膨胀背后，是民族资本工业沦为日本殖民经济附庸、陷入濒临破产的悲惨境地。

---

①《战争期间日本的运输与燃料》，《申报》1937 年 9 月 12 日，第 2 版。

一、页岩油开发与电业

（1）石油。石油工业 1596 年起源于德国，1845 年法国建立了小规模工厂。中国油母页岩资源发现较晚，大约于 19 世纪末在东北热河小佛堂地区发现了油母页岩矿藏，并采掘为燃料。据中国台北《中国矿藏志》记载：全国油页岩总藏量约 11870432 千公吨，其中辽宁油母页岩最丰富，占 46%，含油量占全国 56%。陕西次之，储量占全国 41.5%，含油量占 24.7%。辽宁油页岩产地甚多，以抚顺最为丰富和易于开采。1909 年，日本占领抚顺后，在扩采抚顺煤矿时，将大山坑掘出的岩石烧之，感到很奇特，便加以蒸馏而得 11.6% 的油。经"满铁"中央试验所研究，认为可视为废料的 55 亿吨页岩，含原油量相当于日本国内全部原油的 2.5 倍，此外还可获取更多副产品，可开采 300 年[1]。

日本国内对此感叹道："抚顺炭矿之伟大价值是在露天堀之大炭田，但最近更发现石油页岩，其价值尤可惊可骇！这种油页岩量约 55 亿吨，从其岩中所得之石油量，可当日本全国出石油量之二倍半，能堪三百年之采掘。"[2] 该页岩分布于煤田之上层，厚度 100 米至 170 米，品质由浅到深而不同，最上层品质优良，含油率高达 13.2%，中部约 10%，而底部接近煤层品质最差，仅为 1.2%。如以上中下各部页岩，经加工可获标准含油率达 5.6%，如去除底部劣质页岩，平均含油率则达 7% 至 8%，符合工业开采条件[3]。经日方最初研制，由于出油率较低，采掘未能继续。但由于日本海军急需液体燃料，对抚顺油页岩并未放弃，而是继续在日本德山海军染料厂进行试验研究。

1920 年，日本海军兵工厂派人到抚顺调查，要求进行工业性干馏试

①抚顺矿务局煤炭志编纂委员会：《抚顺矿区史略 1901—1985》，抚顺矿务局，内部资料，1988 年，第 70 页。

②《抚顺已成为"油之宝库"》，《华文大阪每日》，1940 年第 5 卷第 11 期，第 12 页。

③抚顺矿务局志编纂委员会：《抚顺矿区志 1901—1985》（上卷），抚顺矿务局，内部资料，1990 年，第 41 页。

验。1921年，抚顺炭矿支付10万日元试验费，将100吨油母页岩送到德国、瑞典进行试验，收油率仅为2%至2.75%，仍达不到工业化生产要求。但日本仍不放弃，在古城子露天坑合并时，对油母页岩进行大规模勘探，查明当时抚顺煤矿煤田拥有相当于2亿吨原油的巨大储量。这一考察结果，极大刺激了日本军方的掠夺野心，1924年遂又派人赴英国苏格兰油页岩厂进行干馏试验，结果良好。1925年5月，日本在大连召开联席会，确定使用内热式炉型，采用发生炉瓦斯加热循环供热技术。随后，在抚顺煤矿修筑了一座日处理油母页岩10吨的内热式煤炉。1926年又设计日处理40吨试验炉，收油率达到9%左右。

1927年10月，日本政府批准建炉计划，决定投资生产[1]。1928年1月，"满铁"召开理事会，决定投资兴建7.5万吨炼油厂，时称为抚顺制油厂（即西制油厂），兴建日处理油母页岩50吨干馏炉80座及破碎、硫铵、蒸馏、石蜡等附属车间，1930年建成投产。抚顺油母页岩实现工业化生产，轰动了全日本。

日本田中内阁《对满蒙积极政策奏章》写道：

煤油一物亦我国最欠之要品，是立国最上之要品，幸我有抚顺炭矿之层岩含有油岩之量，共五十二亿吨。此油岩层每百斤可抽煤油六斤，如再加用美国之精机以制之，每百斤可得九斤之精油，以供自动车及舰船燃料之用。现对我日本每年由外国输入之矿油约七千万，估价六千万元，尚在年年增加。按抚顺油层五十亿吨之额，如以四五最小而论，可得油二亿五千万吨，如以四九得油论，可得四亿五千万吨，按平均以三亿千万吨得油，每吨利益十五元而论，以抚顺之油层可得五十二亿五千万元之利源，真可谓我工业三大革命。而有益我国之国防上，产业上

①抚顺矿务局煤炭志编纂委员会：《抚顺矿区史略 1901—1985》，抚顺矿务局，内部资料，1988年，第72页。

极为重大，按满蒙之铁及煤、油可为我所有，则我国之海陆军策一近而为金城铁臂。夫满蒙者，乃我日人之心脏云云，诚不虚言也。为皇绵绵计，真可庆贺之至。①

抚顺油母页岩工业化生产，对日本而言意义重大：一是缓解了日本石油资源短缺问题，对日本实行大陆扩张政策提供了能源保障；二是为日本战时经济带来巨额利润。九一八事变后，石油对于日本的重要性大增，成为日本急需的战略物资。为扩大产量，1933年抚顺制油厂厂长大桥赖三决定升级生产设备，将日处理50吨干馏炉，改为100吨，改造了4部20台干馏炉，并对制油厂进行扩建②。1935年6月，该厂年产原油能力由7万吨增至14.5万吨。抚顺露头矿油母页岩采掘深度也由220米，加深到350米。1936年，该厂第二次扩建，年产量达到30万吨，超过日本国内年产石油量5万吨③。为发动太平洋战争筹集燃料准备，1941年日本决定由海军部投资在抚顺煤矿修建东制油工厂，计划年产50万吨石油，以生产汽油和海军采油为主，并生产副产品硫胺9万吨。到1945年日本投降时，已完成年产原油19.2万吨的生产设备，有3部干馏炉。在1930年，日本德山海军染料厂和"满铁"大连研究所成功进行煤的一次直接加氢液化试验后，于1936年在抚顺煤矿筹建石炭液化工厂，1939年完工，拟用抚顺胜利煤矿产煤为原料，进行直接液化，以生产航空油为主，设计能力年产1万吨。由于设计不合理，缺乏技术和经验，经过长达4年的试验运转仍未成功，最终放弃用煤直接液化，后改用天然石油为原料进行生产，最高产量为1944年的3260吨④。

---

① 抚顺市社会科学院编：《日本帝国主义统治抚顺罪行录1905—1945》，辽宁人民出版社，第94页。
② 《中小炭矿统治强化二关スル件》（1942年9月21日），抚顺矿务局档案馆藏，日伪时期南满洲铁道株式会社抚顺炭矿档案，卷宗号：1-323-041。
③ 抚顺矿务局志编纂委员会：《抚顺矿区志 1901—1985》（上卷），抚顺矿务局，内部资料，1990年，第42页。
④ 抚顺矿务局志编纂委员会：《抚顺矿区志 1901—1985》（上卷），抚顺矿务局，内部资料，1990年，第42页。

日本对抚顺煤矿殖民经营研究

（2）火力发电。随着抚顺煤矿的发展，从1908年开始建立发电厂，先后共建设4座发电厂。第一发电所：始建于1908年，在大三坑附近建立，供煤矿自用，使用自产原煤，初装设2台500千瓦发电机，后又增设2台1000千瓦和1台1500千瓦汽轮发电机。共装机5台，总容量4500千瓦。第二发电所："满铁"出于利用劣质煤为出发点建立了蒙德煤气发电所，即第二发电所。1912年从英国动力煤公司购买2台蒙德式发生炉和一套硫胺回收装置，从德国通用电气公司购买2台1500千瓦抽气式发电机，从美国通用电气公司购买3台400瓦同步电动直流发电机，在大山坑建发电所，1915年3月正式运转，最高平均发电量为3000千瓦时。1919年，该发电所9000千瓦扩建工程竣工，总装机容量达1.2万千瓦。

第三发电所：由于第一、第二发电所全负荷运转，从1918年开始兴建该发电所，原料以60%的煤粉为主进行设计，使用美国通用电气公司大型汽轮机，电压11000福特，1920年建成，正式运转后将第一发电所5000千瓦发电机移装过来，并关闭了大山坑发电所。1921年总输出功率达17000千瓦，1925年又增加12500千瓦发电机设备，并采用日本三菱造船公司24.5吨锅炉2台。大官屯第二发电所：1930年在第一发电所附近建成，增设25000千瓦发电机2台，需要燃料为细煤和二号原煤，后又从英国购进3台锅炉，从日本三菱造船厂采购2台25000千瓦发电机。1930年至1943年13年间，该发电所先后装设25000千瓦机组4台、5000千瓦机组3台、2500伏变波机1台、10000千瓦发电机1台。大官屯第一、第二发电所共有锅炉16台，总蒸汽发量为1128吨/时，汽轮发电机11台，总发电量29000千瓦时。为当时亚洲最大的发电厂。[①]

二、金属冶炼业

（1）钢铁。由于抚顺煤炭工业的快速发展，对钢铁需求日益增大。

---

① 抚顺矿务局志编纂委员会：《抚顺矿区志　1901—1985》（上卷），抚顺矿务局，内部资料，1990年，第44页。

1937 年秋，"满铁"投资在抚顺建立了隶属于抚顺炭矿的临时炼铁厂建设事务所，并从抚顺煤矿派技术、业务优秀职员到事务所工作。1938 年，还原炉首先开动，炼钢车间电炉开始生产。1939 年 8 月末，各所属工厂（即车间）相继建成具有工业化规模的生产设施大体完成，更名为抚顺制钢所，总投资 850 万元，1940 年全部建成投产。工厂占地 18 万平方米，1939 年产钢 4300 余吨，1940 年产钢 9700 余吨，1941 年产钢 7000 吨，1942 年进行扩建。1944 年产量最高，达 12000 吨，钢材 7500 余吨，职工 1800 余人[1]。

此外，抚顺制钢所还有下属多个工厂：其一为海绵铁工厂，该厂使用中国东北地区铁矿石、还原剂，连续生产海绵铁。日产海绵铁约 120 吨，1943 年新增大型炉一座。其二为炼钢厂，设有艾鲁式电弧炉，其中一吨炉 1 座、三吨炉 2 座、六吨炉 1 座、15 吨炉 2 座，另装有 300 瓦高频炉 2 座。生产能力为日产 400 吨，可生产高级钢种如耐蚀钢、耐热钢、模具钢、高速钢等。其三为锻造厂，将炼钢厂的铸钢锭加工成半成品。设备有 0.5 吨、0.25 吨蒸汽锤各 2 座，1 吨、3 吨各 1 座，每月可加工约 1000 吨钢锭，并将钢锭压延制成 60 毫米以下成品。压延厂：有两座，第一压延厂设有 700 马力、200 马力小型压延机各 1 套。由锻压厂 40~60 毫米方钢片进行粗扎混加工，然后在第二厂加工成小尺寸成品。其四为铁合金厂，设有 600 千伏安电炉 2 座，主要生产硅铁、锰铁、铬铁、钨铁、钼铁、精制二硫化钼等[2]。

（2）铝业。1936 年 11 月 10 日，"满铁"与伪满洲国商定，共同成立"满洲轻金属制造株式会社抚顺工厂"，即抚顺轻金属工厂。1937 年 6 月，德国设计年产 4000 吨的铝电解车间和碳素车间开始建设，1938 年 6 月建

---

①抚顺矿务局煤炭志编纂委员会：《抚顺矿区史略 1901—1985》，抚顺矿务局，内部资料，1988 年，第 76 页。

②抚顺矿务局志编纂委员会：《抚顺矿区志 1901—1985》（上卷），抚顺矿务局，内部资料，1990 年，第 43 页。

成，同年10月80台24千伏安的铝电解槽开始产铝[1]。

（3）机械。日本占领抚顺煤矿后，在千金寨中央事务所附近建立了机械工厂。1916年，机械工厂独立出来，占地1448坪（约5000平方米），包括仓库、木工厂、木质厂、锅炉房，车床加工厂320坪，电气工厂83坪，锻造工厂138坪，铸铁工厂138坪，铸钢工厂200坪，锅炉厂187坪。安装了当时最新式机械设备。1920年5月建立第二机械厂，承担了蒸汽挖掘机、机车、电炉等露天机械的维修业务和制造锅炉、铸钢等业务。1928年，在塔湾地区选十余万平方米作为机械厂厂址，其中铸造工厂5800平方米，制造锅炉、车辆工厂6000平方米，电机工厂2500平方米，另有合金工厂、木型工厂、事务所、仓库、食堂、职工培训所等。设备包括2.5吨、3吨、6吨电炉，3吨、5吨化铁炉，近200台新式机床，后将厂名定为机械制造厂。

后经逐年不断改扩建，1938年基本建成，职工约5000人，其中日本人1100人。其中：电机工厂4500平方米，铸铁工厂4000平方米，电气机车工厂5000平方米，机械工厂26000平方米，后发展成为电机工厂。机械制造厂还下辖若干附属厂，主要有：（一）电线工厂，用废电线更新生产电线；绝缘涂料工厂、焊条工厂，产量约60吨。（二）再生料工厂，利用废料生产机械零件、钉、钢筋、汽车轮胎和电缆产品等。产品包括：①高锰铸钢，用于制造"满铁"钢轨接续线和交叉线，煤矿方面用于注砂管制造，使寿命延长二倍，年产1000根；②马尼克合金钢，作为镍铬钢代用品，用于制造挖土机、挖掘机零件；③电气卷扬机，功率30~40马力；④采煤机械，年产量几十台至百台电气压缩机、输送带、链式传送机和风扇[2]。

①抚顺矿务局煤炭志编纂委员会：《抚顺矿区史略 1901—1985》，抚顺矿务局，内部资料，1988年，第81页。

②抚顺矿务局矿区志编纂委员会：《抚顺矿区志 1901—1985》（上卷），抚顺矿务局，内部资料，1990年，第46页。

三、煤化工业

（1）煤化工。为获取急需的航空挥发油、汽车挥发油、重油等军事燃料，日方决定在抚顺发展煤化工产业。原因包括：一是原料（煤炭）产地在抚顺；二是原地加工可节省运输费和其他费用；三是抚顺紧邻浑河，工业用水供应充足；四是原煤发电优势明显，电力价格低廉。1936 年 4 月，开始建造煤炭液化工厂，1939 年基本建成[1]，并进行综合试车，于当年 6 月 21 日首次炼出煤炭液化原油。其后生产过程中因技术不熟练，数次停车，直到 7 月 10 日才炼制出良好的液化油。每日可液化煤炭约 30 吨，后达到 50 吨，但距离 100 吨的生产目标仍有一定差距。据 1939 年 8 月统计，企业员工达 970 人，其中日本人 370 人，中国人 600 人[2]。

（2）化工。1937 年 6 月，抚顺炭矿化学工业所创立，主要包括蒙德煤气工厂、焦炭工厂、硫酸工厂等。蒙德煤气工厂：1913 年兴建，同年 3 月即正常运转，进行 3000 千瓦发电，发生炉 11 座 1 组，每日可煤气化 24 吨。1916 年 4 月，又制定了 9000 千瓦发电计划，增设蒙德式煤气发生炉 11 座和沸腾煤气瓦斯式发生炉 11 座，1917 年 3 月竣工。该厂可回收焦油、硫胺酸和氮气，后停业，建立甲酚精制厂。焦炭工厂：1914 年 1 月，成立焦炭制造试验所，试验炉为利奥特、约翰斯式直立焦炭炉，装料 10 吨，干馏时间需 36 小时，可以提取硫酸胺及焦油。1917 年 9 月，又建设蜂房式炼焦炉 10 座，1918 年建成 64 座，1936 年又建成可装煤 7 吨的科珀斯式焦炭炉。

硫酸工厂：1916 年，动工修建第一硫酸工厂，使用的原料硫化矿石从日本进口，1926 年停业；1917 年兴建第二硫酸工厂，1919 年完工，1931 年 9 月再次扩建，增加两座 10 吨硫铁矿焙烧炉，生产能力为一个系

①《撫順炭鉱産業開発五年計画綜合実績報告書》，1942 年，抚顺矿务局档案馆藏，日伪时期南满洲铁道株式会社抚顺炭矿档案，卷宗号：1-481-042。

②《撫順鉱液化工場概要》，1939 年 8 月，抚顺矿务局档案馆藏，日伪时期南满洲铁道株式会社抚顺炭矿档案，卷宗号：1-481-043。

统 50 吨，原料硫化矿石主要从日本进口，部分使用了本溪湖、烟台、淄川、林家台等中国产原料。1937 年，由于新建炼油厂计划，增设硫酸厂，并于 1941 年 10 月完工，生产能力为日产 100% 硫酸 150 吨，主要设备有 20 吨硫铁矿焙烧炉 6 座、冷却塔、洗涤塔、除尘器、干燥塔、鼓风机、大小转炉等，后因军工需要，又添置了发烟塔，用于生产发烟硫酸[1]。

（3）火药。在建立火药厂之前，抚顺煤矿所需火药均为外购。由于抚顺煤矿实施大露天堀计划，从采煤到剥离均需大量火药。1917 年在抚顺古城子建立火药制造所，生产黑色火药，日产量约 1 吨。1928 年 4 月，该火药厂迁至永安台高尔夫球场附近一小学内，建立了"永安台火药制作所"，试制硝胺火药。由于没有安全措施，仅仅试产两个月便发生爆炸，全部炸毁。同年 7 月至 11 月，又在东岗地区修建杨柏堡火药制造所，全称"满铁抚顺炭矿火药制造所"，职工 500 人，半数为日籍职工，从厂长到工段负责人均由日本人担任，主要生产煤矿所用硝胺炸药，平均日产量达 4 吨，最高 6 吨[2]。

（4）水泥。1934 年开始建设第一水泥厂，使用原料主要有抚顺炭矿的矿渣、河沙、绿页岩、油厂干馏后的废页岩、硫酸厂的硫铁矿粉、发电厂的炉灰、钢厂的副产品石膏等。其中，第一座中湿式水泥窑于 1935 年投产，此外还生产水泥管、水泥瓦、水泥电柱等。1938 年继续扩充，增加了干式设备，1941 年扩建完工，第二座干式水泥窑正式投产。1943 年水泥产量达 18 万吨[3]。

（5）电瓷。电瓷厂建于 1936 年 3 月，称为满洲松风株式会社，由日本都市松风工业株式会社和满洲抚顺窑业株式会社资本家合股投资建

---

① 抚顺矿务局志编纂委员会：《抚顺矿区志 1901—1985》（上卷），抚顺矿务局，内部资料，1990 年，第 47 页。

② 抚顺矿务局煤炭志编纂委员会：《抚顺矿区史略 1901—1985》，抚顺矿务局，内部资料，1988 年，第 77 页。

③ 抚顺矿务局煤炭志编纂委员会：《抚顺矿区史略 1901—1985》，抚顺矿务局，内部资料，1988 年，第 80 页。

立。规模较小，仅有窑炉4座、机械设备90余台，职工180余名，年产瓷件250吨，主要产品为低压瓷瓶、3.5千瓦高压针式瓷瓶、耐酸耐热瓷件等。1943年产量最高达440吨。

表2　抚顺煤矿各种事业的收益统计表（1937年）单位：千元

类别	投资额	利润	利润率	附带事业利润率	煤矿企业利润率
煤炭	106094	10351	7.5	—	—
制油工厂	12753	1448	11.6	—	—
电力	21597	2941	13.6	—	—
劣质煤煤气	1089	110	10.0	—	—
硫酸	957	640	67.0	—	—
煤炭干馏	494	33	4.2	—	—
氢氧气	30	20	66.7	—	—
水道	3156	61	1.9	—	—
运输	7250	35	0.5	—	—
采砂	51	12	23.5	—	—
暖房	837	1	—	—	—
炸药	611	103	17.0	—	—

资料来源：根据《抚顺炭矿经营事项》，抚顺炭矿，1937年统计整理。抚顺矿务局档案馆藏，日伪时期南满洲铁道株式会社抚顺炭矿档案。

由表2可知，煤炭附属产业的兴办，不仅完善了企业产业链，还为抚顺煤矿增加了经营收益。如表所示，制油、电力、硫酸、采砂等副业利润率明显高于煤炭主业，最高达67%，成为日本攫取利润的新渠道。

煤炭等战略资源的产能，对于先天资源短缺、扩张野心膨胀的日本而言意义重大。20世纪30年代，抚顺煤矿生产规模迅速扩大，产量冠绝东亚，步入超大型煤矿企业行列。其产能扩张的背后，主要驱动力是资源掠夺，重要推动力是管理与改造。日方全面侵占抚顺煤矿后，立即着手建立殖民管理机构，并适时进行内部整合及改革，以求适应不断变化的扩张战略。在扩大产能目标刺激下，抚顺煤矿兼收并蓄，主动汲取当时世界最先进的生产技术，1914年便实现电气化运输、机械化采剥，领先全国。注重技术革新升级，1912年采用"水平分层充填采煤法"，1920年改良为"水平长壁充填采煤法"，1925年改进为"倾斜上行长壁水砂充填采煤法"，1930年升级为"倾斜分层上行短壁水砂充填采煤法"，该采煤方法一直沿用到新中国成立以后。特别是实施的大露天开采方式，开启了中国煤矿露天开采的新纪元，机械化程度之高、配套之完善、工艺之先进，国内无出其右。

除生产技术外，物流运输对抚顺煤矿运营至关重要。为提高资源掠夺效率，日本当局投巨资建设陆海一体化运输网，构建了一条条从东北腹地到日本本土乃至东南亚的资源运输线，成为劫掠抚顺煤的"吸血通道"。高效畅通的物流运输体系，为日本殖民扩张提供了源源不断的战略物资保障。

为扩大再生产、攫取更高利润，抚顺煤矿生产领域不断拓展，重点发展了能源、金属、化工三大类附属产业，与煤炭开采主业形成了较完整的上下游产业链条。这种产业的扩张、领域的扩大，既是企业规模发展的客观需要，也有重要的内部驱动力，即不断膨胀的殖民掠夺冲动。

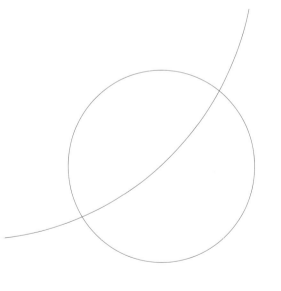

第四章

经济统制下的开采与销售

jingjitongzhixiadekaicai

yuxiaoshou

为掠夺东北经济，日本当局炮制了一系列殖民经济政策。1932年8月，日本关东军特务部拟定《满洲经济统制根本方策案》，强制推行"日满经济一体化"策略。1933年3月，驹井德三策划的《满洲国经济建设纲要》（以下简称"纲要"）正式出笼，提出经济统制政策[①]。一是"把重点放在同该国（日本）协调上"，在"东亚经济融合""日满共存""日满一体"口号下，使东北彻底沦为日本经济附庸，变东北为殖民地。二是"对重要经济部门加以国家统制"[②]。三是对带有国防或公共公益性质之重要事业，以公营或特殊会社经营为原则，对其他产业及资源等经济事项，委诸民间自由经营，但要对生产消费两方面施以必要之调剂[③]。1937年以后，日本侵华野心膨胀，以伪满洲国名义，先后公布实施了两次《产业开发五年计划》，为经济统制提供操作依据。1942年10月，伪满洲国公布《产业统制法》，几乎将东北所有产业纳入统制之列。从煤矿业看，除"满铁"外，日本于1934年成立了满洲煤炭股份公司（简称满炭）。日本主要通过"满铁""满炭"两大殖民企业劫掠东北煤炭资源。1936年又成立了炭业统制委员会，以关东军参谋长为委员长，以伪满政府、"满铁"、"满炭"代表为委员，有计划地实施掠夺。"满铁"统辖抚顺等28处煤矿，"满炭"管理阜新、西安、鹤岗等12处煤矿。

---

①从现代经济学角度看,统制经济与资本主义市场经济所奉行的自由主义和自由竞争原则相矛盾,是国家干预经济,以政治力量组织和领导本国经济建设。

②王雨桐：《最近之东北经济与日本》，新中国建设学会，1933年，第74页。

③中央档案馆编：《日本帝国主义侵华档案资料选编·东北经济掠夺》，中华书局，1991年，第30页。

第一节　产业开发计划

为最大限度攫取抚顺煤矿资源，日本当局根据扩张政策调整和生产形势变化，制订了 4 个五年开发计划。4 个计划时间跨度近 40 年，以七七事变为节点，前两个计划制订于 1917 年前，主要目标是扩充规模、增加产值，实施效果较好。后两个计划制订于 1937 年后，与前期开发计划时隔 20 年，主要适应军事扩张需求，具有鲜明的"战时"特征，但因仓促实施，效果不佳。

一、1907—1917 年开发计划与实施

第一个五年计划（1907—1912）由首任炭矿长松田武一郎主持制订，也称"松田计划"。计划规定：整理千金寨、杨柏堡、老虎台等原有小斜井，增添现金采掘设备；重点开凿大山、东乡两大竖井，借鉴当时日本三菱鲇田煤矿先进的建井经验，利用蒸汽机、卷扬机、水泵等大型设备；在矿坑内使用矿车，铺设铁轨等一整套生产设备，使抚顺煤矿由斜井时代进入竖井时代。

同时，计划还规划建设发电厂、机械工厂、住宅、医院、学校等附属工程。总投资预算 920 万日元。其中，土地使用费 5 万日元，探钻费 3 万日元，事务所、各工厂及仓库建设费 38 万日元，住宅及市街建设费 113 万日元，水道、电灯、暖气设备费 38 万日元，工厂用机械费 13 万日元，各处机械及器具费 16 万日元，大山坑开凿费 279 万日元，东乡坑开凿费 23 万日元，千金寨、杨柏堡及老虎台整修费 48 万日元，烟台支坑开凿费 45 万日元，各种设备费 41 万日元，后追加预算 50 万日元。

计划制定后，即开始着手实施。首先开凿大山坑、东乡两坑。大山坑于 1907 年开凿至 1910 年 7 月，坑深达 376 米，东乡坑于 1908 年 11

月开凿，至 1910 年 7 月坑深建到 281 米。两坑分别于 1911 年 4 月和 6 月正式投产。对千金寨、杨柏堡、老虎台各坑开采设备进行完善，完成了发电厂、机械厂、水道、煤气、医院、新市街住宅、学校等附属工程。大山、东乡两坑投产后几年内，日产煤达 5000 吨[①]。

第一个五年计划实施成效，据当时的《申报》记载：

> 本期施设事项气象甚佳，其中大连市街之电气工事现已告成。抚顺煤矿工程渐次进步，如大山坑中给气坑达九百四十五尺，排气坑达七百六十二尺，下期即可采煤至铁路工程本线，线之工程约有十分之八。安奉线自草河口至石桥子间已改广线，其他线路之隧道桥梁豫定筹办，各项营业状态亦渐示良好成绩。[②]

从"满铁"经营成绩总结可看出，1909 年抚顺煤矿各项工程进展顺利、状态良好。可以说，这个成绩的取得，与第一个五年计划的实施密切相关。

第二个五年计划（1912—1917）是 1912 年由米仓清族接替矿炭长进行实施，也称"米仓计划"。其主要内容为：一是确定采煤法（实施注砂充填法），二是开发万达屋坑，三是建设古城子露天堀，四是建设孟德式煤气发电所，五是运输计划（将蒸汽机车改为电气铁路）。

与"松田计划"相比，"米仓计划"内容更庞大，重点在于改变矿井采煤方法，实现露天开采，进行大规模煤炭地质勘探[③]。该时期内，水砂填充法首先在杨柏堡坑试验成功，而后又在大山、东乡两竖井实施，

---

①抚顺矿务局煤炭志编纂委员会：《抚顺矿区史略 1901—1985》，抚顺矿务局，内部资料，1988 年，第 40 页。

②《日人报告经营南满之成绩》，《申报》1909 年 12 月 26 日，第 4 版。

③《满洲口产业开发五個年计画资料の调查－鉱工業部門》（1916 年 9 月 25 日），抚顺矿务局档案馆藏，日伪时期南满洲铁道株式会社抚顺炭矿档案，卷宗号：1-343-022。

实现注砂充填到短巷水平式采煤[1]。1914 年 5 月，实现人力露天采煤。为加快掠夺，配套工程实现由人力、蒸汽向电气化发展，运煤线、运砂线均实现电气化，由电车运输。1914 年 8 月，露天开采完全实现机械铁铲和采剥机械化。为扩大掠夺，对抚顺煤田进行了大规模勘探。1907 年至 1926 年，日方试锥用事业费总计达 54 万日元。在营业费支出中，用于地质调查费，1914 年至 1927 年共计支出 11 万日元[2]。

表3 抚顺煤矿所属各矿开工出煤时间表

矿名	开工	出煤	备注
古城子第一露天堀	1914年4月	1915年2月	1921年3月停止出煤，最初称千金寨露天堀
古城子第一露天堀	1917年11月	1918年3月	
东岗露天堀	1925年3月	1926年12月	
杨柏堡露天堀	1928年4月	1928年11月	
大山坑	1907年7月	1910年3月	最初称千金寨坑，1925年4月改称本名，1931年报废
大山南坑	1907年7月	1910年3月	
大山斜坑	1941年6月		
东乡坑	1908年11月	1910年5月	最初称杨柏堡坑，1925年3月改称本名，1932年8月报废
东与南坑	1907年4月接收	接收前	
老虎台坑	1907年4月接收	接收前	

---

[1] 抚顺炭鉱庶務課：《大正五年作業年報》（1916 年 12 月 20 日），抚顺矿务局档案馆藏，日伪时期南满洲铁道株式会社抚顺炭矿档案，卷宗号：1-481-034。

[2]《大正七年度炭況報告》（1918 年 12 月 22 日），抚顺矿务局档案馆藏，日伪时期南满洲铁道株式会社抚顺炭矿档案，卷宗号：1-344-020。

矿名	开工	出煤	备注
万达屋坑	1914年6月	1915年5月	
老万斜坑	1936年6月		
新屯坑	1918年6月	1919年5月	
龙凤斜坑	1917年5月	1917年11月	1937年4月停止出煤
龙凤竖坑	1934年	1936年6月	
褡裢坑	不明	不明	1920年12月由来洋炭矿会社继承
烟台所河交	1908年9月	1908年10月	
蛟河采炭所	1933年11月	1933年12月	
老头沟坑	1933年3月	1933年5月	1933年3月由老头沟煤矿公司继承
瓦房店坑	1933年10月	1934年5月	最初称炸子窑坑

资料来源：《撫順炭鑛統計年報》，南満洲鉄道株式會社，1942年，第385页。

经过两个五年计划的实施，抚顺煤矿生产规模迅速扩大，整体实力不断增强，具备了向现代化生产的物质基础。如表3所示，抚顺煤矿所属大部分矿坑的开工投产均在前两个五年计划实施期间。

二、1937—1945年开发计划与实施

1937年，为执行伪满洲国产业开发计划，抚顺煤矿按照"满铁"要求，制订了新的产业开发计划。这是第三个五年计划（1937—1941），该计划的特点是对作为军需必需品的煤矿，提出了最大限度增产的要求。但受全面侵华战争影响，日本此时已进入战时体制，第三个五年计划实施受到多方制约。1937年抚顺煤矿年产量达到历史最高值，突破千万吨。

而后，逐年下降，每况愈下，1938 年即减产 20 万吨。

　　造成这个现象的主要原因在于，抚顺炭矿经营被纳入"战时产业"轨道，国际社会对日本法西斯贸易制裁加剧，各类问题不断出现，如采煤工人不足、采购机器困难、物资供应匮乏。因贸易条件受限，该时期抚顺煤矿生产年需钢材 6.5 万吨，但实际仅能得到 2.3 万吨；需铜材 800 吨，实际得到 180 吨；需水泥 5.4 万吨，实际得到 4.7 万吨；车轴钢、钢轨无货源[①]。在工程建设受阻情况下，为掠夺煤炭资源，日本当局强令抚顺煤矿增产，通过乱采乱挖、残酷剥削矿工等方式疯狂掠夺，导致井下冒顶和瓦斯爆炸事故层出，露天矿多次出现滑坡事故，大量中国劳工死亡[②]。第三个五年计划时期，抚顺煤矿各类问题矛盾集中爆发，生产滑落不可避免。

　　1942 年至 1946 年是第四个五年计划时期。此时日本在各大战场战事吃紧，败象开始显露，执行该计划自然力不从心。1944 年 8 月，抚顺煤矿召开"煤矿作业讨论会"，指出"鉴于战局吃紧，必须加紧时间观念，贯彻至每一个基层从业人员，实行严格作勤时间，提高效率""以身作则，率先下井"的强行指令，并决定 9 月开展"非常增产月"活动，但所有措施均未奏效，煤矿生产下滑之势没有扭转。至 1945 年，抚顺炭矿产量降至 325 万吨，仅为 1937 年的 30%[③]。1937 年后的抚顺煤产量持续下滑，从侧面反映出日本殖民经济体系的脆弱不堪。由于 1945 年日本无条件投降，该计划戛然而止。

---

　　① 抚顺矿务局煤炭志编纂委员会：《抚顺矿区史略　1901—1985》，抚顺矿务局，内部资料，1988 年，第 66 页。
　　② 梁中铭：《日本满铁抚顺煤矿于八日失慎爆炸矿工死伤无数》，《时事月报》，1931 年第 4 期。
　　③ 抚顺矿务局煤炭志编纂委员会：《抚顺矿区史略　1901—1985》，抚顺矿务局，内部资料，1988 年，第 67 页。

第二节 销售与收益

一、九一八事变后的销售扩张

"满铁"控制下的抚顺煤矿，通过实施产业计划、技术革新、扩大投资、强化管理，经十余年发展，于 20 世纪 30 年代已步入现代大型煤炭企业行列，生产规模达到巅峰。九一八事变后，日本为全面侵华加紧动员，抚顺煤矿由此被纳入统制经济政策体系，沦为战争机器之重要一环。战备驱动成为九一八事变后抚顺煤矿产能扩张的原动力。如表 4 所示：从 1932 年至 1937 年，抚顺煤矿产量持续增加，1937 年达到最高峰，突破千万吨，冠绝东亚。同期，国内另一大型现代煤矿——开滦煤矿 1937 年产量为 478 万吨，不足抚顺煤矿的 50%。但 1937 年后，受多种因素影响，抚顺煤产量持续下降，1944 年产能降至九一八事变前水平。

表4　九一八事变后抚顺煤矿各年煤产量表　单位：千吨

年度	总计	抚顺煤			外地煤			
		计	露天	井下	烟台	蛟河	老头沟	瓦房店
1932	6884	6725	3432	3134	159	—	—	—
1933	8526	8314	4874	3440	175	6	31	—
1934	9434	9043	5316	3727	232	91	61	7
1935	9375	8889	4539	4350	268	140	72	6
1936	9886	9229	4402	4827	310	227	90	30
1937	10051	9242	3937	5305	348	312	100	49
1938	9727	8840	3782	5058	364	362	103	58
1939	9551	8555	3990	4565	381	427	136	52

年度	总计	抚顺煤			外地煤			
		计	露天	井下	烟台	蛟河	老头沟	瓦房店
1940	8010	6903	3176	3727	365	538	128	76
1941	7906	6343	2844	3499	368	936	184	75
1942	7610	6045	2696	3349	404	1315	190	60
1943	7202	5129	2360	2769	396	1476	201	52
1944	6343	4706	2466	2240	325	1132	146	33

资料来源：《抚顺炭鉱統計年報》，南満洲鉄道株式會社，1942年，第5页；《抚顺炭鉱統計年報》，南満洲鉄道株式會社，1943年，第2—7页。注："总计"和"计"中还包括存煤。

九一八事变后，煤炭市场突然向好，一度让抚顺煤矿措手不及[1]。据"满铁"记载：

昭和七年度开始，月月萧条，8月在矿山、码头与铁路沿线存煤达90万吨，情况颇为悲观。因此，只得将抚顺煤生产严格加以限制。然而进入煤炭旺季，煤情突然好转，11月以后，出现最大限度地发挥铁路运输能力以输送煤炭的盛况，虽竭尽全力增采，在年末售尽各矿与销售所存煤，仍出现供不应求现象。

昭和八年度，上年度后期以来的繁荣继续下来，虽到夏天淡季，煤的需求仍不见减退，动辄有供不应求之虞[2]。

1932年12月26日，《申报》登载了山西煤和抚顺煤矿价格上涨的消息：

国历新年将届，码头堆栈，照例须停止工作，而煤斤为日常必需用品，故在年底几天中，各方购装颇勤。尤以各种火炉

---

[1] 解学诗主编：《满铁史资料》（第4卷），中华书局，1987年，第373页。
[2] 《满铁第三次十年史》，南満洲鉄道株式會社，1938年，第1707页。

用煤为最畅。山西煤因存货不多，新货装来须在新年一月中旬，故售价大都看涨。昨做开三百五十吨，已涨起。钱余云抚顺煤块，近来走销奇畅。每日辄有四五百吨交易，皆为本埠各大厂家所买去，售价因之大好，昨市场做开价目，头号节块十二两半，三矿块九两半，头号九两七钱半[①]。

1932年，一·二八事变爆发后，日本侵华步伐进一步加快。正是在日本当局进行大规模战争动员准备背景下，其对煤炭等战略物资的需求呈爆发式增长。因此，出现了"最大限度地发挥铁路运输能力以输送煤炭盛况"，且日本对煤炭的需求持续增加，到1933年需求仍"不见减退"现象。这一度让抚顺煤矿准备不足，虽全力增采却仍无法满足需求。关于煤炭需求激增的原因，日本方面认为：

　　煤情如此好转的主要原因，当然是由于满洲国治安的恢复，各种工业急速兴起，因银价上涨，满洲国人方面的购买力提高，新铁路线的建设，人口的增加以及日本内地工业的兴盛。这种形势到9、10年度更加发展，因而煤的需要旺盛已极，两年度都尽全部设备能力增产[②]。

可见，煤炭需求持续旺盛的原因，除战备需求刺激外，还有银价上涨、人口增加、购买力提高等诸多因素共同作用，抚顺煤矿遂全力增产以应对困局。事实上，抚顺煤畅销海内外，得益于灵活有效的销售方式。抚顺煤矿根据不同发展时期，实行差异化销售方式[③]。主要有以下几种：

一是直销。抚顺煤矿经营初期，因产量有限，主要供应会社自身、

①《煤炭山西与抚顺两煤俱涨》，《申报》1932年12月26日，第13版。
②《满铁第三次十年史》，南满洲铁道株式會社，1938年，第1708页。
③解学诗主编：《满铁史资料》（第4卷），中华书局，1987年，第437页。

南满铁路沿线日本军队、铁路和大连码头，剩余煤炭不多，主要自销，由会社矿业部贩卖课组织炭矿自销合同，再由运煤课具体办理，通过南满铁道运销。

二是代销。对除大连沿铁道线外的抚顺煤炭销售，大多委托日本三井物产株式会社代销。三井在营口、辽阳、奉天、铁岭、长春及新立屯等地设立代销点，1907年销量为26515吨，1908年销量为57736吨，1909年销量为83873吨。三井代销煤约占抚顺煤总销量50%左右。为改变三井一家独大局面，直接掌控市场，1910年"满铁"在东北各重要市场设立办事处，建设储煤场，派社员进驻，直接进行销售。至1914年3月，"满铁"在东北各地共设抚顺煤储煤场32处。但经销售实践发现，满铁控制的直销机构，不仅占用大量人员，且销量无明显增加。1914年，满铁再次调整销售策略，实行"满铁"直销、委托商行代销和一般代销人三种销售方式。由此，销售辐射能力明显增强，市场占有率提高，抚顺煤最终垄断东北煤炭市场。

三是专卖社经销。随着抚顺煤畅销市场，"满铁"重新整合销售网络，联合南昌洋行、三井物产会社、三菱商事会社等作为发起人，筹设抚顺煤贩卖株式会社。该会社资本100万日元，其中南昌占45%，三井和三菱共占45%，其余10%由"满铁"入股，董事由"满铁"推荐，总社位于东京，在大阪、名古屋和大连设分店，主要负责在日本和中国台湾地区经销"满铁"生产的燃料、金属和各矿产品[1]。

市场方面，抚顺煤的需求市场主要分为两部分：一是内地市场，二是海外市场。

内地市场。主要分为东北地区和关内地区。1925年前，抚顺煤矿重点占领东北地区南、西、中部铁路沿线煤炭市场，1925年后向北满推进。1931年至1936年，销售重点放在改变产品结构、增加品种、扩大渠道、

---

[1] 抚顺矿务局志编纂委员会：《抚顺矿区志 1901—1985》（中卷），抚顺矿务局，内部资料，1994年，第227页。

加强宣传方面。例如抚顺煤矿在奉天进行广告推广：

> 抚顺煤矿，洁净远胜江西直隶所产各矿，火力既足，发火
> 又快，渣滓极少，价值便宜，实为中国第一好矿。最合轮船铁
> 路及机器各厂之用，曾经各埠局厂试过，无不称为价廉物美，
> 现由敝号经理分销，官商赐顾者请函寄上海后马路如意里三街
> 宝兴长号可也[①]。

　　抚顺煤矿在东北市场设有奉天、长春、哈尔滨 3 个中心集散地。"满铁"
在长春储煤场的煤炭量达 45 万吨，其中销于中东铁路东西沿线 24.9 万吨，
销于吉长铁路沿线、公主岭以北南满铁路沿线等 12.8 万吨，销于长春附
属地和城内约 7 万吨。抚顺煤主要供给各厂使用。例如，据报载，日本
东京商人"拟筹资本日洋三十兆元，在大连湾设一炼铁厂制造东方铁路
及船坞材料，所用煤斤即取于抚顺煤矿。"[②]在山东市场，1911 年 5 月，"满
铁"会社贩卖课在山东龙口设立贩卖办事处，1912 年 5 月又在青岛设立
贩卖办事处。此外，在南方及京津地区抚顺煤销售均由三井物产会社代销。
1929 年运进上海市的煤炭总量为 342.4 万吨，其中抚顺煤 66.5 万吨[③]。
　　海外市场方面，主要包括朝鲜、南洋和日本国内。1908 年，日方与
朝鲜铁道和铁道院签订了供煤合同，规定按照朝鲜铁道需要，保证供应
抚顺煤，抚顺煤由此畅销朝鲜半岛。但 20 世纪 40 年代，为保证日本国
内需求，抚顺煤输入朝鲜半岛数量大幅下降。运往朝鲜的抚顺煤主要依
靠海运，经大连甘井子码头装船，1942 年海运量锐减，上半年运至朝鲜
半岛等地仅 2.2 万吨，通过安东（今丹东）铁路运输 13.3 万吨。南洋地

---

①《经理奉天抚顺煤矿分销广告》，《申报》1910 年 3 月 18 日，第 1 版。
②《日本振兴满洲工业》，《申报》1906 年 7 月 22 日，第 2 版。
③抚顺矿务局志编纂委员会：《抚顺矿区志　1901—1985》（中卷），抚顺矿务局，内部资料，1994
年，第 229 页。

区销售则一般通过台湾为中转，主要销往菲律宾。

九一八事变后，为发动全面侵华战争，日本对东北煤炭资源的需求日益迫切。20世纪30年代末，日本国内煤产量为4200万吨，但需求量不断提升，每年需进口煤炭200万吨。更为重要的是，日方对抚顺煤质量进行了科学鉴定，得出抚顺煤优于世界各国进口煤炭、更优于日本煤，"作为工业用煤，是绝好的标本"[1]。以下是抚顺煤矿的出口及海外销售情况：

表5　抚顺煤矿1930年实际输出量

	日本（包括朝鲜）	外国	关内	合计
吨数（吨）	2119470	250980	1272720	3643170
税金增加额（日元）	327034	38726	40854	406614

资料来源：解学诗主编：《满铁档案资料汇编》（第7卷），社会科学文献出版社，2011年，第197页。注：1931输出数量预计增加的百分比：日本5%，外国10%，中国10%。

表6　1932—1943年抚顺煤销往日本及海外数量表　单位：吨

年度 项目	输出煤					备注
	合计	日本	朝鲜	台湾及南洋统治地	海外其他	
1932	3176371	1789611	343688	46027	997045	
1933	3537186	2388268	403707	9006	736199	
1934	3665262	2724612	463423	8064	469163	
1935	3077717	2388371	441648	12286	235412	
1936	2705614	2048174	467510	10210	179720	

---

① 解学诗主编：《满铁档案资料汇编》（第7卷），社会科学文献出版社，2011年，第258页。

年度\项目	输出煤					备注
	合计	日本	朝鲜	台湾及南洋统治地	海外其他	
1937	2341987	1713436	544253	6432	77866	
1938	1442470	959733	466500	3030	13207	
1939	937386	722570	206098		8718	
1940	721287	546998	172017		2272	
1941	828100	667781	160319			
1942	757772	621958	135814			
1943	649475	587092	62383			

资料来源：《撫順炭鉱統計年報》（第2编），南满洲铁道株式會社，1943年，第14—15页。

由表5、6可知，1937年是抚顺煤海外销售的"分水岭"，1937年之前，抚顺煤对主要海外市场输出呈增长态势，待1937年达到峰值后，逐年下滑。

可见，东北诸煤矿中，抚顺煤矿被劫掠最深、受戕害最重。1929年，抚顺煤产量占东北地区煤炭总产量近70%。1935年抚顺煤产量970万吨，而"满铁"其他煤炭总产量仅34万吨，不及抚顺煤矿产量的4%，同期满炭所属煤矿产量也仅为122万吨[1]。可见，这个数字足以证明抚顺煤矿自身的殖民性特征。

二、伪满时期的生产波动

九一八事变后，伪满以军需为中心的产业空前繁荣，抚顺煤矿呈产销两旺之势，企业经营发展达到顶点。七七事变后，东北被日本纳入战

---

[1]抚顺矿务局志编纂委员会：《抚顺矿区志 1901—1985》（中卷），抚顺矿务局，内部资料，1994年，第76页。

时体制，伪满全面实行统制经济政策，制订了产业开发计划，加强产业控制，对抚顺煤矿提出了最大限度增产要求[①]。

日本殖民当局强令抚顺煤矿提高产量，原因有三：一是为军事扩张提供能源保障。优质的抚顺煤炭对于日本军工产业作用重大。日本国内知名的海军军事工厂——吴工厂制造军舰所用钢铁，必须用抚顺块煤才能冶炼；日本八幡制铁所炼钢用的煤气发生炉20余座，只需用抚顺煤矿中块煤开动12座即可运行；二是大力发展殖民经济，为发动战争提供经济支撑；三是解决日本国内"煤荒"，缓解日本国内能源不足问题。

日本发动全面侵华战争之后，军工厂及各种工业急需用大量的煤炭，日本国内出现煤荒，直接威胁战争机器开动和日国内生产经济形势。日本关西火力发电厂的锅炉，只有用抚顺煤才能将火室温度增加到1500℃以上，如抚顺煤供应不及时，发电将受到较大影响。当时日本全国煤炭可采储量约15亿吨，年产量不过4000万吨，且很多为老矿区，产量低下。日本工业界疾呼"要强行向日本输出煤炭，是满洲国必须完成的首要任务"。因此，大量优质的抚顺煤被源源不断输入日本国内，到货地点遍及京滨、阪神、中京、八幡等日本主要港口城市[②]。

七七事变后，出于战备需要，抚顺煤矿被日本殖民当局"寄予厚望"：

> 抚顺煤矿是战时产业的主要原动力，综合经营着煤炭开采和炼油、发电，化学等各种工业，作为满洲产业的核心，其职责是极端繁重的。鉴于其业务成绩好坏必将在日满经济和作战上给予重大影响，在进行经营组织的部分改组的同时，还总动

①《送炭能率向上月间实施状况视察ニ关スル件》（1942年6月1日），抚顺矿务局档案馆藏，日伪时期南满洲铁道株式会社抚顺炭矿档案，卷宗号：1-352-013。
②抚顺矿务局煤炭志编纂委员会《抚顺矿区史略　1901—1985》，抚顺矿务局，内部资料，1988年，第61页。

员一亿数千万元的现有设备和 6 万直辖从业人员，互相合作，努力争取生产和扩建计划完成，以尽后方产业报国忠诚①。

在日本当局看来，抚顺煤矿经济价值突出，不仅是"满洲产业的核心"，而且对伪满经济和军事战备有"重大影响"。然而，抚顺煤矿 1937 年达到生产顶峰后，产量却逐年下滑，开始走下坡路。对此，《产业开发五年计划第三年度生产实绩报告》（1940 年）揭示了抚顺煤矿生产经营之困境，分析了减产的两大原因：

> 一是器材进货难。随着时局进展，机器进货拖延、器材不足，近来更严重地妨碍机械化设备顺利运转，以至成为采煤减产重大原因之一。炼油、炼铁、煤炭液化等所有部门因机器进货困难和拖延影响，受到妨碍。所有材料进货困难，特别是钢材、有色金属、水泥等不足，直接造成减产。二是工人不足。本年度工人不足数量，各月有所不同，采煤方面每月便有 6000－10000 人的不足，是煤炭减产的原因之一。炼油、煤炭液化、炼铁等特殊工业方面也深感工人不足，每月技术工人缺 100－150 人，普通工人缺 200－300 人，成为作业上的巨大妨碍②。

日本发动全面侵华战争后，物资供应吃紧，特别是 1940 年加入"轴心国"后，遭英美等多国制裁，国际贸易又严重受限，经济陷入孤立，人力物力不足问题日益加剧③。受此影响，维系抚顺煤矿正常生产的两个核心因素——物资和人力均出现问题，减产不可避免。以 1939 年抚顺煤

①《炭質向上月間中二於ケル炭質向上実施要項二関スル件》（抚总庶文 02 第 15 号 3-27，1938 年 1 月 9 日），抚顺矿务局档案馆藏，日伪时期南满洲铁道株式会社抚顺炭矿档案，卷宗号：1-323-011。
② 解学诗主编：《满铁史资料》（第 4 卷），中华书局，1987 年，第 780 页。
③ 上海社会科学院经济研究所编：《刘鸿生企业史料》，上海人民出版社，1981 年，第 19 页。

矿主要物资供应情况为例，普通钢材需求5.4万吨，配给率仅为42%；电线用铜材需求800吨，配给率不足40%；加固用钢轨架需求8500吨，几乎没有配给[1]。七七事变后，在设备条件下降、人力资源不足情况下，抚顺煤矿仍被日本当局要求强行增产，导致煤炭生产形势进一步恶化，劳动生产率持续下降，生产成本大幅上升，形成恶性循环。

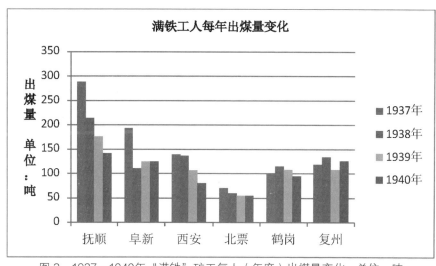

图2　1937—1940年"满铁"矿工每人（年度）出煤量变化　单位：吨

资料来源：数据根据满鉄調査部：《満洲生産力拡大方面諸問題》，1941年，第20—21页整理。

如图2所示，七七事变后，抚顺煤矿劳动生产率逐年下降，1940年工人人均年产煤量较1937年降幅高达50%。即便如此，抚顺煤矿生产率仍高于"满铁"系统其他各矿。

表7　1937—1940年抚顺煤矿采煤成本变化　单位：日元/吨

成本构成	1937年	1938年	1939年	1940年
直接成本	1.612	2.572	4.029	6.768
折旧费	1.551	2.064	2.474	0.791

① 解学诗主编：《满铁史资料》（第4卷），中华书局，1987年，第781页。

成本构成	1937年	1938年	1939年	1940年
临时工资费	0.243	0.273	0.376	0.578
总成本	3.406	4.909	6.879	8.137

资料来源:满铁調查部:《满洲生产力拡大方面諸問题》,1941年,第23页整理。

表7中主要反映了1937年至1940年抚顺煤矿采煤成本变化趋势。其中,直接成本成比例增加,尤其到1940年直接成本增幅达320%。总成本由1937年的3.406到1940年的8.137,增加了约2.5倍。成本的提高,即主要因素在于工资、资材价格的上涨,同时,劳动生产率停滞及低下,也是煤炭增产速度放缓的主要原因之一。

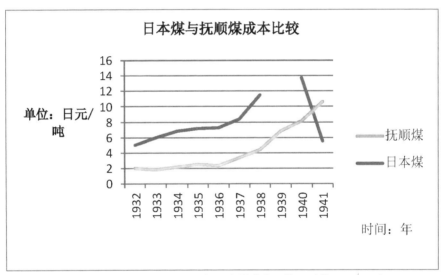

图3　1932—1941年抚顺煤与日本煤成本比较　单位:日元/吨

资料来源:数据根据《撫順炭鑛統計年報》,1941年,南满洲铁道株式會社,第60页;东洋经济新報社编:《昭和产業史》,1941年,第23页整理。

从日本煤与抚顺煤的成本比较曲线图(图3)可见,1936年后,日本、抚顺煤成本均大幅增加。"日本第一实库筑竖煤田,已经开采殆尽。其他国内矿山中,每年所采之煤不及1000万吨,而所需要的数量则达4500万吨,每天就抚顺煤矿而言,每年产量不过八百三十万吨,可供给日本国内的不到200万吨。日本煤因供给不足,日渐腾贵,闻六月底每吨不过 30 元，上月每吨忽增加 40 余元。又因消费的工业中心地大阪地方，各产业资本家，受煤价的重压，都减退生产力"[1]。

与日本煤相比，抚顺煤 1940 年成本优势开始缩小，1941 年竟首次超过日本煤，为后者 2 倍左右。这充分表明抚顺煤矿企业生产经营遭遇了重大变故和困难。

为攫取巨额利润，日本对抚顺煤矿殖民经营过程中，还采取偷税漏税、故意欺瞒等手段逃避缴税。早在 1905 年日本侵占抚顺煤矿之初，就需向中国政府纳税。1905 年至 1910 年，按清政府规定，奉天矿税按每吨三钱收取。抚顺煤矿课税主要按照中日签订的《抚顺、烟台煤矿细则》执行，但日本当局一心想实行另一套减税办法，要求享受对陆路输出的抚顺煤实行三分之一减税特惠待遇，遭到中国政府拒绝[2]。1911 年 5 月，中国政府对抚顺煤课税作了明确规定，中日双方达成议定书：一是抚顺（烟台亦同）产煤，应向中国政府缴纳出井成本 5% 的出井税；二是该煤如自海港出口，每吨应缴纳海关银十分之一两出口税；三是除课征上述两税外，免征厘捐、税捐、手续费等各种税款；四是"满铁"会社每年应缴纳 5 万日元，作为免征上项杂税的补偿。

由此可见，抚顺煤矿已不遵照中国普通税法，而享有特权。在此背景下，中国政府决定提高一般输出税，修改输出税率，于同年 6 月 1 日实施。中国海关遂对抚顺、烟台煤适用新税法，即通过大连海关征收出口税海关银 0.34 两，对运往关内地区的征收转口税海关银 0.15 两。日方对此百般抵赖，拒不执行，仍按原《抚顺、烟台煤矿细则》规定执行，不仅大量偷税、漏税，而且采取欺瞒手段，将原煤充作杂煤，欺骗税官，大量减少矿产税。为此，1931 年 5 月 18 日，有人即向国民党中央阐述了开滦和抚顺煤矿违背市场规则，打压中国民族资本经营的煤矿的行为，并建议中央政府收回抚顺等煤矿：

---

① 《战争期间日本的运输与燃料》，《申报》1937 年 9 月 12 日，第 2 版。
② 解学诗主编：《满铁史资料》（第 4 卷），中华书局，1987 年，第 20 页。

现开滦煤与日本人所占之抚顺煤，朋比垄断。使中国之经济、每年漏税至二万万元以上之巨。一方面压制国人所办之煤矿，致令不能发展，中国之经济不能充裕。民生不能解决，欲求免除之道，惟有积极设法收回开滦煤矿和抚顺煤矿，则有待于废除不平等条约之时，上海煤商，极感开滦煤矿之为害于中国。至深且巨，认为非积极收回，是中国之财富漏卮，莫可遏塞云云。[1]

但遗憾的是，这个建议因九一八事变的很快发生，而并未产生效果。实际上，抚顺煤矿对于"满铁"乃至日本，均具有重大经济和战略价值。"满铁"以抚顺煤矿、南满铁路为两大经营主体。据1931年统计，"满铁"铁路经营收入为8547.6万元，占"满铁"总收入50%，煤矿收入5609.3万元，占"满铁"总收入32.8%，铁路和煤矿两大支柱产业收入占"满铁"总收入80%以上。铁路营收中，煤炭运费达3400万元，其中抚顺煤炭运费2950万元，占80%。"满铁"1937年度决算中，矿业利润为1000万日元，占"满铁"利润总额的16.2%[2]。如将抚顺煤矿从"满铁"分离，将对"满铁"造成严重影响。据不完全统计，日本统治抚顺煤矿40年间，掠夺抚顺煤矿资源总量超2亿吨，攫取利润达26.8亿元之巨。

如前文所述，1907年，"满铁"设立时资本额仅为2亿日元，1920年增至4.4亿日元，1933年则达8亿日元，1940年达14亿日元，1945年增至24亿日元。"满铁"经营近40年所获得利润惊人。1907年，"满铁"获得利润201万日元，1917年增至1792万日元，1927年上升为3627万日元，1929年高达5550万日元，约为建立初期的27倍[3]。根据表8数据计算，1929年抚顺煤矿收益额为1907年的22倍，与同期"满铁"资本额增速基本吻合。

① 《王延松向中央党部建议》，《申报》1931年5月18日，第13版。
② 解学诗主编：《满铁史资料》（第4卷），中华书局，1987年，第448页。
③ 吉林省图书馆伪满洲国史料编委会：《伪满洲国史料》（影印本），2002年，第39页。

日本对抚顺煤矿殖民经营研究

表8　1907—1931年抚顺煤矿收益表分析　单位：千元

年份	收入	支出	损益	销售成本率（%）	销售利润增长率（%）
1907	1484	931	553	62.74%	100
1908	2702	1675	1027	61.99%	186
1909	4025	2795	1230	69.44%	222
1910	5748	4081	1667	71.00%	301
1911	6463	4285	2178	66.30%	394
1912	9193	7347	1846	79.92%	334
1913	14372	12571	1801	87.47%	326
1914	14075	11858	2217	84.25%	400
1915	12648	10640	2008	84.12%	381
1916	16644	14444	2200	86.78%	398
1917	21913	15888	6025	72.50%	1090
1918	35819	28682	7137	80.07%	1291
1919	64752	51153	13599	79.00%	2459
1920	64774	58707	6067	90.63%	4097
1921	40004	36708	3296	91.76%	596
1922	53139	46424	6715	87.36%	1214

年份	收入	支出	损益	销售成本率（%）	销售利润增长率（%）
1923	63915	59836	4079	93.62%	738
1924	68698	60595	8103	88.20%	1465
1925	68453	61986	6467	90.55%	1169
1926	76154	70665	5489	92.79%	393
1927	82787	73039	9748	88.23%	1763
1928	87167	75565	11602	86.69%	2098
1929	84364	72089	12275	85.45%	2220
1930	62441	60627	1814	97.09%	328
1931	52731	52714	17	99.97%	3

资料来源：《抚顺煤矿历年产销数及营业之变迁》，《矿业周报》326号，1935年。

　　1926年至1930年，东北煤炭平均年产量达870万吨，其中日资煤矿产量700万吨，占80%以上；生铁平均年产量28万吨，全部为日资企业生产。1933年至1936年，每年被掠往日本的抚顺煤都在200万吨以上，1934年达272万吨[1]，主要供应日本国内军工企业，制造侵华战争所需的军事武器装备。日本煤炭进口量60%以上为抚顺煤，生铁进口50%以上为鞍山生铁。

　　抚顺煤矿的高增长、高产值、高收益成为日本国库的重要财源，为日本军事扩张提供了重要经济支撑和能源保障，但其"辉煌经营"背后却是日本殖民当局对东北民族工业资本的残酷打压。特别是七七事变后，

---

[1] 姜念东等编：《伪满洲国史》，吉林人民出版社，1980年，第302页。

在日伪经济统制政策高压下，民族资本生存环境持续恶化，或沦为日资附庸，或陷入破产境地。据1938年伪满中央银行对奉天民族资本工厂调查，资本额1万元以下占69.8%，1万至3万元占8.49%，3万至5万元仅占2.83%。另据伪满奉天商工公会调查，1939年至1940年间，奉天民族资本规模为500人以下的工厂有1000余家，其中70%即706家生产生活用品所用原料受日伪严格统制，生产用原料没有保证，只能挣扎维持生存。伪满奉天商工公会对资本额4万元以上51家工厂调查，1941年每家工厂年产值不足1000元，许多工厂为谋求生存不得不转产或停业[1]。

中国人办的工厂，只能给"满铁"等日本财阀开办的大工厂、大企业加工军需生产配件，成为附庸工厂，完全丧失了独立经营能力。抗战胜利前夕，大连中小工厂只剩下400家左右，处于朝不保夕的境地[2]。1939年10月，据对吉林、营口、锦州三个中等城市中国人经营的最有实力的71家工业企业调查显示，每家平均实收资本额仅为5万元。据1940年调查数据，在哈尔滨市从事商业经营的日本人359人拥有资本2.9亿元，中国人4861人拥有资本仅4570万元[3]。1943年，东北工厂中民族资本只占投资总额的4.2%，几乎可忽略不计。1939年有电力织布厂85家，到1943年仅剩31家。在日本当局摧残压榨下，民族资本日趋没落，濒临衰亡。1943年，在伪满工矿、交通资本中，中国私人实缴资本额仅占3%；1945年6月，在伪满工矿、交通部门特殊会社与准特殊会社实缴资本中，中国私人资本额仅占0.3%。在矿业领域，根本没有中国人经营[4]。

①辽宁省统计局：《辽宁工业百年史料》，辽宁省统计局，内部资料，2003年，第54页。
②宋金玲、刘素范：《九一八事变前后的"满铁"》，《北京交通大学学报》，2004年第3期。
③孔经纬：《东北经济史》，四川人民出版社，1986年，第78页。
④辽宁省统计局：《辽宁工业百年史料》，辽宁省统计局，内部资料，2003年，第55页。

第三节　超强度开采与矿难

一、超强度开采

日本统治下的抚顺煤矿，强制施行长时间、超强度作业，即"以人换煤"的开采政策，用矿工生命换取煤炭资源。

矿工承担超负荷的工作任务，具体见下表：

表9　1940年"满铁"各矿业部门劳动时间　单位：小时

	规定劳动时间	规定休息时间	实际劳动时间
总数	11	1.0	10
金属矿业	10	0.8	9.2
金矿业	10	1.4	8.6
铁矿业	10	0.6	9.4
铜矿业	10	1.1	8.9
煤矿业	12	1.0	11
采石业	12	1.9	10.1
石灰矿业	11	1.3	9.7

资料来源：满洲劳工協会：《满洲劳働年鑑》，南满洲铁道株式會社，1940年，第13—14页。

如表9所示，根据"满铁"的规定，下属各矿工人每天的劳动时间均在10小时以上，而煤矿则高达12小时。尽管他们的实际劳动时间为11个小时，但在所有矿业的实际劳动时间中高居榜首。长达11个小时的劳动时间，这对于煤矿工人而言是一个极为沉重的工作负担，严重残害了工人们的身体健康，充分体现了抚顺煤矿的殖民特征和非人道的人肉开采。

为使矿工超负荷工作，尽量增加劳动时间，日方采取各种措施来竭力延长工作时间。例如采取倒班劳动制等。具体说来，就是采煤工人作业时间分为三班接替和两班接替，即三班倒和两班倒。三班制为 8 小时工作制，两班制最初为 12 小时工作制，1920 年后改为 10 小时工作制[①]。以下是 1911 年和 1938 年抚顺煤矿工人的劳动时间表：

表10　1911年工人劳动时间表

第一班	早饭	午前3点
	下井	午前4点半
	出井	午后4点
第二班	下井	午后4点半
	出井	午前4点
	吃饭	午后3点

资料来源：《抚顺矿区志1901—1985》（中卷），抚顺矿务局，内部资料，第218页。

表11　1938年工人劳动时间表

项目\班制作业者	勤务种类	勤务时间	开始作业时间	作业终止时间	备注
井外一般现场人员	日班	9小时	午前8时	午后5时	午饭1小时
井下常务日勤、监查系	日班	8小时	午前8时	午后4时	午饭1小时

①《手题委员、役员任免勤务状况、役员处罚に関する文书》（1940年8月17日），抚顺矿务局档案馆藏，日伪时期南满洲铁道株式会社抚顺炭矿档案，卷宗号：1-360-030。

项目 班制作业者	勤务 种类	勤务时间	开始作业时间	作业终 止时间	备注
两班制作业者	日班	10小时	午前8时	午后6时	
	日班	14小时	午后6时	午前8时	
三班制作业者	日班	8小时	午前8点	午后4时	
	日班	8小时	午后4时	午后12时	
	日班	8小时	午后12时	午前8时	
隔日制交替作业者	日班	日班	24小时	午前8时	午前8时

资料来源：《把頭任免、生産作業規整等に関する往来》，抚顺矿务局档案馆藏，日伪时期南满洲铁道株式会社抚顺炭矿档案，卷宗号：1-358。

通过将表10、11对比可知，七七事变后，为增加煤炭产量，矿工的劳动时间被进一步延长，最长工作时间长达14小时。

在超强度开采下，日本通过剥削获取了巨额收益。1906年至1944年，日本从抚顺煤矿攫取煤炭总计2.02亿吨，获得利润高达26亿8百多万日元。与巨额利润相伴生的，则是骇人听闻的矿工死亡。尽管日本殖民者将抚顺煤矿吹嘘为"关怀劳动保险"，但因矿难造成的矿工伤亡人数达250996人次，其中死亡10632人。这就意味平均每采1.9万吨煤炭，便有1人死亡，25人伤残。1911年至1913年间，抚顺煤矿累计发生安全事故6012次，死伤6295人，平均每月发生事故139次，死伤3148人，约占全部矿工的50%。1910年1月13日，东乡坑井下火药库发生爆炸，井下办公室、卷扬机室、机械室等多处受损，中国矿工死亡17人，重伤

日
本
对
抚
顺
煤
矿
殖
民
经
营
研
究

数十人 [①]。1917 年 1 月 11 日，大山坑在一次瓦斯爆炸事故中，日方为降低对煤矿的破坏，竟将矿井封闭，除 20 余人逃出外，其余 921 人被活活烧死。该事件成为震惊世界的大事故之一 [②]。

以下是日本方面对于 1909 年至 1941 年间抚顺煤矿死亡人数的统计：

表12　1909—1941年抚顺煤矿死亡人数

年份	死亡人数	年代	死亡人数	年代	死亡人数
1909	21	1920	30	1931	3143
1910	1	1921	117	1932	109
1911	9	1922	125	1933	114
1912	9	1923	237	1934	156
1913	30	1924	258	1935	198
1914	42	1925	159	1936	208
1915	29	1926	212	1937	225
1916	150	1927	262	1938	217
1917	1098	1928	847	1939	305
1918	82	1929	197	1940	284
1919	50	1930	175	1941	239
小计	1521	小计	2619	小计	5198
合计	9338				

资料来源：《昭和十六年度统计年报》，南满洲铁道株式會社，1942年，第265页。

①《鉱山生産災害事故等に関する総合文書》（1910 年 12 月 26 日），抚顺矿务局档案馆藏，日伪时期南满洲铁道株式会社抚顺炭矿档案，卷宗号：1-321-026。

②薛世孝：《中国煤矿工人运动史》，河南人民出版社，1986 年，第 14 页。

从表 12 可发现，在这 33 年间，抚顺煤矿因矿难死亡的人数达到 9338 人，平均每年死亡 267 人。1931 年，死亡人数更达到骇人听闻的 3143 人。尽管目前笔者尚未发现解释该年矿难为何如此频繁的第一手材料，但根据当时国内政治形势判断，应与九一八事变发生有直接关系。

根据抚顺煤矿在 20 世纪 10 年代、20 世纪 20 年代以及 20 世纪 30 年代的矿难统计，矿工人数的遇难人数呈逐年上升趋势，从 20 世纪 10 年代的 1521 人猛增到 20 世纪 30 年代及 20 世纪 40 年代初的 5198 人。特别是在 1931 年至 1941 年十年间，矿难人数达到了最高值。这种情况的出现，与当时日本发动侵华战争，所需煤炭数量激增，故在生产过程中超常规开采而忽视安全有关，导致死亡人数剧增。

再来看抚顺煤矿工人受伤害状况，以 1940 年伤亡情况进行个案分析。

表13　1940年抚顺煤矿工人伤害状态情况统计表

原因类别	轻伤	重伤	死亡	合计
冒顶	1609	227	112	1948
塌方	698	81	15	794
矿车致伤	82	35	——	117
颠倒颠落	25	2	——	27
机械操作	453	19	1	473
物体砸伤	10	3	2	15

原因类别	轻伤	重伤	死亡	合计
充填	24	13	10	47
搬运	4	13	17	34
爆炸燃烧	6	1	1	8
电击	9	2	13	24
中毒窒息	405	17	1	423
物体狭窄	6	2	–	8
爆破	47	9	–	56
采掘	14	1	–	15
火灾	47	3	–	50
眠灾害①	290	5	–	295
因踏受伤	106	–	–	106
合计	3835	433	172	4440

资料来源：满铁新京支社调查室安達義信：《满洲工業勞働概況調查報告》，1940年8月，辽宁省档案馆编《满铁与劳工》（第2辑），第178页。

---

① 因困倦、睡眠造成的伤亡。

如表 13 所示，1940 年因矿难导致的各类伤亡人数为 4440 人，死亡 172 人，轻伤与重伤分别为 3835 人和 433 人。受伤原因中，排名前 4 位的分别是冒顶、塌方、机械操作和中毒窒息。所谓冒顶事故，为煤矿开采过程中，因无视安全，一味追求进度，导致上部岩层自然塌落，进而造成严重死伤。可见，这类事故原因，均非不可抗力所致，而是生产管理方罔顾矿工生命安全，忽视安全生产保障所造成的恶果。需要注意的是，以上数据为日方调查统计结果，数字只可能会被缩小，与实际伤亡人数应有一定出入。

二、矿难及善后

从上文数据可知，日据时期抚顺煤矿在安全生产管理方面几乎是毫无成效可言，否则无法解释如此庞大的矿工伤亡数字之所以出现的原因。为最大限度驱使矿工全力开采煤矿资源，生产方几乎完全忽视了对于矿工人身安全的防护，这与其最大程度获取利益进而为其军国主义服务密切相关。

尽管抚顺矿区设立了矿区救护队，但该机构在保障安全生产方面形同虚设。矿区管理方不肯把资金投入到改善安全救护等方面，矿区救护队伍均由不脱产日本人组成，中国人根本没有参加的权利。救护队最高层级为大队部，大队部下除了直属设立矿灯室、化验室、技术组等专业技术机构外，其下还根据矿别分设中队，中队下再分为小队。以下是救护队的组织结构图：

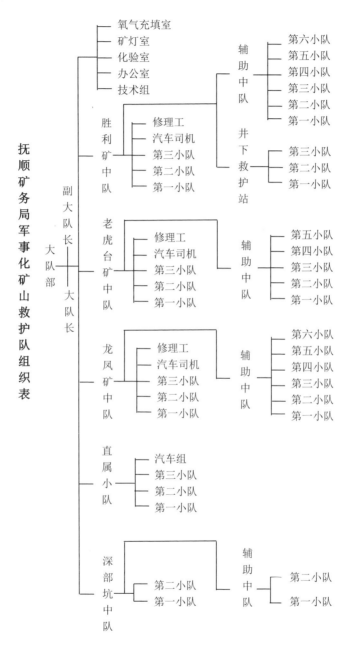

图 4　抚顺矿务局军事化矿山救护队组织表

资料来源：《撫順炭鑛組織機構表》，抚顺矿务局档案馆藏，日伪时期南满洲铁道株式会社抚顺炭矿档案，卷宗号：1-321。

图 4 为救护队组织结构图，主要按大队—中队—小队三个层级设立。据统计，1942 年抚顺矿区 10 个矿坑中仅有 252 名兼职性辅助救护队员，平均每个矿井 20 余名，专职队员仅为辅助队员的 1.8%[1]。由于人手不足，救护队在矿区日常安全管理方面难以发挥应有的作用，自然无法保证矿工的生命安全。

日本殖民统治时期，矿井生产条件极其恶劣，抚顺矿工境遇异常悲惨。当时，流传着这样一首歌谣，描绘了当时的情景："旧社会矿工悲歌多，矿工的血泪流成河，只见矿车天天跑，谁见矿工几人活？"这是当时抚顺煤矿中国矿工状况的真实写照。矿井自燃发火、瓦斯爆炸、水淹矿坑等重大安全生产事故频繁发生，中国矿工生命安全毫无保证，并在矿难中出现大量死伤。之所以发生以上事故，其原因主要在于生产过程中的安全管理缺位。接下来，笔者以 1916 至年 1931 年间发生的几次恶性矿难为例，说明生产方为了追求产量而罔顾矿工生命的历史事实。

1916 年 4 月 14 日，抚顺煤矿发生了日据时期的第一次重大恶性伤亡事故。此次事故发生的原因是其下属的大山坑煤矿，因管理方未能安装完善的地下通风设施，以致在生产过程中突发明火，造成巨大火灾，以致酿成矿工一次性死亡 150 人的巨祸[2]。事故发生后，日本当局不是积极设法抢救遇难者，而是关心设备是否受损。大山坑煤矿负责人米仓清族在给"满铁"的报告中，对矿工的生命安全完全漠视，竟对矿难未对生产设施造成大的损害，表示"感到非常安心"。可见，在日本殖民者眼中，与采煤设施相比，150 名华工的生命微不足道，远不及矿内的生产设备。在事故善后处理上，日本方面采取欺骗手段，竭力掩盖矿难真相。例如与警方"密切合作"，在夜间秘密搬运处理遇难矿工遗体。据米仓报告称：

---

① 抚顺矿务局志编纂委员会：《抚顺矿区志　1901—1985》（中卷），抚顺矿务局，内部资料，1994年，第 184 页。

② 抚顺炭矿庶务課：《大正五年作業年報》（1916 年 12 月 20 日），抚顺矿务局档案馆藏，日伪时期南满洲铁道株式会社抚顺炭矿档案，卷宗号：1-481-036。

14日16人，25日75人，26日37人，27日22人①。事故发生后，生产管理方对施工安全仍然没有引起足够的重视，以致在次年再次引发了规模空前的矿难事故。

1917年1月11日22时40分，抚顺煤矿发生开采以来的最大惨案——大山坑瓦斯爆炸事故，此次矿难死亡的人数达到了骇人听闻的917人②。事故发生后，为防止造成舆论不良影响，日方采取倾向性报道的方式，规避管理方的责任。

矿难事故发生后3天，即1月14日，《盛京时报》以"抚炭坑之惨事瓦斯自然爆发，九百九十七人生死不明"为题，对矿难进行了报道，但谈及事故原因时，称其为"坑内瓦斯（即煤气）自然爆炸，其坑内之洞窟之多，或不至全行燃灼"，因其为自然爆炸，故"（煤矿）安全与否并非理在所政拟料也"，并称"满铁"方面，已经"急派医士与看护携带药品器械，前往救助"。③可见，报道完全回避了煤矿管理方在此次事件中的责任，而将其原因归结于"自然爆炸"。

更有甚者，事故发生后，管理方为了保护矿内机器设备，而采取毫无人道的措施，将井口封闭，而不顾矿下近千名矿工的生死。据一名经历该事故矿工回忆：

> 1917年旧历腊月十八日夜十时半，大山坑坑下因漏电引起瓦斯爆炸，除我隋行山等二十多工人幸免逃出外，其余工人全部殉难。据当时情况，如及时抢救，多数工人不致牺牲。但万恶的侵略者，为了掠夺煤炭，却不顾中国工人的生命。鬼子逼着井上的工人在井口用黄泥密闭，工人无路可逃，约一千余人

---

① 抚顺矿务局志编纂委员会：《抚顺矿区志　1901—1985》（中卷），抚顺矿务局，内部资料，1994年，第167页。

② 抚顺炭鉱庶務課：《大正六年作业年报》（1917年12月25日），抚顺矿务局档案馆藏，日伪时期南满洲铁道株式会社抚顺炭矿档案，卷宗号：1-481-022。

③《抚炭坑之惨事瓦斯自然爆发，九百九十七人生死不明》，《盛京时报》1917年1月14日，第2版。

死于坑内。造成抚顺煤矿开采以来最大的惨案！受难者的妻子、亲友齐集井口，绝望地哭喊着他们亲人的名字。二年后，该井又重新开采[①]。

这段材料是该幸存者在 1959 年的回忆内容，其真实性或许与实际情况有一定差距，但在此次事件中，日本管理方的责任无疑是首要的。由于管理方始终并未重视建立与完善煤矿安全生产制度，以致该矿 1928 年再次发生恶性矿难事故。

1928 年 4 月 9 日，大山坑再次发生重大水灾事故[②]。大山坑的西竖井本已采完报废，当时为了减少采煤成本，日方不遵守采煤常规，没有对已报废的矿井进行充填。该井上面便是露天矿的贮水大坑。水透入井内，形成西竖井无法容纳的大量积水。加之日本炭矿当局对大山坑的掘进工作面与西竖井挖通。在此严重危险的隐患面前，本应引起警惕，及时采取措施以防不测。但日本殖民者只要煤炭不要人命，仅在与西井相通的地方不负责任地砌一堵约一米厚砖墙。4 月 9 日午后，大水压塌砖墙，洪水如海涛般涌入大山坑内。洪水先由西竖井灌入大南坑内，遂之又进入大山本坑西上部，迅速注满各采掘工作面及巷道，全井被淹。此时 14 名在井下的日本工人和技术人员已事先悄然离开。当华工得知凶耗而欲升井时，水势已异常凶猛，大部分工人根本来不及逃出。井下采煤的中国工人多达 482 人，全部罹难[③]。

据目击者回忆，当时水势异常凶猛，如山洪暴发，井下斗车被冲刷到角落，连车道也被冲毁。同时，井下狂风大作，矿工所带矿灯全部熄

①抚顺矿务局煤炭志编纂委员会：《抚顺矿区史略 1901—1985》，抚顺矿务局，内部资料，1988 年，第 93 页。

②《鉱山生産災害事故等に関する綜合文書》（1928 年 8 月 19 日），抚顺矿务局档案馆藏，日伪时期南满洲铁道株式会社抚顺炭矿档案，卷宗号：1-321-036。

③抚顺矿务局志编纂委员会：《抚顺矿区志 1901—1985》（中卷），抚顺矿务局，内部资料，1994 年，第 167 页。

灭（当时矿灯均为火灯），井下顿时一片漆黑，逃跑无路。矿工家属听说井下发生了水灾，不顾一切从四面八方奔向井口。但日本炭矿当局竟派人包围井口，用木棒殴打群众，甚至用枪威胁，矿井一片哭天喊地声。家属们跺脚捶胸，有些妇女哭倒在地上，昏厥过去，惨不忍睹。家属要求日本矿方立即抢救井下工人，抚顺县公署也派出第一科科长洪声驰前往慰问，了解实情。但日本矿长百般推诿，只表示不知实情，以"正在救护中，死亡人数尚不清楚"为托词，甚至骗说坑内注满了水，坑底被泥沙堵塞，不排除坑内积水和泥沙，尸体无法取出，而坑内积水需 2 个月时间方能排除，矿工尸体需要 3 个月后才能取出。

迫于舆论压力，日人从井下捞出 46 具尸体，用棺材成殓，大肆宣扬，声称有家属者由家属安葬，无家属者由把头负责掩埋。但处理完 46 具尸体以后，再从井下捞出尸体便没有棺材成殓了，也不让家属安葬，只是用麻袋装着由工人背走，扔到死人坑里了事。当矿工下井清理修复巷道时，尸体举目皆是，几乎伸手就能碰到泡得肿胀的尸体，用了数天时间用麻袋往外背。

对于当时井下日本人全部提前安全升井，却不通知中国矿工一事，广大煤矿工人万分愤慨。对此，"满铁"社长山本条太郎于 1928 年 4 月 23 日致函日本奉天代理总领事峰吉辉雄，他在公函附件中特别加以说明：

> 本月 9 日午后 5 时 30 分，大山坑采煤场发生水灾，当时正在井内作业的 1590 名华工中有 482 名无处可逃而殉职，实为遗憾。当时井内有 14 名日本人，但因为是在监工换班时间不久，一半在竖井附近的坑内事务所，一半是在前往各采煤场途中，遇到这一水灾时，由于熟悉坑内情况，很快逃脱，没有发生死亡。

奉天省公署所辖有关机构获得消息后，曾派技术人员张佑清等进行调查。并在调查了解后，形成了一份反映客观事实的调查意见书：

查该矿爆发原因，以坑道距通风口甚远风力不足抵消瓦斯毒气之浓烈。既有此情形，本应另开风道再行工作……乃竟强使工人冒险工作，虽无其他用意，然以生命为儿戏，自非文明事业所应有者。此应提出抗议之理由者一也。该矿对于华工若无其他用意，事前防范自为事实所必需。乃事前既未设法严防，临时亦毫无补救办法，致华工死亡139名之多。其有无些相应技术学识及经验，姑且不论，然居心之险狠，实为公理所难容。此应提出抗议之理由者二也。开采权固完全由于日人，但在中国地方所有工人系华工，其抚恤工作以何为依据？如遵照我开矿条例施行细则第七十条各项规定，既按照十倍以上抚恤非为优异。对日本人事技师等，尤宜严加罚办，以敬将来。此该提出抗议之理由者三也。死据查明，各节惨状已彰，未便稍事让步，拟由钧府查核，转饬交涉署，向日总领事严重抗议，以维人道而重主权。[1]

这是一篇充满民族气节的报告，可惜当年懦弱无能的中国政府，只能收藏于文卷之中，作为一项涉外资料存档而已。

1931年再次发生惨绝人寰的事故。2月7日夜，大山坑西二道失火，日本当局立即将井口封闭，致使3070名中国矿工丧生[2]，造成煤矿开采史上空前绝后的大惨案。

抚顺煤矿的经营发展计划，始终围绕日方殖民扩张战略进行不断调整和改变。特别是九一八事变后，日本决定实施以掠夺资源、以战养战之目的的经济统制政策，抚顺煤矿迅速做出反应，在生产计划、销售策

---

①抚顺矿务局煤炭志编纂委员会：《抚顺矿区史略　1901—1985》，抚顺矿务局，内部资料，1988年，第95页。

②《鉱山生产灾害事故等に関する総合文书》（1931年2月7日），抚顺矿务局档案馆藏，日伪时期抚顺炭矿档案，卷宗号：1-321-01。

略方面进行调整，力求适应。生产计划方面，时隔 20 年后重启五年产业计划，以最大限度增产为目标，制定一系列高产的硬指标。销售方面，积极开拓关内和海外市场，发挥抚顺煤价格优势，抢占市场，追求利润最大化。

抚顺煤矿为适应经济统制进行的调整，起初收到了一定成效。九一八事变后，在大规模战争动员背景下，日方对煤炭等战略物资需求出现爆发式增长，抚顺煤矿经营迎来短暂的黄金期，呈现供需两旺之局面。但好景不长，这种调整和适应终以失败告终，导致企业经营由盛而衰、急转直下。原因有两个方面：从外因看，七七事变后，国际贸易对日制裁加剧，日本经济陷入孤立，企业所需的设备器材及原料供应链断裂，国际煤炭市场销售受限；从内因看，维系企业正常生产的两个核心因素——物资和人力均出现问题，导致生产率下降、成本大幅上升，经营遭遇重大挫折和困难，直至日本战败也未走出低谷。

销售扩大与利润增长，并不能掩盖抚顺煤矿"以人换煤"的殖民本质。其所谓的高增长、高收益，都是矿工生命换取的带血筹码。逾 25 万矿工伤亡，数以万计矿工死亡，以血肉换资源，充分暴露了殖民经营的罪恶本质：即技术、管理、制度、机制等均为手段，主要通过军事控制、残酷剥削、强制劳动等方式，实现扩大再生产。殖民政策指导下的抚顺煤矿企业经营，不只是经济问题，更是政治问题，唯有从正反两个视角探究，才能辨其本质。

日本对抚顺煤矿的殖民经营，充分体现了以战养战的经济统制政策。煤矿的高增长、高产值、高收益成为日本进行军事扩张的殖民战略特点。抚顺是其重要的经济支撑和能源保障。日本视中国东北为原料供应地和商品倾销地，是支撑其殖民扩张战略的能源基地。一言以蔽之，抚顺煤矿在日本殖民经济体系中的重要性，恰如中国东北之于日本的重要性。

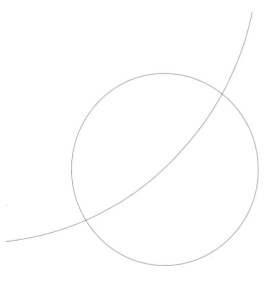

第
五
章

矿工管理与矿工生存实态

kuanggongguanliyu
kuanggong
shengcunshitai

日 本 对 抚 顺 煤 矿 殖 民
经 营 研 究

第一节　矿工招募与管理

一、七七事变前后的矿工招募

劳动力供应是维系抚顺煤矿生产的基础，也是管理层关注的重点。抚顺煤矿的劳动力招募方式，随企业生产规模变化和劳动力充盈程度不断地进行调整。总体来看，可以七七事变为时间节点。七七事变前，主要采取自愿报名、外设机构、把头招工、代理招工等常规方式，基本可以满足煤炭日常生产需求；七七事变后，常规招募方式失效，劳动力短缺严重，故采取强制性、欺骗性招工手段，如"抓工""派工""逼工"等方式。

七七事变前，抚顺煤矿主要采取的劳动力招募方式，主要有以下几种：

首先是工人自愿报名。1906 年前，抚顺煤矿仅有千金寨、老虎台、杨柏堡 3 个采煤坑，产煤量少，自愿采矿求职工人就足以满足招工数额，且可从中选择。

其次是设立招工机构，积极招募工人。1907 年后，大山、东乡坑开凿投产，矿工需求量增大，仅依靠自愿来矿求职者已不能满足生产需要，于是抚顺煤矿派遣职员赴矿工主要来源地，如山东即墨地区进行调查，了解人口流动状况，发现有大批破产农民和城镇流民到关东求生。鉴于此，煤矿方面决定在外地设立招工机构[①]。1911 年 3 月，炭矿当局在山东芝罘（今烟台市芝罘区）设立招工所。1914 年 8 月，在山东芝罘设办事处，即招工公司。

---

①抚顺矿务局志编纂委员会《抚顺矿区志　1901—1985》（中卷），抚顺矿务局，内部资料，1994 年，第 222 页。

1916 年 1 月，在青岛设立招工所[1]。1917 年 5 月，在锦州设立招工公所，集中招募辽西、平泉一带的工人；12 月又在凌源县犄牛营子设立招工所，并拟定出经锦州招工公所运往营口，营口分别设立招工公所，接受从山东乘船来东北和从辽西转运营口的华工。1920 年，山东设阳信、青岛、济南、即墨、临沂 5 处招募机构，河北设天津，山海关 2 处，热河地区设朝阳、凌源 2 处，奉天设锦州、营口 2 处，共达 11 处之多[2]。据《抚顺炭矿统计年报》统计，1932 年至 1943 年 12 年间，仅从山东、河北就招募华工 44 万余人[3]。

再次是把头招工。把头均为中国人，便于利用乡亲宗族关系，比日方直接出面效果更好，为此日方十分鼓励这种方式。1909 年，老虎台煤矿雇用大把头郑辅臣在家乡朝阳设立招工公所，生意十分兴旺，曾一时抢抚顺煤矿在朝阳的招工所生意，而在 1919 年被日本方面收回，改为直营招工所，但后来因直营招工困难，又归还郑辅臣经营。

最后是代理招工。出于局势不稳、交通不便、开支过大等因素，抚顺煤矿还采取代理人招工方式。代理人往往是当地职商并有商行营业，这样一方面可减少抚顺煤矿派员开支，另一方面还可增加华工的信任。在山东即墨传统招工点，委托多家代理商开办的招工所，如鳌山卫德顺泰商行代理人向延林、蒲菓店主卢天顺，东三省也有信用商店等许多代理商。

七七事变后，东北由准战时体制转入战时体制，因执行产业五年计划，劳动力不足问题开始暴露。重要的劳动力来源——离乡谋生的关内苦力，因事变影响，入东北者人数减少，劳动力不足问题更加严重，引起日本当局担忧。1937 年，日方调查了重要产业部门劳工供求状况，结

---

①《撫順炭鉱工人》（1917 年 12 月 15 日），抚顺矿务局档案馆藏，日伪时期南满洲铁道株式会社抚顺炭矿档案，卷宗号：1-275-035。

②《満鉄第二次十年史》，南满洲铁道株式会社，1939 年，第 355 页。

③抚顺矿务局志编纂委员会：《抚顺矿区志　1901—1985》（上卷），抚顺矿务局，内部资料，1990 年，第 296 页。

果表明：

> 一切产业部门均缺少劳动力，尤以矿业、工业部门为甚，其技术人员与熟练工人缺乏情况更为严重，再加上调配不合理，因而遇到重大难关。再者，因中国事变之故，发生涉及思想问题、民族问题的恶性劳资纠纷危险性增加，并且已有必要从根本上改善筹措劳动力的方法。这些事实与上述劳动力性质缺陷、数量不足、争夺熟练工人等问题纠缠在一起，使问题更加复杂和困难。因此，不仅熟练工人，即对一般劳动力也有必要加以补充，并进行合理分配。这些问题，须依靠国家发挥强大的统制力来解决①。

由此可见，劳动力不足成为伪满经济面临的首要难题。为此，日方决定通过"发挥强大的统制"手段予以解决②，甚至关东军也参与其中③。对于劳工主要输出地华北劳工大幅减少原因，日方进行了认真分析：

> ①当地劳力需要激增。在昭和十七年（1942）度目标中，估计所需劳工数约达三倍，即增加240万人②。当地工薪价格比较贵。由于各地日佣劳工工薪及煤矿工等的实际收入，分别比目前各地的只优不劣，劳工走向高工薪的方面是必然的③。因满洲国实施汇

---

① 满洲劳工协会：《满洲劳働年鑑》，岩松堂本屋，1940年，第287页。

②1938年1月，日本在伪满成立满洲劳工协会，2月颁布"国家总动员法"，6月颁布"暂行劳动票发给规则"，12月颁布"劳动统制法"。上述机构和法规主要用于解决劳动力短缺问题。（满洲劳工协会：《满洲劳働年鑑》，岩松堂书店，1940年，第288页）

③1934年，由关东军策划的大东公司在天津日本租界成立，后将总公司迁到伪满"新京"，相继在青岛、威海卫、芝罘、塘沽、龙口、山海关、古北口等华北劳工出关的海陆门户设立办事处，主要负责处理劳动招募、运输、调查等业务。1938年与伪满劳动协会合并。（关捷主编：《近代中日关系丛书之三日本对华侵略与殖民统治》，社会科学文献出版社，2006年，第479页）

兑管理法，限制了携回款项。（矿工）带回的金钱限制在60元以内。
如不撤销这方面限制，劳工方面就会出现彻底的短缺局面。[①]

可见，日本方面认为，华北本地劳动力需求增加、工资上涨及汇
兑管理法限制，是导致关外劳动力减少的重要原因。就抚顺煤矿而言，
除上述因素导致的劳动力减少外，企业自身劳动力流失问题也十分突
出。

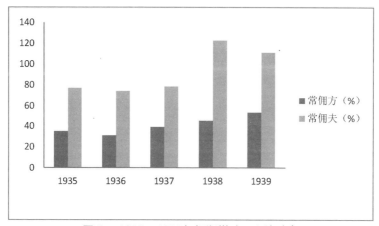

图5　1935—1939年抚顺煤矿工人流动率

资料来源：满铁调查部：《昭和十六年度総合調査報告》，南满洲铁道株式会社，
1941年，第17页。

由图5不难发现，无论是常佣方还是常佣夫，1937年后的流动率明
显加快，特别是抚顺煤矿劳力主体——常佣夫流动率甚至超过100%，严
重影响企业正常生产，补充劳动力成为当务之急。以下是1937年至1943
年抚顺煤矿招募工人的数据统计表：

[①]居之芬、庄建平主编：《日本掠夺华北强制劳工档案史料集》，社会科学文献出版社，2003年，第
200页。

表14　1937—1943年抚顺煤矿招募工人表

年度	招募地	人　数	年度	招募地	人　数
1937	山东省	309	1940	东北	16037
	河北省	973		合计	31780
	计	1282		现地采用	11638
	东北	3548	1941	山东省	16278
	合计	4830		河北省	12581
	现地采用	14806		计	28859
1938	山东省	11512		东北	10519
	河北省	5398		合计	39378
	计	16910		现地采用	6847
	东北	6539	1942	山东省	33665
	合计	23449		河北省	12940
	现地采用	14852		计	46605
1939	山东省	15286		东北	7596
	河北省	9638		合计	54201
	计	24924		现地采用	19880
	东北	2136	1943	山东省	8423
	合计	27060		河北省	13319
	现地采用	19524		计	21742
1940	山东省	12323		东北	16335
	河北省	3420		合计	38077
	计	15743		现地采用	30882

资料来源：《撫順炭鉱統計年報》，南満洲鉄道株式會社，1942年，第13页；《撫順炭鉱統計月報》，南満洲鉄道株式會社，1943年，第12页。

由表14可见，七七事变后，从山东、河北招募的工人数量大幅增加，而从抚顺地区招募工人数量增速放缓，从一个侧面表明了抚顺煤矿外埠矿工招募工作力度得到加强，取得一定成效。为了应对日渐增加的煤炭需求，煤矿方面急需增加大量青壮年工人，既有招募方式已经难以满足需要。在抗战全面爆发后，抚顺煤矿工人的招募方式出现了一定的变化。大体说来，有以下几种：

一是骗招强掠。1937年后，煤矿当局在关内通过一般招募手段已无法满足其对于劳动力的需求。1941年4月，华北交通公司、"满业"和"满铁"

召开三方会议，决定由华北交通公司在铁路沿线提供 18 万劳动者，其中抚顺煤矿募集地盘为衡水（管辖 6 个火车站）、泰安（管辖 9 个火车站），提供 3 万劳动者[①]。每募集骗招到一名工人，奖励村长 3 元钱。当时最常用的手段就是把抚顺矿区描绘成人间乐园，欺骗矿工前往。如把头招工时宣传的顺口溜《千金寨就是好》：

千金寨就是好，大块亮煤满地跑。

山珍海味独一处，四合益烧麦天津包。

第一商城白看戏，艳春院里去买笑。

邵家书场听评词，新桃园的招待分外俏。

成摞的现洋叮当响，不要光洋给金票[②]。

抚顺煤矿矿工多为外包工，许多都是把头在关内通过欺骗手段骗招而来的。这几句顺口溜，是汉奸把头到山东、河北、河南等地招工时，许下美妙的诺言，用以迷惑引诱劳工。而真实的千金寨则是"朱门酒肉臭，路有冻死骨"，是汉奸把头享乐园，是穷苦矿工的地狱。到 1945 年光复时，抚顺煤矿工人数量超 10 万人。初步估计，1937 年至 1945 年间，被骗招、强掠到抚顺煤矿的工人在 50 万人左右。

二是逼工。主要对象是"特殊工人"。太平洋战争爆发后，日本将东北和关内抗日战场大批中国战俘当作工人使用，称为"特殊工人"。抚顺煤矿使用"特殊工人"始于 1938 年 11 月，北满被俘抗日战士 100 余人，经哈尔滨劳工训练所训练两个月后，被分配到抚顺煤矿。"特殊工人"是抚顺煤矿后期重要的劳动力来源。至 1942 年 1 月，抚顺煤矿"特

[①]《劳働调查、人员伤害等に关する调查》（1940 年 12 月 23 日），抚顺矿务局档案馆藏，日伪时期南满洲铁道株式会社抚顺炭矿档案，卷宗号：1-308-050。

[②] 姚云鹏：《千金寨歌谣三首》，参见政协抚顺市委员会文史委员会编：《抚顺文史资料选辑》（第 1 辑），1982 年，第 184 页。

殊工人"达 6322 人。1945 年日本投降前，接收"特殊工人"高达 5 万余名。[①]

三是抓工。日方通过抓捕"校正劳力"方式[②]，设立司法矫正部门，强迫被矫正者从事体力劳动，以弥补劳动力短缺问题。遍布伪满洲国各地的矫正辅导院，可直接捕人、关押、行刑乃至以各种手段置受矫正和辅导者于死地。[③] 其中抚顺地区矫正辅导院设在新屯山北面山坡，处于龙凤采炭所与老虎台采炭所之间，1944 年 2 月又增设了褡裢分院[④]。

矫正辅导院捕人方式有三种：一是"个别索出"，即个别逮捕。日伪警察、宪兵依据他们的意愿和判断，对于任何行为中的中国人都可随时以任何罪名加以捕押，甚至包括外出旅行者；二是"一齐索出"，即一种规模更大、手段更为残酷的集中抓捕中国人的办法。有时把一条街道从两头卡死，逐个检查被堵截的人，想抓谁就抓谁，愿意抓多少就抓多少。每次行动都要抓捕成批的无辜百姓，有时甚至多达几百人；三是"平时索出"，即各地日伪警察、宪特机关依据两个"矫正法"随时抓人。只要抓捕者认为哪个中国人有犯罪可能，即可以随时将其抓捕，押送矫正辅导院。除在满洲国抓工外，日本当局还在关外抓劳力，用于充实抚顺煤矿劳动力。山东省平度市一位叫王子欣的老人曾口述被日本兵抓劳工的惨痛经历：

①抚顺矿务局志编纂委员会：《抚顺矿区志 1901—1985》（中卷），抚顺矿务局，内部资料，1994 年，第 223 页。

②1943 年，伪满当局发布"保安矫正法"和"思想矫正法"。"保安矫正法"，即把日伪认为有犯罪危险的人以莫须有罪名强行捕捉，投入特设的校正辅导院，以"校正和辅导为名"，进行非人道"精神训练"，强迫从事超负荷繁重劳动。"思想矫正法"是对一切认为可能犯有政治罪者，如："反满犯""颠覆帝室犯""危害当局犯"等人员予防拘以禁，使其长期服役。参见"保安矫正法（节录）"（1943 年 9 月 18 日），"思想矫正法（节录）"（1943 年 9 月 18 日），居之芬、庄建平主编：《日本掠夺华北强制劳工档案史料集》，社会科学文献出版社，2003 年，第 234—236 页。

③"矫正辅导院令"（1943 年 9 月 18 日），"思想矫正法（节录）"（1943 年 9 月 18 日），居之芬、庄建平主编：《日本掠夺华北强制劳工档案史料集》，社会科学文献出版社，2003 年，第 236—238 页。

④《労働者募保労工学會对労働成人案等文書》（1942 年 4 月 8 日），抚顺矿务局档案馆藏，日伪时期南满洲铁道株式会社抚顺炭矿档案，卷宗号：1-389-031。

经过 3 天 3 夜，到了抚顺煤矿万达屋矿区。我们这些被抓来的"劳工"，个个破衣烂衫，垢头灰面，身上都生满了虱子、跳蚤。日军强迫我们"消毒"——把每个人全身衣服剥光，一个个赤条条地等在院子里，衣服收到屋内去。那正是农历腊月下旬天气，东北气候又特别寒冷，有的被冻僵爬不起来了……可是没想到又逼着我们排队洗澡，日本兵手掐水瓢，要我们一个跟一个向前走，每走近一个，就用瓢舀水向我们身上浇，水一浇上，全身像刀割一样疼痛，不多时就冻成了冰凌，有 2 位同胞被冻得倒了下去。更有甚者，衣服"消毒"好以后，有 3 个人的衣服、鞋、袜全找不到了。可是日本人根本不管不问，硬是把这 3 位赤身裸体同胞一起赶往挖煤工区。听说后来被活活冻死了[①]。

从这段回忆录可以看出，日方为补充煤矿劳动力，不择手段，大肆抓捕中国人充当廉价劳力。据统计，仅 1944 年至 1945 年，抚顺地区就有 2265 人被捕，900 余人被押送至新屯矫正辅导院，成为无偿劳动力[②]。

四是派工。主要通过"勤劳奉公队"制度实施。该制度是日本从德国法西斯习得的奴役制度，正式施行于 1942 年[③]。1942 年 10 月 26 日，在伪满民生部设立了国民"勤劳奉公队公局"，11 月 18 日公布了"国民勤劳奉公法"。根据法令，20 岁至 23 岁的青年男子，不被征为"国兵"者，都有义务参加"勤劳奉仕队"。1945 年又将年龄延长到 30 岁。勤奉队被强制参加军事工程、铁路和公路修建、重要生产、土地开发、农作

---

① 王子欣口述、张甲训等整理：《我被日本兵抓劳工的回忆》，政协平度县文史资料研究委员会编：《平度文史资料》（第 2 辑），1986 年，第 83 页。

② 《抚顺档案抚总劳文 03 第 4 号》，抚顺矿务局档案馆藏，日伪时期南满洲铁道株式会社抚顺炭矿档案，卷宗号：1-395-04。

③ 《劳働者募保劳工学會对劳働成人案等文書》（1942 年 4 月 10 日），抚顺矿务局档案馆藏，日伪时期南满洲铁道株式会社抚顺炭矿档案，卷宗号：1-389-024。

物收获等各种劳役①。这种制度后来也被适用于学校，大中学校也要组成"勤劳奉仕队"，被迫一连数月参加各种劳役。

铁路方面最初组成"奉公队"从事劳动②，并将有关各市县分别划归厂矿进行招工，以作为推行国内招募或"供出"的一种手段。抚顺煤矿积极利用这种方式补充劳力。1944年，抚顺炭矿长宫本慎平与国民"勤劳奉公局"局长半田敏治签署协议书，由吉林榆树出工600人、法库县200人、抚顺县1750人、新民县100人、清源县1000人、安东县1250人、抚顺县1750人，总计6650人，分别到西露天、东露天、东制油、机械制造厂、制造工厂等单位协助参加劳动。③

五是使用童工。抚顺煤矿使用了大量中国童工，并对他们进行盘剥迫害，致使大量未成年孩子夭亡。1944年秋，抚顺煤矿童工有500余名，工资仅为一般男工工资的10%。老虎台采煤所把头柳东兰等人，多次到华北、山东等地招募童工，大的17岁，小的只有十二三岁。把头在关内招工时欺骗童工父母，说抚顺煤矿盛产乌金，钱有的是，不愁吃穿。可一到矿上则是另一番景象，童工也被分配到井下劳动，和成人一起从事采矿、运输、打眼、放炮等重体力劳动。一部分人从坑下往上背煤，供劳动现场、铁道和木匠房子等用。年龄小一点儿的童工从事保安救火，给电气工人和铁道木匠背兜子。和成年矿工一样，童工也住在阴暗潮湿、空气污浊的"大房子"里，12人挤在一铺炕上，只盖一床被子，炕很短，睡觉时只能互相紧紧挨在一起，十分拥挤，翻身时喊号大家一起动，若是夜里起来上厕所，回来就挤不进被窝里，只好躺在锅台上睡。童工吃的是苦涩的橡子面窝头和咸菜条，喝的是高粱米稀粥，且吃不饱。为了

---

①《劳働者募保劳工学会对劳働成人案等文書件》（1942年4月14日），抚顺矿务局档案馆藏，日伪时期南满洲铁道株式会社抚顺炭矿档案，卷宗号：1-389-05。

②《劳働调查、人员傷害等に関する调查》（1944年10月12日），抚顺矿务局档案馆藏，日伪时期南满洲铁道株式会社抚顺炭矿档案，卷宗号：1-308-034。

③抚顺矿务局煤炭志编纂委员会：《抚顺矿区史略　1901—1985》，抚顺矿务局，内部资料，1988年，第104页。

充饥，童工们只好偷偷跑到日本人居住区垃圾堆里捡东西吃。他们穿的是把头发给的质量恶劣的劳动服，几天就穿坏了。到了冬天，孩子们就用破衣服和破纸左三层右三层围在身上取暖，或者将麻袋剪三个孔，套在身上，露出脑袋和两只胳膊，麻袋片外面再系上绳子、细炮线和铁丝。冬天不穿鞋实在受不了，他们就向老工人要或到外面捡。老工人可怜他们，就把自己仅有的破旧鞋拿给童工穿，但鞋子太大，童工只能往鞋子里塞上草、纸，再用绳子、铁丝绑上。

据记载，不少童工不堪虐待最终悲惨地死去。来自保定的小童工陈柱在煤矿看水门，为了取暖，手提一个小火炉子，因距离炉子很近，衣服被烤着了，身上用铁丝缠的纸被烧着，因为铁丝绑着又脱不掉衣服扑不灭火，结果被活活烧死。来自河南的童工周凤山不慎将袜子弄丢了，寒冬里没有鞋子无法在外面干活，他着急害怕，只得去找把头报告，把头不但不补发，还将其毒打一顿，命令其下坑干活。周凤山只得向同班伙计借了一双，但没几天又丢了，这次不敢向把头报告，只能光着脚踏着冰雪逃跑，最后冻饿而死。一次，一个日本监工嫌两个童工背煤少走得慢，骂他们"磨洋工的干活"。把头于某为讨好日本主子，抢起镐把就往童工身上打，使后者的身体遭到严重的摧残。童工陈贵忠、于振吉骨瘦如柴，因病重，走起路来打晃，但日本人仍强迫他们抬煤，童工抬不动，日本人大骂起来，把头听闻，立即扑上去拳打脚踢，大打出手，当场把两个童工活活打死。由于童工们年龄太小，经不起折磨，仅 1944 年下半年老虎台采炭所招的 120 名童工，当年冬季就死了 60 余人，1945 年光复时幸存者寥寥无几 [1]。

二、矿工构成与矿工管理

殖民经营下的抚顺煤矿，管理方面最能体现当时特点的是对工人的

---

[1] 抚顺矿务局煤炭志编纂委员会：《抚顺矿区史略 1901—1985》，抚顺矿务局，内部资料，1988年，第99页。

管理，即对工人的监督和使用。劳务管理的核心是运用有效的激励机制，以激发员工最大限度发挥能力。抚顺煤矿的高产得益于严密高效的管理体系。对此，"满铁"方面十分认可，认为"在满洲各矿山中，无疑的，抚顺煤矿是具有优秀的劳动组织及劳动管理的单位，是各矿山中首屈一指的"①。

作为"满铁"直营企业，抚顺煤矿主要采取会社直营制度，员工基本都是直辖常佣制（常年雇佣的固定工），劳动监理由会社工作人员（日本人为主）直接担任。②抚顺炭矿劳务管理体系形成历经20余年，经营初期，劳务管理主要由庶务课的人事、地方、保卫、华工四个股负责。至20世纪20年代末，专门从庶务课分离出"劳动组合"工作，成立了劳务系③。

九一八事变后，为适应企业生产要求特点，抚顺煤矿职工职称频繁调整。1933年，在日本人从业员中，设临时佣员和准佣员制。1934年，为便于工资管理，将常佣工职称由57种改为58种。1936年，对社员制实行重大改革，废除过去总称为月俸社员的参事、技师和事务员、技术员两个等级，恢复为职员一个等级。社员具体分为职员、雇员和佣员三级。1937年，废除准佣员制度。1939年，鉴于小把头职务繁杂，为辅助小把头监督作业，设作业把头。1942年，把过去雇员改为准职员，佣员改为雇员，把常佣工（常佣方、常佣夫）改称为佣员，把头改为嘱托。④

从总类别看，抚顺煤矿员工可分为社员和华工两大类别。前者绝大部分为日本人，后者则全部为中国人，具体说来有以下几种情况：

1.社员职工类别。根据1936年9月制定的社员制，抚顺煤矿在职社

---

① 满铁经济调查会：《满洲矿山劳动事情》，南满洲铁道株式会社，1943年，第158页、第159页。

②《抚顺炭矿工程师人员名簿》（1910年2月10日），抚顺矿务局档案馆藏，日伪时期抚顺炭矿档案，卷宗号：1-373-021。

③ 抚顺矿务局志编纂委员会：《抚顺矿区志　1901—1985》（上卷），抚顺矿务局，内部资料，1990年，第214页。

④《抚顺炭矿统计年报》，南满洲铁道株式会社，1943年，第178—181页。

员主要分为职员、雇员和佣员3个等级。而每个等级内，还细分若干职位，待遇地位不同。

①职员级别，专门设置参事、副参事岗位，是从待遇达到一定数额职员中，经特别选拔任命的。任命为参事或副参事者，不再以职员称呼；

②雇员级别，还分为月薪雇员和日薪雇员。月薪雇员，是从一般雇员中经特别选拔进行任命的，月薪雇员以外的所有雇员，均称为日薪雇员。

③佣员级别，分为甲种佣员和乙种佣员。按照业务性质和工作时间增减，有的增减工资，有的不增减工资。不增减的，即日薪制，为甲种佣员，抚顺煤矿大部分佣员属于该类型。增减的，即计时制，为乙种佣员，主要包括部分技术工人。以上3个级别员工绝大多数为日本人，只有机械厂、技术系统的极少数中国人，才能获得最低级别的乙种佣员待遇①。

2.华工工人类别。煤矿工人原被称为苦力，1919年改称华工，伪满洲国成立后，因回避华字而称为工人。抚顺煤矿从事劳动工人，根据待遇、技能等条件，又分为佣员、常佣工、把头、临时工、承包工五类②。这五类的情况各异，具体如下：

①常佣工。主要指经检查合格而采用的常佣工人。根据工资支付形式，又分为常佣方和常佣夫。常佣方为定额日薪工人，即按规定工作时间劳动时，即发每天薪水。加班劳动时，每小时支付工资的10%，以日薪额为限度；如实际工作时间未达规定时间，每小时少发10%的工资。夜班每次支给夜班津贴一角。常佣方曾被称为常役华工，属于试用级佣员，但为节省经费，从1920年起数量被严格限制。常佣夫为计件付酬工人，与常佣方一样，按规定时间劳动，但工资计件发放，按工作量支付。这也是抚顺煤矿提高劳动生产率、刺激工人劳动的重要手段之一。日本方

① 三上安美：《炭鉱読本》，南满洲铁道株式会社，1936年，第31—36页。
②《昭和十六年度抚顺炭鉱技能競技委員会書類》（1940年日期不详），抚顺矿务局档案馆藏，日伪时期南满洲铁道株式会社抚顺炭矿档案，案卷号：1-448-023。

面认为，坑内挖掘常佣夫逃跑率与工作效率具有高度相关性，工作超过 6 个月以上的常佣夫，其退散系数低，反之亦然。工作时间越久，逃跑的可能性就越小[1]。根据逃跑者与全部效率之间的相关系数，两者具有高度的相关性，未满 6 个月的人对生产的强度反感更为炽烈[2]。

②把头。即工头、苦力头。日本接手抚顺煤矿初期，实行采煤包工制度，随着制度变迁，当初的承包人成为把头，其职责是领导、监督和招募属下的常佣夫。同为矿工，常佣夫须经把头雇佣，流动性大；常佣方则由日人直接领导监督，流动性较小，相对稳定；

③临时工。即为临时作业而雇佣的工人，具体又分为甲、乙两种。甲种临时工每天工作 10 小时，日支付工资 4 角。雇佣妇女及儿童时，日工资减少 10%~40%。

除上述基本工资外，雇佣机械、电气、土木、建筑等技术工人时，支付相当于日工资 100% 的技术津贴；水中作业、掘进作业、运搬沉重货物、焦油和硫酸工厂作业及其他艰苦作业，支付 20% 的劳动津贴；夜间作业支付 20% 以下的夜班津贴。甲种临时工的工资及津贴，每日由临时工承包人发给工人，承包人每半月集中向煤矿领取。如发生因公负伤情况，补助金则由临时工承包人负责，与煤矿无关。乙种临时工，是各作业现场负责人批准雇佣的工人，主要用于简单承包工程，性质与承包工类似；

④承包工。指在土木、建筑等全部由社外承揽的包工作业工人，由承包人直接雇佣管理，不受煤矿管理支配。工伤补助等均由承包人负责，与煤矿无关[3]。

以下各表是抚顺煤矿工人的相关统计。

---

①《撫順炭鉱坑内常雇夫退散及び能率相関係数》（1920 年 10 月 24 日），抚顺矿务局档案馆藏，日伪时期南满洲铁道株式会社抚顺炭矿档案，卷宗号：1-378-014。

②《撫順炭鉱坑内常雇夫退散及び能率相関係数》（1920 年 10 月 24 日），抚顺矿务局档案馆藏，日伪时期南满洲铁道株式会社抚顺炭矿档案，卷宗号：1-378-014。

③［日］三上安美：《炭鉱読本》，南満洲鐵道株式會社，1936 年，第 93—97 页。

表15　1930年8月末华工类别统计表

华工种类	华工人数	作业	熟练
常役华工	10705	钳工、车工、锻造、电工、木型工、钣金工、消防、运转、木工、管道、保安、爆破、线路工、站务、测量、杂役、佣人、事务、其他	作业工为熟练工，杂役佣人为非熟练工
井下采煤华工	7198	坑道掘进、纯采煤	须熟练6—8个月
露天采煤华工	3363	纯采煤、剥土、剥岩、其他	非熟练劳动
井下杂业华工	4710	支柱、充填、硬砂处理、运输、其他	支柱需熟悉3年、充填1年、其他2、3个月
井外杂业华工	2723	选煤、运煤、贮煤、堆煤、材料运输、凿孔、弃石、移动线路、其他	大部分为非熟练工，一部分熟练工给予补贴
临时华工甲种	2017	植树、修道、助手等临时作业	
临时华工乙种		植树、修道、助手等临时作业	
包公华工	6600	建筑、剥土、选煤、弃石等	

资料来源：《抚顺炭鉱工人》（1930年8月30日），抚顺矿务局档案馆藏，日伪时期南满洲铁道株式会社抚顺炭矿档案，卷宗号：1-275-120。

表16　抚顺煤矿职工人数表　单位：人

年度	总计	日本人					中国人						
		计	职员	准职员	雇员	非雇员	计	职员	准职员	雇员	第一种佣员	第二种佣员	把头
1932	28012	3056	528	509	1805	214	24956			2212	9355	13282	107
1933	33439	3536	621	579	1855	481	29903			2480	10442	16863	118
1934	34428	3834	662	658	2108	406	30594			2444	11028	17013	109

年度	总计	日本人					中国人						
		计	职员	准职员	雇员	非雇员	计	职员	准职员	雇员	第一种佣员	第二种佣员	把头
1935	37604	4252	697	698	2362	495	33352			2368	12167	18741	76
1936	43386	4369	771	576	2648	374	39017			2308	13694	22944	71
1937	49637	5299	856	852	3404	187	44338		1	2683	15420	26152	82
1938	64401	6678	927	940	4632	179	57723		1	2994	19820	34816	92
1939	79371	7934	1144	1293	5451	46	71437	9	79	4007	25278	41840	224
1940	76563	8383	1396	1661	5172	154	68180	1	109	4701	23937	39041	391
1941	78748	8710	1639	1806	5067	198	70038	1	143	4564	25261	39729	340
1942	91365	9682	1983	1879	5734	86	81683	1	134	3580	30324	47305	339
1943	80623	8405					72218						
1944	99419	8136					91283						

资料来源：《撫順炭鉱統計年報》，南満洲鉄道株式會社，1942年，第8页；《満鉄统计月報》第38卷12号，南満洲鉄道株式會社，1945年3月，第9页。

通过对表15、表16分析，反映出抚顺煤矿劳务管理方面具有三个殖民性特点：

一是重要岗位完全由日本人把持，中国人处于从属地位。抚顺煤矿的职员、准职员等高级职务岗位均由日本人担任，七七事变前竟无中国人。七七事变后，渐有中国人担任，但数量极少。1941年中国人担任上述两职位人数最多，也仅有144人，同等岗位日本人达10349人，是中国人的72倍；

二是施行"人肉开采"手段，以华工数量换产量。九一八事变后，华工数量呈逐年增长态势，与抚顺煤矿产量增加成正相关。但七七事变后，抚顺煤矿产能逐年下滑，但华工数量却不减反增，1939年超7万人，1942年超8万人，1944年超9万人，充分验证了日本当局垂死挣扎，不顾华工死活，以血肉换煤炭的殖民本质。

三是把头制不断强化。特别是七七事变后，把头数量成倍增长，说明抚顺煤矿出现生产难题，急于通过增加劳动力数量弥补因硬件条件恶化造成的产能下降问题，这与日本殖民者"人肉开采"政策相吻合。

在人事管理上，抚顺煤矿施行"所长—主任—班长—把头"四级劳动组织制度，对各类员工进行管理。即设炭矿本部机关，下属各采炭所设所长，并设现场主任三职（坑内主任、坑外主任、庶务主任），每坑有数个采掘班或工作班，设有班长，每班又有多个采煤组长，即把头。劳务监督上，日本当局根据四级劳动组织，建立了劳务监督体系，在四级统制下传达命令和监督指令。实际生产中，还有各项操作与管理流程，如社员服务规程、保安取缔规程、表彰及惩戒规程、常佣工技能考试规程等[1]。

把头制是日方以华制华的重要手段，在抚顺煤矿劳务体系中居于核心地位。日本殖民者视之为剥削管理广大华工的关键载体，不断加以强化和巩固。在抚顺煤矿近40年的殖民史中，无论是早期施行的请负制（外包工制）[2]，还是随后长期施行的直辖制（内包工制）[3]，均离不开具体执行人——把头。马克思曾指出："这种制度是以计件工资为基础的。包工头这种中间人的利润完全来自资本家支付的劳动价格和中间人实际

---

[1]《手题委员、役员任免勤务状况、役员处罚に关する文书》（1940年2月13日），抚顺矿务局档案馆藏，日伪时期南满洲铁道株式会社抚顺炭矿档案，卷宗号：1-360-023。

[2]抚顺煤矿早期采用的劳动管理方式，即由管辖一定数量的工头，让其与劳动作业管理部门签订承包作业合同，一切具体作业均由承包工头管理，炭矿把所有工作包给工头个人，然后按合同规定验收，合格后支付包金给工头。

[3]为适应矿山大生产、配套合作要求，1908年7月首先在千金寨实行直辖制劳动管理制度，即采掘作业由采炭所从间接管理变为直接管理，对作业劳动计量和工资支付采取"个人计算、个人支付制"，工头职能由全部包作改为炭矿雇用，只承担对属下工人的指导、训练、管理，由包工头降为作业班组长地位。

付给工人的那部分劳动价格之间的差额。"[1] 此即为把头对于抚顺工人盘剥的最好注脚。关于抚顺煤矿的把头制,《中国煤矿工人运动史》有生动描述:

> 在日本经营煤矿里,普遍推行这种把头制。如抚顺煤矿在把头规则中写道:领导多数苦工,并且具有监督和指导之才干,能为煤矿忠实从事采煤者,名曰大把头。在大把头之下,并帮助大把头监督采煤苦工数达五十者,名曰小把头。大把头用钱,以其所属总工钱百分之三十五,每月给与之;小把头用钱,则常给以其所属苦工总工钱百分之五,又以总工钱百分之三,由采煤所斟酌各小把头之成绩,为一种奖励金,每月给与之。各采煤所采用大把头之时,须预先试用若干时期,认为有第一条之资格者,然后为采用手续,又在试用期内,得每日给以相当费用;采用小把头时,由大把头推荐认为胜任者,方为采用手续。这些规定,使煤矿工人倍受封建把头的压迫和凌辱,甚至遭受其超经济剥削……包工头多是原来的行帮头目、土豪恶霸或封建把头担任。在煤矿中推行的这种包工制度是一种层层盘剥的雇佣劳动制度。[2]

抚顺煤矿的把头制,按种类可分为采煤把头、杂业把头,按职能可分大把头、小把头。一般情况下,大把头下有若干小把头,每名小把头管辖矿工约 50~60 人,大把头通过小把头间接控制矿工数百人以上。抚顺煤矿采用的把头,个人所属矿工多来自家乡或亲朋、同族同宗者,以便于管理和控制。把头的任免由日方决定,大把头任免由课长和所长推荐,经炭矿长亲自任免;小把头由劳务系主任推荐,由庶务课长亲自任免。

---

① 马克思:《资本论》(第1卷),人民出版社,1976年,第606页。
② 薛世孝:《中国煤矿工人运动史》,河南人民出版社,1986年,第16页。

为更好地对把头这种特殊的制度进行考察，笔者统计了1920年抚顺煤矿中的把头数量，具体见下表：

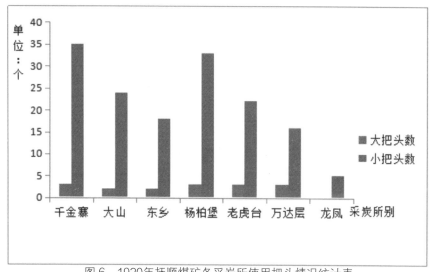

图6　1920年抚顺煤矿各采炭所使用把头情况统计表

资料来源：抚顺矿务局志编纂委员会编：《抚顺矿区志1901—1985》（中卷），抚顺矿务局，内部资料，1988年，第216页。

图6反映出，在抚顺煤矿各采炭所中，均设有大小把头，大小把头数量比基本维持在1:10左右，大把头数量基本为2—3名，小把头数量与矿工数量成正比，千金寨、杨柏堡等大矿坑矿工数量多，因此小把头数量明显多于其他矿坑。

对于日本殖民当局，把头制在生产经营、矿工管理、危机处置等诸多方面发挥了重要作用。具体说来，主要体现在以下几个方面：

首先，维系抚顺煤矿日常生产。把头可发挥业务指导作用。例如给属下矿工讲解作业必要知识，指导矿工各种注意事项、保安规则、作业规程和技术要求；作业时需现场亲自监督指挥；采取鞭笞、训斥等处理劳动中的怠慢行为和成绩不佳者；利用亲情、乡情笼络矿工，处理各种纠纷矛盾。把头还可处理其他各种事务。如下属劳动力不足时可自行招募；维护矿工风纪、卫生和纪律；观察监视工人动向；保管炭矿作业工具等 [①]。

其次，强化对华工的管控。把头对属下矿工握有生杀大权，只要控制拉拢住把头，就等于间接强化了对华工的管控，对于剥削压榨、扩大生产均有利。于日本殖民者而言，把头无疑是剥削管理工人的媒介；

再次，构筑缓解民族、劳资矛盾的缓冲带。把头的存在，在日方和广大华工之间形成了冲突矛盾的缓冲带，每当发生劳资纠纷或爆发工人运动，把头往往冲在最前线，成为日方的"马前卒"，为后者赢得时间和主动。

鉴于把头制的重要作用，日本殖民当局对把头尤为重视，为达到掌控把头、以华制华之目的，给予把头以巨大利诱和优厚待遇，把头的津贴补助，每月是管下矿工工资总额的3.5%，再加上基本工资、下井作业及其他各种补助，收入极高。在日本当局利诱下，不少把头甘当日方走狗和打手。

为加强对把头的管理，1940年2月，日方专门修订了《抚顺炭矿把头规程》（以下简称《规程》）：

把头按类型主要分为大把头、小把头和作业把头，任免权则完全由日方决定。其中，大把头根据实际需要设置，没有名额限制；小把头每50~100人设置一名；作业把头只在业务繁重时临时设置。根据规定，把头的职责主要包括招募劳动力、培训矿工、监督矿工生产生活等方面。对把头的奖励和处罚均有明确规定，主要参照《抚顺炭矿表彰规程》及《抚顺炭矿惩戒

---

①《手题委员、役员任免勤务状况、役员处罚に关する文书》（1940年6月21日），抚顺矿务局档案馆藏，日伪时期南满洲铁道株式会社抚顺炭矿档案，卷宗号：1-360-021。

规程》执行[1]。

该《规程》进一步规范了把头的任免、设定、职责，可见日方对把头的重视程度进一步加深，如把头解雇需日方高层审批、转职程序依照日方社员办理。

1941年初，劳动力短缺问题严重影响煤矿生产，仅依靠原有把头制度难以应付扩大生产之需要，抚顺煤矿再次启用包工把头制，主要目的是招募矿工，弥补劳动力缺口，并制定了《抚顺炭矿包工把头使用内规》[2]：

> 包工把头的待遇，并不按照把头津贴规定支付，而是以其属下工人的劳动工资为基础，按一定比率计算后支付。其招募工人所需要的所有费用，均由包工头自己负责。包工把头属下工人的工资待遇，不按《抚顺炭矿工人金融部规程》《常佣工人停工津贴规程》执行，而是另行规定：工资不支付本人，支给包工小把头并由其分配支付；饭票不贷给本人，而是根据工人数量，贷给包工小把头。其他费用如工人房租、互助会费、福利储蓄、赊账欠款等，均在工资及包工把头津贴里汇总后一并扣除[3]。

与常规把头相比，包工把头福利待遇明显缩水，既没有把头津贴，又要承担招工费用，显然这部分费用最终需通过盘剥矿工来弥补。日方重启包工把头制，实则为攫取更大利益。

---

①《手题委员、役员任免勤务状况、役员处罚に关する文书》（1940年4月16日），抚顺矿务局档案馆藏，日伪时期南满洲铁道株式会社抚顺炭矿档案，卷宗号：1-360-025。

②《把头任免、生产作业规整等に关する往来》（1941年1月5日），抚顺矿务局档案馆藏，日伪时期南满洲铁道株式会社抚顺炭矿档案，卷宗号：1-358-020。

③抚顺矿务局志编纂委员会：《抚顺矿区志 1901—1985》（中卷），抚顺矿务局，内部资料，1994年，第218页。

抚顺煤矿在劳动力管理上"软硬兼施",用尽盘剥手段,主要体现在以下方面:

一是采取"指纹法"。对于日方管理者来说,抚顺煤矿工人多,流动性大,且没有户籍者占绝大多数,数以万计、流动频繁的华工成为企业日常管理难题。为加强日常矿工管理,抚顺煤矿决定于1924年采用当时最先进的指纹管理技术,将其作为调查华工身份和强化日常管理的有效手段,及时掌握劳动力状况,保障生产平稳。

指纹管理法正式实施于1924年8月,在整顿华工名册,试行指纹法,取得良好效果后全面实施,其具体环节十分严密:①采用常佣华工时,所属单位制作华工采用卡片两张,交由本人递交庶务课华工系。②采用指纹时,有所属课所负责人在场,采取左食指印。③庶务课华工系经对照,将卡片经本人认定无讹后,做成指纹卡片。④指纹卡片由庶务课华工系保管一份,另一份交由所属课所。⑤指纹卡片由庶务课华工系统一保管并加整理。⑥采取华工指纹时,如发现为前科犯人,即由所属课所给予解雇。通过指纹鉴定,如发现行为不端或"不良分子",或被另一矿坑解雇或两地挂号,一经鉴别发现,一概采取解雇,并驱除出抚顺煤矿。指纹法后来也被应用到抚顺炭矿所属工厂①。

二是强化特殊工人管理。为防止特殊工人破坏生产、逃脱闹事,日方于1941年至1943年间,先后制定了《抚顺炭矿处理辅导工人要点》②《辅导工人使用要领》《辅导工人处理内规》,设立"辅导工人"③。其主要内容是:辅导工人主要由劳务课任命专职人员担任,与把头制分开,并对特殊工人进行编队管理,中队200人以上,小队50人以上,分队适

---

① 抚顺矿务局志编纂委员会:《抚顺矿区志 1901—1985》(中卷),抚顺矿务局,内部资料,1994年,第222页。

② 《手题委员、役员任免勤务状况、役员处罚に关する文书》(1942年5月11日),抚顺矿务局档案馆藏,日伪时期抚顺炭矿档案,卷宗号:1-360-021。

③ 《工人补导报告、生活供给交通报告に关する往来文书》(1942年9月13日),抚顺矿务局档案馆藏,日伪时期南满洲铁道株式会社抚顺炭矿档案,卷宗号:1-394-030。

当设立；宿舍与普通工人分开，周围外墙用铁丝网隔离，每栋宿舍均备收容人员名单，以便核查在籍人数；以宿舍为单位，编成班组，设连坐制（即连保制），以防逃跑；特殊工人在日籍管理人员监督下劳动，如制止逃跑不力，宪警机关可以射杀；此外，辅导工人还随时勘察动向，平时检查信件，上街尾随，对发现有反满抗日言行、态度不逊或示威反抗者，即行逮捕。

第二节　矿工生活

一、矿工待遇

日本殖民经营下的抚顺煤矿，广大矿工遭到殖民者和把头的双重欺压剥削，劳动强度大、待遇低，生活和工作环境极其恶劣。对此，连日本人也不得不承认，抚顺煤矿"井下矿工下井劳动时间长，劳动很是激烈，且不卫生，有很大危险。与世界各国和日本国内相比，待遇处于最低水平"①。

除长时间高强度劳动外，矿工还要忍受日本殖民者和汉奸把头的双重盘剥，他们工资待遇极低，仅能维持基本生存。为压榨剥削矿工，煤矿实行满工付薪制，主要包括"30工数付薪制"和"20工数付薪制"。

---

① 《撫順煤鉱経営事項》（1940年4月23日），抚顺矿务局档案馆藏，日伪时期南满洲铁道株式会社抚顺炭矿档案，卷宗号：1-278-032。

1907年至1921年，日工资制按"30工数满工付薪制"[①]，即工人必须每月实际劳动时间达到出满30个工作日时，才能支付工薪。达不到每月满30个工作日便不予支付工薪。该薪制劳动作业时间长，没有任何休息日。1922年则实行"按20工数满工付薪制"[②]，即每月上满20个工作日，才能支付工薪，但当年即又恢复为"按30工数满工付薪制"。

不仅如此，在薪资待遇方面，中日工人存在很大的反差，详见下表：

表17　1912-1916年抚顺煤矿中日工人日工资对比　单位：元

年度	中国人				日本人	
	采煤工	佣工	常役夫	临时工	佣工	常役夫
1912年	0.35	0.42	0.34	0.26	1.13	0.82
1913年	0.35	0.43	0.34	0.28	1.14	0.80
1914年	0.34	0.43	0.33	0.25	1.15	0.90
1915年	0.33	0.41	0.30	0.23	1.15	0.82
1916年	0.34	0.41	0.41	0.25	1.11	0.79

　　资料来源：满铁矿业部地质课：《满洲矿山劳动者》，南满洲铁道株式会社，第126页。

---

　　①《抚顺炭矿工人》（1921年1月20日），抚顺矿务局档案馆藏，日伪时期南满洲铁道株式会社抚顺炭矿档案，卷宗号：1-275-033。
　　②《抚顺炭矿工人》（1922年2月16日），抚顺矿务局档案馆藏，日伪时期南满洲铁道株式会社抚顺炭矿档案，卷宗号：1-275-047。

表 17 主要反映出中日两国员工工资待遇差距巨大，日本员工主要是技术工人和监工，劳动强度小、时间短，日工资却是中国矿工的 2~5 倍，且享受各种津贴补助。尽管此后日方对于中国工人薪资有所调整，但仍然处于较低水平。

九一八事变后，劳动力紧缺现象出现，日方对工资政策进行了适当调整。如 1934 年，日方对新出现的常佣方工资做出新规定：①不论有无工作和生产经验，初任工资都支付给日薪 4 角 8 分（伪满洲国币）。②对富有经验的工人，采用后 3 个月内，进行常佣方技术考试，根据技术水平，给予经验加薪，并根据技术定级、岗位危险灾害程度、保健卫生程度、教育素养情况，道德品质，劳累程度等，划分等级，分别按等级高低支付工薪。③最低工资定位地下采煤夫 6 角、露天采煤夫 5 角[1]。下表是九一八事变后至华北事变期间，抚顺煤矿中日工人平均日工资对比：

表18　1931—1935年抚顺煤矿中日工人平均日工资对比　单位：元

年度	采煤量（吨）	中国人	日本人
1931年	1.74	0.39	2.49
1932年	1.75	0.54	2.42
1933年	1.69	0.71	2.33
1934年	1.63	0.73	2.23
1935年	1.49	0.80	2.18

资料来源：《抚顺炭鉱統計年報》，南满洲鉄道株式會社，1941年，第289页。

---

[1]《抚顺炭鉱工人退散関係の統計研究》（1934 年 7 月 19 日），抚顺矿务局档案馆藏，日伪时期南满洲铁道株式会社抚顺炭矿档案，卷宗号：1-378-031。

表18可知,从1912年至1931年,抚顺矿工日工资仅从0.35元增至0.39元,20年间基本没有调整。九一八事变后,工资有所增长,但与日本员工收入始终相差近3倍。接下来,我们以1914年至1940年间为考察时间,看看抚顺煤矿和开滦煤矿日工资对比情况:

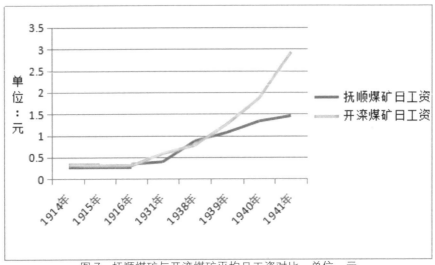

图 7　抚顺煤矿与开滦煤矿平均日工资对比　　单位:元

　　资料来源:《满铁满系従業員生計費実态調査報告書》,南满洲铁道株式會社,1941年,第3页;郭士浩主编:《旧中国开滦煤矿工人状况》,人民出版社,1985年,第38页。

　　图7将同期开滦煤矿与抚顺煤矿矿工工资进行了对比,从中可以发现,九一八事变前,抚顺煤矿工资水平高于开滦煤矿,这也是当时许多关内劳力到抚顺煤矿工作的重要因素。九一八事变后,开滦煤矿工资水平大幅上涨[1],待遇明显超过抚顺煤矿,至1941年,达到抚顺煤矿2倍左右。这也是九一八事变后抚顺煤矿劳动力减少的重要原因之一,即关内煤矿企业工资上涨,抚顺煤矿工资待遇失去了之前的比较优势,无法吸引更多关内劳动力。

日本对抚顺煤矿殖民经营研究

————————

　　[1]1937年七七事变后,开滦煤在国内外市场销路看好。为增加生产,矿方从1938年到1941年期间,四次增加工资。1942年后,日本对开滦实行军事管制,在近4年时间里,工人工资没有调整过。

表19　1936—1944年奉天市（沈阳）各类生产部门中国工人日平均
工资表　单位：元

行业	1936	1937	1938	1939	1940	1943	1944
发电煤气	0.65	0.71	0.78	0.86	1.13	—	—
金属	0.69	0.89	0.89	1.18	1.64	4.39	4.56
机械	0.81	1.03	1.41	1.39	1.60	—	—
化学	0.55	0.67	0.82	1.06	1.82	2.96	3.60
窑业	0.64	0.83	1.21	1.28	1.59	2.90	4.47
制材及木制品	0.66	0.82	0.91	1.16	1.29	—	5.51
纺织	0.49	0.50	0.87	1.01	1.31	4.21	1.86
食品	0.54	0.62	1.32	1.20	1.73	2.36	2.52
印刷装订	0.75	1.07	0.90	1.09	1.41	2.93	3.11
矿业	0.63	1.57	1.83	—	2.71	—	—
农业	—	—	1.09	1.14	2.64	—	—
平均	0.64	0.87	1.09	1.14	1.72	3.29	3.66

资料来源：东北经济计划委员会统计处编：《伪满时期东北经济统计》（1931—1945），辽宁省档案馆馆藏，第49页。

从表19可以看出，各工业行业工资待遇中，矿工收入水平基本处于行业平均水平之上，但与其高危、高体力、长时间的工作性质和环境相比，收入并不算高。

二、矿工生存实态

东北沦陷后，日伪当局加紧进行经济掠夺，特别是实行经济统制政策后，几乎垄断了东北所有产业，民族资本濒临全面破产，东北人民被剥削程度进一步加深。太平洋战争爆发后，东北通货恶性膨胀，物价暴涨，伪满当局价格管制全面失控，殖民经济体系面临崩盘，民众艰难度日，生活水平严重下降。抗战后期长春、沈阳、哈尔滨三城市的民价[1]总指数的变化如下表：

表20 1942—1945年东北三城民价总指数变化表

调查时间	新京（长春）	奉天（沈阳）	哈尔滨
1942	142.2	155.0	163.8
1943	214.3	439.7	354.1
1944	638.0	792.0	703.0
1945	2626.0	3053.7	2136.0

资料来源：满洲中央银行：《民价调查》，1945年6月。转载于辽宁省统计局、辽宁省城市社会经济调查队编：《辽宁人民生活与物价百年史料》，沈阳出版社，2005年，第66页。

从表20可以看出，三个城市的总指数是呈直线上升状态，1944年至

---

[1] 即黑市价格。

1945 年间是变化最为剧烈的时期，这充分体现了此时期东北民众生活的困难。七七事变后，日伪当局通过剥削掠夺，对东北煤炭、钢铁等战略物资实行低价政策。为维持社会秩序稳定，对居民日用品实行官方公定价格，但随着经济统制政策趋于破产，物价特别是生活必需品价格大幅上涨。市场上实际发挥作用的是"民价"，即黑市价格。日本战败前夕，东北三个中心城市沈阳、"新京"、哈尔滨的民价指数暴涨，奉天物价指数是太平洋战争爆发时的 30 倍，新京、哈尔滨分别达到 26 倍、21 倍。这也充分表明了由于穷兵黩武，日本在东北的经济统制政策彻底失败、殖民经济体系彻底崩盘。

1945 年 6 月，奉天大米公定价格为 0.27 元 / 斤，而民价为 12 元 / 斤，相差 45 倍；面粉公定价格 0.34 元 / 斤，民价为 18 元 / 斤，相差 53 倍；高粱米公定价格 0.12 元 / 斤，民价为 22 元 / 斤，相差 183 倍；大豆 1.65 元 / 斤，民价为 30 元 / 斤，相差 18 倍；猪肉公定价格 3.5 元 / 斤，民价为 30 元 / 斤，相差 8 倍；豆油公定价格 0.58 元 / 斤，民价为 35 元 / 斤，相差 60 倍；煤炭 36 元 / 吨，民价为 900 元 / 吨，相差 25 倍；火柴公定价格 1 元 / 包，民价为 30 元 / 包，相差 30 倍[①]。从日用必需品实际价格看，民价普遍是官方定价的 30-50 倍，物价暴涨程度令人吃惊。在时局动荡、物价飞涨背景下，东北人民生活水平每况愈下，解决温饱成为头等问题，维持基本生存的消费水平已属不易。

需要注意的是，以上三个城市在东北属于日伪重点管理的地区，在生活消费品供应上属于照顾区域，它们尚且如此，地处非中心城市区域的抚顺更是可以想见，而抚顺煤矿工人的生活则自然是水深火热。1915 年、1926 年、1935 年和 1943 年辽宁沈阳等地城市居民的恩格尔系数变化情况如下表：

---

① 满洲中央银行：《民价调查》，1945 年。转载于辽宁省统计局、辽宁省城市社会经济调查队编：《辽宁人民生活与物价百年史料》，沈阳出版社，2005 年，第 66 页。

表21　民国时期辽宁城市居民恩格尔系数

调查时间	调查对象	调查家庭人数（人）	每户月均生活支出（元）	每户月均食品支出（元）	恩格尔系数
1915年（民国4年）	沈阳、大连铁路、工厂、煤矿工人	823	16.80	9.85	58.63
1926年（民国15年）	沈阳、大连铁路、工厂、煤矿工人	421	31.34	20.00	63.82

资料来源：辽宁省统计局、辽宁省城市社会经济调查队编：《辽宁人民生活与物价百年史料》，沈阳出版社，2005年，第66页。

表22　东北沦陷时期辽宁城市居民恩格尔系数

调查时间	调查地址	调查户数	调查人口	每户月均生活支出（元）	每户月均食品支出（元）	恩格尔系数
1935年	沈阳	128	672	70.74	49.63	70.16
1943年	沈阳	74	411	212.68	153.55	72.20

资料来源：辽宁省统计局、辽宁省城市社会经济调查队编：《辽宁人民生活与物价百年史料》，沈阳出版社，2005年，第66页。

　　表21、表22分别反映了民国和东北沦陷时期城市居民恩格尔系数[①]变化情况。民国期间，城市居民恩格尔系数保持在60%的平均水平，1915年至1926年间，恩格尔系数上升3.82个百分点。如按照联合国恩格尔系数标准衡量，民国时期辽宁工人家庭长期徘徊于贫困线水平上。东北沦陷后，在日本奴役下，物价暴涨，居民实际收入水平下降，城市恩格尔系数迅速上升至70%以上，按照联合国恩格尔系数标准衡量，居民家庭生活已滑落到绝对贫困线水平。

---

　　①恩格尔系数是评价一个国家、地区、民族乃至家庭贫富程度的尺度，由德国统计学家恩思特·恩格尔于1957年发现。目前，被世界许多国家采用，也被联合国粮农组织加以推广。国际通用的恩格尔系数衡量贫困程度标准为：恩格尔系数在70%以上为绝对贫困；60%至69%为贫困；50%至59%为温饱；40%至50%为小康；30%至40%为富裕；低于30%的为最富裕。

如按 1940 年奉天矿业工人平均收入水平测算，可大致测算出抚顺煤矿工人家庭生活状况：矿工日工资 2.71 元，按工作 30 天计，月收入为 81.3 元，而 20 世纪 40 年代城市户均月生活支出已达 200 元水平。由此可知，一个抚顺矿工的月收入，根本无法维持家庭基本生存支出。

此外，矿工收入的日常开支情况，"满铁"曾以沈阳地区煤矿等行业工人为调查对象，统计了煤矿工人的日常生活开支比例，具体见下表：

表23　1926年奉天地区"满铁"炭矿、铁道、工场中国人从业人员生计费调查表

（1）收支总平均实数表

	单位	有家族者								总平均
		无家眷者				有家眷者				
		铁道	工场	炭矿	平均	铁道	工场	炭矿	平均	
调查家庭人数	人	129.00	59.00	16.00	204.00	173.00	128.00	120.00	421	625
平均家庭人数	人	4.20	5.73	5.75	4.76	4.26	5.01	4.23	4.48	4.57
基本收入	元	20.81	25.08	20.56	22.02	20.14	23.96	21.95	21.82	21.89
其他收入	元	6.85	12.49	6.27	8.44	10.73	8.98	6.79	9.08	8.87
收入合计	元	27.66	37.57	26.83	30.46	30.87	32.94	28.74	30.90	30.76
第一生活费支出	元	22.35	28.89	22.61	24.27	26.52	29.39	24.04	26.66	25.88
食费支出	元	15.48	18.73	14.86	16.38	14.51	17.03	14.06	15.32	15.06
居住费支出	元	3.10	4.28	3.04	3.44	7.60	6.54	4.49	6.37	5.42
被服费支出	元	3.77	5.88	4.71	4.45	4.41	5.82	4.89	4.97	4.80
第二生活费支出	元	2.09	2.73	1.87	2.26	2.47	2.27	2.22	2.34	2.31
第三生活费支出	元	2.05	1.69	2.65	1.99	3.04	1.16	2.62	2.34	2.24
支出合计	元	26.49	33.31	27.13	28.52	32.03	32.82	28.88	31.34	30.43
收支差额（+、-）	元	1.17	4.26	-0.30	1.94	-1.16	0.12	-0.14	-0.44	0.33

（2）收支总平均百分比表

	单位	有家族者								总平均
		无家赁者				有家赁者				
		铁道	工场	炭矿	平均	铁道	工场	炭矿	平均	
调查家庭人数	人	129.00	59.00	16.00	204.00	173.00	128.00	120.00	421	625
平均家庭人数	人	4.20	5.73	5.75	4.76	4.26	5.01	4.23	4.48	4.57
基本收入	%	75.23	66.76	76.63	72.29	65.24	72.74	76.37	70.61	71.16
其他收入	%	24.77	33.24	23.37	27.71	34.76	27.26	23.63	29.39	28.84
收入合计	%	100.00	100.00	100.00	100.00	100.00	100.00	100.00	100.00	100.00
第一生活费支出	%	84.37	86.73	83.34	85.09	82.80	89.55	83.24	85.07	85.04
食费支出	%	58.44	56.23	54.77	57.43	45.30	51.89	50.76	48.88	51.46
居住费支出	%	11.70	12.85	11.21	12.06	23.73	19.93	15.55	20.33	17.81
被服费支出	%	14.23	17.65	17.36	15.60	13.77	17.73	16.93	15.86	15.77
第二生活费支出	%	7.89	8.19	6.90	7.92	7.71	6.92	7.69	7.47	7.59
第三生活费支出	%	7.74	5.07	9.77	6.98	9.48	3.54	9.07	7.47	7.36
支出合计	%	100.00	100.00	100.00	100.00	100.00	100.00	100.00	100.00	100.00
第一生活费	%	80.80	76.89	84.27	79.68	85.91	89.23	83.65	86.28	84.14
第二生活费	%	7.56	7.27	6.97	7.42	8.00	6.88	7.72	7.57	7.51
第三生活费	%	7.41	4.50	9.88	6.53	9.85	3.52	9.12	7.57	7.28
合计	%	95.77	88.66	101.12	93.63	103.76	99.63	100.49	101.42	98.93
差比	%	4.23	11.34	−1.12	6.37	−3.76	0.37	−0.49	−1.42	1.07

资料来源：《满铁中国人生计费调查》（人民生活调查统计资料），辽宁省档案馆藏，"满铁"资料，第217卷。注：①第一生活费，包括食费、居住费、被服费；第二生活费，包括教育费、卫生保健费、交际费等；第三生活费，包括储蓄保险费等。②无家赁者是指无房租者，有家赁者是指有房租者。

由表23可知，在"满铁"铁道、工场、煤矿三个行业中，无论是否承担房租者，炭矿工人的总收入都是最低的。从其生活支出看，生活费支出甚至超过总收入。这反映出矿工的收入严重收不抵支。九一八事变和七七事变爆发后，日本对于东北资源的加剧掠夺，进而使东北煤矿工人的生活愈加艰难。七七事变前，抚顺煤矿工人工资尚能维持勉强温饱[1]。但事变发生后，物价猛涨，矿工工资实际购买力明显下降，生活状况迅速恶化。1930年，抚顺煤矿工人卖店物价指数为100，1940年9月上升为276，而佣员平均工资只上升177。为此，"满铁"调查部专门进行了调查分析：

> 工人生活必需品的上涨状况，较之劳动工资的上涨，至少要高20%，结果劳动工资的购买力相对降低。1936年到1940年，工人的购买力指数，以1936年为100，则1940年一个工的收入为常佣方82.8，常佣夫86.1。
>
> 因受战时经济影响，工人生活内容也发生变化。最足以作为代表的是，主食品构成的变化，过去矿工主食是白面，现在几乎不见，代之以高粱米面。由此看来，工人生活显著恶化，购买力继续下降，这意味工人生活陷入极度不安状态中[2]。

物价的快速上涨，自然促使购买力下降，导致矿工生活陷入困顿。1940年后，物价上涨幅度加快，且由于日伪实行全面经济统制，对粮食等主要日用品实行配给制，但因物资奇缺、配给严重不足[3]，根本无法保障矿工最低生活需求，矿工只能以黑市价格高价购买生活必需品，而黑市价格往往高于公定价格十几倍甚至几十倍，矿工及家庭生活已陷入

①抚顺煤矿工人收入，1933年常佣方日平均工资为0.46—0.5元，常佣夫为0.58元，当时工人每日最低生活费标准为，独身者0.31元，有眷者0.5元，矿工工资水平勉强糊口。参见苏崇民：《满铁史》，中华书局，1990年，第632页。

②满铁调查部第二调查室《事变后工人工资和生活费上涨倾向和劳働力再生产限界——農产品价格上涨对劳働生产力的影響》，南满洲鐵道株式會社，第25页。

③据1943年《经济情报》载：伪兴安北省从1942年起，每人每月粮食配给量递减，2月份为9公斤，4月份减为5公斤，5月份在5公斤配给量中，掺进3.5公斤发霉玉米面，从7月份起停止30—35天配给。同时规定，中国平民百姓，包括稻谷生产者，不准吃大米、白面，否则按"经济犯"论处，只有日本人、朝鲜人和极少数官僚、高级军官、地主才能得到少量大米、白面。参见李淑娟、车霁虹等：《日本殖民统治与东北农民生活1931—1945年》，社会科学文献出版社，2014年，第151页。

绝望。但这种情况下，此时在抚顺煤矿的日本从业者，在生活待遇上与中国工人有着显著的差别。具体详见下表：

表24 1926年奉天地区"满铁"炭矿、铁道、工场的中国和日本从业人员生计费调查表

（1）中国社员与日本社员生计费比较

	第一生活费（元）	比重（%）	第二生活费（元）	比重（%）	第三生活费（元）	比重（%）	合计（元）	比重（%）
中国社员生计费调查								
无家赁有家族者	24.27	85.09	2.26	7.93	1.99	6.98	28.52	100.00
无家赁有家族者	26.66	85.07	2.34	7.46	2.34	7.47	31.34	100.00
无家赁有家族者	11.47	65.31	1.92	10.93	4.17	23.76	17.56	100.00
无家赁有家族者	14.52	73.70	2.21	11.22	2.97	15.08	19.70	100.00
日本社员生计费调查	63.75	39.42	29.85	18.46	68.09	47.12	161.69	100.00

（2）中国社员与日本社员主食与副食结构比较

	主食费（元）	比重（%）	副食费（元）	比重（%）	合计（元）	比重（%）	主副食支出占生活费合计支出（%）
中国社员生计费调查							
无家赁有家族者（平均家庭4.76人）	11.95	72.95	4.43	27.05	16.38	100.00	57.43
无家赁有家族者（平均家庭4.48人）	11.02	71.93	4.30	28.07	15.32	100.00	48.88
无家赁有家族者	5.35	72.69	2.01	27.31	7.36	100.00	41.91
无家赁有家族者	5.89	70.62	2.45	29.38	8.34	100.00	42.33
日本社员生计费调查	15.30	40.00	22.95	60.00	38.25	100.00	23.65

资料来源：《中国人生计费调查》，辽宁省档案馆藏，"满铁"资料，第217卷。

表 24 主要反映了中日煤矿等行业从业人员支出情况。通过对比发现，在以衣食住行为主的第一类生活支出中，日本人支出仅占收入的 40% 左右，远低于中国人 65% 至 85% 的水平，且支出总额是中国人的 2 至 5 倍。这说明中国人收入水平极低，且收入绝大部分只能用于维持基本生存。

从主副食支出情况看，日本人主副食消费比例为 4:6，即以副食消费为主，食品消费仅占总收入的 23%，说明其食品结构合理、生活质量水平高。而中国人主副食消费比例低于 7:3，食品消费占总收入的 40% 至 50%，与日本人差距巨大。在以教育、交际等更高层次的第二、第三类生活支出中，中国人支出比例均低于 3%，而日本人支出比例分为 30% 和 70% 左右。这说明中国人收入仅能维持温饱水平，没有额外收入用于生存以外的支出。

平心而论，抚顺煤矿工人生活待遇的逐渐下降乃至恶化，直接影响了工人劳动的积极性，这种情况的出现，对于煤矿方面亦产生了显著的消极影响。为此，日本方面亦采取了一些措施来改善工人的生活，进而保证煤矿的日常生产。例如为了鼓励矿工劳作、提高效率产能，日方还设立了入井津贴、加班津贴、夜班津贴、续勤奖金、副业津贴、技术津贴、远距离作业津贴、特殊作业津贴等[1]，希冀以此来提高矿工的生产积极性。

1928 年日方专门针对煤矿工人，设置连续工作奖金，具体奖励额度如下：

  一、满 6 年工时，奖励 2.5 元；

  二、满 12 年工时，奖励 3.5 元；

  三、满 18 年工时，奖励 5 元；

  四、满 24 年工时，奖励 7 元；

  五、满 30 年工时，奖励 8.5 元；

---

[1]《撫順炭鉱石炭会議、生産安全奨励等の往来文書》（1928 年 6 月 20 日），抚顺矿务局档案馆藏日伪时期南满洲铁道株式会社抚顺炭矿档案，卷宗号：1-323-027。

六、满 30 年工时以上，每满 6 年工时，奖励 8.5 元 [①]。

煤矿工人是一线工人，是抚顺煤矿生产主力。日方出于稳定和长期剥削该群体之目的，专门设立了奖励，但事实上在高强度、高危险的环境下，绝大多数矿工或逃亡或伤残，很少有人能持续工作 6 年以上，因此该奖金的设置，充分表明了日本当局的虚伪和狡诈。

日本全面侵华战争以及太平洋战争爆发后，日本面临资源的巨大消耗，急需提高煤铁等战略资源的产量，进而不得不考虑提高抚顺煤矿工人的待遇问题。煤矿方面称，"大东亚战争进展过半，煤炭对于战争而言愈加重要。例年到夏期，生产会有缩减。因战争原因，今年夏期要增进能率，在此期间对工作状态良好的把头及工人，要予以奖励。" [②] 这种奖励制度，生动地体现了抚顺煤矿自身的殖民性特征。

1937 年，抚顺煤矿出台津贴新规：每月工作日达 24 个以上者，支付职工工作津贴每人国币 2 角；对携眷的采煤工人按每个工支给家属津贴 2 角；对煤球制造、井下作业、电铲及机车驾驶、制油厂及发电厂的出焦、运输办事处的联车长及调车，选煤场、制油厂碎石、生产火药、生产硫酸等工种的工人，发给劳动卫生危险津贴，每工加薪 3 至 5 分；对中等学校毕业者，特殊支付 7 至 8 角 [③]。可见，增加津贴是日方提高矿工劳动积极性的考量，同时也是应对劳动力流失的重要手段。

与把头相比，矿工工资待遇相差悬殊。1940 年抚顺煤矿制定了《抚顺炭矿把头报酬内规》，该《内规》对把头的工资待遇作了明确的规定：①大把头报酬定为月额 400 至 1000 元（国币），津贴每月为管下工人工资总额的 3.5%；兼任小把头业务时，另外再支付小把头报酬；②小把头

① 三上安美：《炭鉱読本》，南满洲鐵道株式會社，1936 年，第 164 页。

②《撫順炭鉱石炭会議、生産安全奨励等往来文書》（1943 年 6 月 1 日），抚顺矿务局档案馆藏，日伪时期南满洲铁道株式会社抚顺炭矿档案，卷宗号：1-323-041。

③ 抚顺矿务局志编纂委员会：《抚顺矿区志 1901—1985》（中卷），抚顺矿务局，内部资料，1994 年，第 226 页。

报酬包括基本报酬、职务报酬和奖励报酬，基本定为月额 100—500 元，按出工数计算支付；职务报酬按作业把头勤工数，一个工 2 元；奖励报酬按属下常佣夫每人：采煤夫 0.50 元，其他常佣夫 0.30 元，支给小把头。③属下工人每月出工数达到 1000 个工时，小把头每月可得到报酬 500 元，如有变动，每个工增或减 0.10 元①。这个数字生动地体现了两者之间的差异。

在矿工方面，其工资的支付主要有 3 种形式：①计日或计月，即按时支付或按月支付。②按产量计算，即按计件工资支付。③包工计算支付。采煤工工资支付，按计入工资卡片，在达到满 30 工数时止，再扣除工人的伙食费、赔偿金和失职金等，经把头领取再交给工人手中。货币标准在日伪时期曾数次变动，20 世纪 20 年代前以奉天制小银洋为标准，后改为日本制金票。1934 年后，改用伪满洲国国币支付。工资支付日期，常佣方一般从上月 16 日至当月 15 日，按实际劳动日数于月末支付；常佣夫的工资按一日至月末的劳动工数，至次月 12 日支付②。为便于验收作业数量，工资截止日期一般都提前数日，但工资仍按月推算，采用常规支付制方法③。这是对于工资支付的大体规定，但在实际操作层面则有所不同。为了攫取更多利润，抚顺煤矿对绝大多数矿工实行计件工资。矿工每天需在 12 小时内拼命工作才能完成规定任务。日方还按照工人劳动量完成多少设定等级，如设红、白、绿三种颜色牌子表示不同工资额，一等红牌 3 角 3 分，二等白牌 3 角，三等绿牌 2 角 7 分，以此刺激矿工劳作④。可见，这种所谓的计件工资，仍然是建立在压榨中国矿工的基础

---

① 《劳働调查、人员伤害等に关する调查》（1940 年 9 月 18 日），抚顺矿务局档案馆藏日伪时期南满洲铁道株式会社抚顺炭矿档案，卷宗号：1-308-031。

② 《劳働调查、人员伤害等に关する调查》（1935 年 7 月 22 日），抚顺矿务局档案馆藏，日伪时期南满洲铁道株式会社抚顺炭矿档案，卷宗号：1-308-046。

③ 抚顺矿务局志编纂委员会：《抚顺矿区志 1901—1985》（中卷），抚顺矿务局，内部资料，1994 年，第 227 页。

④ 《抚顺煤鑛经营事项》（1940 年 5 月 26 日），抚顺矿务局档案馆藏，日伪时期南满洲铁道株式会社抚顺炭矿档案，卷宗号：1-278-029。

之上。

在煤矿管理方的压榨之下，抚顺矿工生活境遇悲惨。他们每日超负荷劳作，却过着衣不蔽体、食不果腹的生活。每日收入连个人最低生活水平也难以维持，更不能养家糊口。矿工每日收入仅五六角，还要扣除伙食费一角三分、工具费三分、医药费一分，实得仅两角左右。每天吃的是发霉的高粱米、玉米、拌盐水泡的葱与黄豆，居住在苦力宿舍（大房子），每间房子要住70~80人。当时，矿区流传这样一首名为《来到千金寨》的民谣，即对矿工们遭受的非人道压榨进行了生动地描绘：

> 来到千金寨，就把铺盖卖，
> 新的换旧的，旧的换麻袋。
> 一条破麻袋，能铺不能盖，
> 盖上前胸脯，露出两膝盖。
> 北风冒烟雪，无米又无柴，
> 天冷肚子饿，小鬼来逼债。
> 没钱鬼不饶，去把儿女卖，
> 卖掉儿和女，还不清阎王债。
> 冻死路边倒，阎王脚下踩，
> 一把尸骨扔关外，悔不该来到千金寨。①

这首民谣是当年抚顺矿工的真实写照，也是对汉奸把头和日本殖民者的血泪控诉，无论是井下矿工还是矿区群众，都将其作为"数来宝"到处说唱。同时，对于矿工遭受的盘剥与虐待，当时许多报纸进行了揭露：

> 抚顺煤矿苛酷出人意表，工作时间14小时以上，毫无休息；

---

① 姚云鹏：《千金寨歌谣三首》，参见政协抚顺市委员会文史委员会编《抚顺文史资料选辑》第一辑，1982年，第185页。

工资自每日八分起至二角五分止，充饥已难，衣被何来；每日按工发资并非货币，只是饭券一张；工人疾病送入病院，医药费作工扣还；日员偶然下坑督工必有特别设备，如空气袋、电筒、特种衣服等，可保绝无伤身之虞，而华工工作紧张时间全身赤裸，比之非洲黑人尤厉，几于人鬼不分；洞中工作向甚危险，遇水不及上避必死，遇火必封口亦死，不死必病，不病必夭，而无休息调剂保险优待之例。[①]

该段报道，生动描述了抚顺矿工的悲惨境遇，每日工资糊口都不足，生病住院费用还要扣除工资，遭受剥削之深、被虐待之酷、工作环境之危险、待遇福利之差，比"非洲黑人"还甚，完全是奴隶式盘剥。对此，据一位叫荀喜生的老矿工回忆：

1941年秋，到达抚顺煤矿当天，我就被送下300丈深的煤窑当苦力。我干活的这个坑叫大山坑，有百十个挖煤工，归苦力头管辖，苦力头由把头管辖，把头由日本人管辖。层层控制，组织严密。无论白天黑夜我都在坑内，整整在坑内3年，没有出来过一次，也未见过天日。在坑内每天工作10多个小时才能休息。吃的是高粱米，喝的是高粱粥，吃不饱还得干活，每日累的腰疼腿酸，受尽了人间折磨，有时还要挨打，我被打的遍体鳞伤。最可怕的是得了病，不能干活，即便未死，也要被日本人用大汽车拉出去活埋，每天都有一批人被拉出去埋掉，大家管那个活埋人的坑叫万人坑。[②]

---

① 《抚顺煤矿苛待华工为现代所罕见》，《南华日报》1937年8月17日，第2版。

② 《在抚顺煤矿当苦力的惨痛回忆》，政协山西省霍县委员会文史资料研究委员会编：《霍县文史资料第3辑》，1987年，第80页。

这段当事人的真实口述，揭示出矿工地狱般的悲惨遭遇，在"苦力头—把头—日本人"层层盘剥下，吃不饱、穿不暖，经常遭受殴打虐待，毫无自由可言，完全是奴隶般的生活，随时可能被迫害致死，被扔进万人坑。汉奸把头采取多种手段剥削广大矿工，日方相关文献记载：

> 煤矿设有卖店，销售各种食品及日用品，卖店多为各井矿工大把头兼营。直营制度逐步废止，现在只剩有龙凤、大山、古城子三个矿井，也将被把头经营所代替。卖贷方法，对所属华工除现金交易外，大把头还按工人产量发行购买券，发薪时由煤矿代理把头扣除购买券款额。直营卖店不进行现款交易，仅对就业华工每天发给日金一角八分饭票，工人用饭票交换商品。对煤矿不发给饭票的华工，可由把头个人负责从煤矿借二百元范围内的饭票，然后发给他们，饭票款作为贷款，以后从把头处扣除。[①]

由此可见，把头垄断了矿区食品及日常用品专卖店，不仅通过发放购买券形式，还用先贷后还等方式，对矿工靠血肉换来的微薄收入进行层层盘剥。

为了养家糊口，煤矿工人必须加班加点，当时矿区流传着这样的说法："吃煤饭，拿命换，不累死，不算完，出事故，就完蛋。"由于体力有限，欠缺营养，又长期超负荷劳动，病残者日益增加。许多矿工体力难支的时候，不得不靠抽白面、打吗啡等（吸毒）方式刺激麻醉自己，以图一时安逸和舒服。为了从精神和肉体上麻醉中国矿工，日本管理方、把头及朝鲜浪人相互勾结，大量贩卖海洛因、吗啡，盘剥、毒害和麻醉广大矿工。

①《满铁第二次十年史》，南满洲铁道株式會社，1945年，第576页。

当时在矿区，矿工吸食海洛因极为方便，随时都能买到。但吸毒极易上瘾、难以自拔，最后的结局不是中毒身亡，便是卖儿卖女，家破人亡，因此冻饿而死者不计其数。在抚顺千金寨地区，有许多有名的大烟馆，如"别有天""雅聚轩""新桃园""登仙阁""小瀛洲"等。在日本当局支持下，朝鲜浪人开设的吗啡馆比比皆是，大多位于抚顺千金寨铁道附近，与妓院比邻，成为毒害矿工的精神鸦片。1931年至1937年，如按每天因吸毒死亡5人的最低数估计，6年至少有1万余人死于毒品毒害①。

沉重的体力劳动，恶劣的工作环境，严酷的剥削压榨，使被招募骗来的矿工无法生存，纷纷逃跑。以1936年为例，抚顺炭矿在籍人数12903人，减少人数2955人，流动率达25.0%；1940年在籍人数21435人，减少13072人，流动率达44.6%；到1943年，流动率高达50.7%②。

矿工招募和管理是抚顺煤矿殖民经营的重要环节，劳动力的供应直接影响生产状况，对矿工的管理则影响运转效率。七七事变前，抚顺煤矿劳动力招募与管理运行平稳，基本能够保障企业向扩大规模、增加效益的轨道行进，无明显的政策调整。七七事变后，因东北转入战时经济体制，战略物资供应成为头等任务，劳动力短缺矛盾日益突出。抚顺煤矿生产运营出现问题：一是关内劳力减少，严重影响企业生产；二是矿工流失率提高，生产效率下降。为此，日方十分焦急，迅速进行政策调整：一是招募方式殖民化，不择手段，采取强制性、欺骗性等招工手段，强行摊派，甚至抓工，力求维系劳动力供应平衡；二是矿工管理"软硬兼施"，既有对特殊工人法西斯式的硬手段，也设置工作津贴奖金等软刺激，企图激发矿工积极性，提升生产效率。

无论日方政策手段如何调整，均以实现提高产能、供应军需为终极

---

① 何天义：《伪满劳工血泪史》，新华出版社，1995年，第125页。
② 抚顺矿务局志编纂委员会：《抚顺矿区志 1901—1985》（上卷），抚顺矿务局，内部资料，1990年，第297页。

目标。在此目标指引下，抚顺煤矿持续强化把头制，将其作为管理控制矿工的主要手段，充分体现了以华制华的殖民特点。在经济统制、物价飞涨及殖民者、把头"双重"层层盘剥下，广大矿工工资待遇严重缩水、入不敷出，生存状况持续恶化，基本温饱亦难以维持，进而处于死亡边缘。

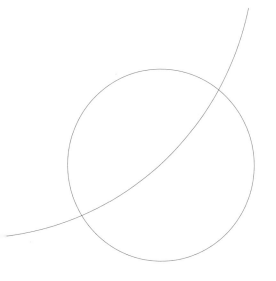

第六章

殖民经营之痛

zhiminjingyingzhitong

日本对抚顺煤矿殖民
经营研究

作为日据时期的典型资源掠夺型企业，抚顺煤矿充分显示了其殖民性特征。它逐步被日本方面控制后，即被赋予了特殊的使命，除了为经营者创造利润外，还被纳入日本战时资源管制体系，为日本对外扩张提供源源不断的能量支持。从这个意义上来说，抚顺煤矿与其他日据资源型企业并无不同。但它所处的特殊位置，使其在一定程度上推动了抚顺城市的现代化。这就是说，抚顺煤矿自身体现了"殖民性"与"现代性"的双重特征。但两者性质完全不同，就日本经营时期的抚顺煤矿而言，"殖民性"是其基本特征，所谓"现代性"充其量只能算作前者的一点点"溢出效应"而已。

一、近代抚顺煤矿的发展及其困境

通过梳理近代中国煤矿史的发展脉络可知，抚顺煤矿不过是诸多曾被外国资本控制的煤矿之一。它所遭遇的盘剥、经历的苦难、留下的伤痕似乎其他煤矿亦有之，但却有别于其他煤矿的独到之处：20 世纪 30 年代东亚第一煤矿，40 年代中国人造石油最早的发源地，50 年代被誉为"中国顿巴斯"，曾以千万吨年产量为抚顺城市赢得"煤都"之称。

在抚顺煤矿的近代发展历程中，有 3 个重要的时间节点值得关注：1901 年、1906 年、1945 年。若从企业史视角来观照，这 3 个关键节点则分别对应抚顺煤矿不同的经营发展模式。

首先，股份经营模式。时间跨度为 1901 年至 1906 年"满铁"成立，这一时期的特点是经营主体变换频繁，你方唱罢我登场。民族资本、合资股份、外国资本围绕矿权进行或明或暗的博弈，企业生产经营表现出不稳定性和脆弱性。

其次，殖民经营模式。时间跨度从 1907 年至 1945 年日本投降，在近 40 年殖民经营史中，抚顺煤矿从生产、管理、技术、销售等诸多方面得到明显发展，进入了现代化综合性大型企业行列。这一时期的特点是经营主体单一，技术革新进步，管理自我完善，生产规模一度达到建立以来的峰值。

再次，过渡经营模式。时间跨度为1945年东北光复到1948年国民党退出，这一时期是政体转换的非常时期，无论苏军军管经营，还是国民党统治经营，均因战争阴云、权力交接等外部因素影响[1]，企业从正规化经营轨道偏离，转向无序化、随意性管理。

在不同阶段经营史中，殖民经营最具典型性，既是抚顺煤矿发展的"苦痛期"，又是"膨胀期"。1908年抚顺煤矿产量仅为49万吨，1926年达685万吨，1936年达959万吨，占东北地区煤产量的80%，占全国煤产量30%。1923年后，抚顺煤产量超过开滦煤矿，成为全国第一大矿。1912年至1936年，抚顺煤矿累计产煤1.26亿吨，年均500万吨[2]。近40年的殖民经营史，奠定了抚顺煤矿在近代中国煤矿史的独特地位，也对其今后70余年的发展产生了深远影响。

时代环境、国家法律、政府政策等都是影响企业发展走向的重要外部影响因素[3]。抚顺煤矿从创立到发展、从辉煌到困境，外部环境对其施加的影响复杂多变且贯穿始终。19世纪末，列强掀起的瓜分狂潮使清廷陷入财政危机，由此施行200余年的东北矿禁政策松动，为民族资本进入煤矿业提供了有利契机。在晚清自强、求富口号鼓励下，民族资本创办的抚顺煤矿，试图走出一条独立发展之路。但在国家内忧外患、民族危机日益加重、列强步步紧逼的环境约束下，始终缺乏稳定的外部发展环境。

甲午战败揭开了日本染指东北的序幕，日俄战争则进一步刺激了日

---

①日本战败撤离后，抚顺煤矿沦为苏军出兵东北的战利品，苏军军管会取代日本，对抚顺煤矿实行苏联式"一长制"管理体制，苏军撤出时将抚顺煤矿大量重要生产设备拆除运回苏联国内，造成多数厂矿无法开工，企业积蓄损失殆尽。

②王方中：《1842—1949年中国经济史编年记事》，中国人民大学出版社，2014年，第210页。

③云妍：《近代开滦煤矿研究》，人民出版社，2015年，第138页。

本独霸东北的野心。在此期间，俄日染指抚顺矿权，双方互相争夺、兵戎相见，抚顺煤矿遭多次劫掠，日常生产受到严重影响。在各种势力的染指纷争的状况下，煤矿的发展壮大根本无从谈起。日本侵华战争的发动，打断了中国现代化的历史进程，也彻底切断了抚顺煤矿独立发展之路径。抚顺矿权交涉案以日方完胜、中方惨败告终，表面看是民族资本败于强大的外国势力，实质是东北经济殖民化的深层次体现。

殖民经营下的抚顺煤矿亦受中日战争、太平洋战争、经济统制政策等外部因素影响，其中日本军事扩张政策影响最大。抚顺煤矿的生产、经营、管理等各个层面的调整变化，均与日本不同时期的军事扩张政策同步跟进。在此期间有三个重要的时间节点：一是 1931 年九一八事变；二是 1937 年七七事变；三是 1941 年太平洋战争爆发。这三次日本近代军事扩张的标志性事件，对抚顺煤矿的发展产生了重大影响。

九一八事变后，日本战争动员提速，将东北作为资源原料基地和进一步扩张的跳板，在东北地区实行经济统制，重点发展煤炭、钢铁等战略资源产业。受军需产业需求增加影响，抚顺煤矿迎来发展黄金期，生产经营环境稳定，产能规模不断扩大，呈供需两旺之势。20 世纪 30 年代中后期，抚顺煤矿发展达到顶峰，产能突破千万吨，冠绝东亚，产品占领关内、日本、朝鲜等多地市场，步入超大型煤矿企业行列。

七七事变后，受全面侵华战争影响，日本战略资源供应吃紧，扩大资源供给成为当务之急。受此影响，在"满铁"指导下，抚顺煤矿制定了两个五年发展规划，以扩产能、提产量为终极目标。同时，为解决劳动力不足问题，抚顺煤矿调整了劳力招募政策，采取抓工、派工等强制性招工手段，四处掠夺劳力。这一时期，抚顺煤矿还大力发展钢铁、石油、化工等附属产业，努力实现原料自给自足。但受战争、待遇、经济统制等因素影响，企业发展由盛转衰，出现滑坡迹象，产量自 1937 年达到顶点后，逐年呈下滑趋势。

太平洋战争爆发后，日本进入战时体制，实施全国总动员[①]，把掠夺外国资源、奉行"以战养战"政策作为扩大战争动员潜力的重要手段。1941年，日本钢产量达680万吨、铝产量达6万吨、汽车4万辆、石油制品149万吨，军需产品约占全国消费总量的80%。整个太平洋战争期间，日本累计生产飞机6.24万架，最高年产量2.4万架；舰艇总吨位105万吨，最高年产量5300艘。军费支出成倍增长，1931年日本军费占国民生产总值的3.76%，1937年占14%，1941年占28%，1943年占46.5%[②]。就抚顺煤矿而言，其高产能、高收益成为日本军事扩张的重要经济支撑和能源保障。这一时期，受国际贸易制裁[③]、劳动力流失加剧等内外因素影响，抚顺煤矿经营发展遭遇生产效率骤降、劳动力严重短缺、原材料供应中断等诸多问题，产能断崖式下滑，经营陷入困境。抚顺煤矿所遭遇的发展困境，从一个侧面反映出太平洋战争后期日本海外资源逐渐断绝、动员能力逐渐丧失直至"以战养战"政策的彻底破产。

二、殖民经营的特点及影响

　　殖民经营下的抚顺煤矿，始终受制于外力的影响和作用，长期被动适应政治需要，忽视市场规律，走上了一条被动式发展之路。特别在庞大的战争机器和殖民经济体系内，企业的生产、管理、销售等各个环节都被人为地加以控制，每一次细微或明显的调整变化，都是出于对环境制约的调适与反应。受制于人，必然缺乏内生动力和自主发展活力，是1907年至1945年间抚顺煤矿盛极而衰、陷入困境的根本原因，这也是所

---

①1937年11月，日本成立统帅部大本营，由参谋部、副官部、兵站总监部、报道部和管理部组成，负责战争准备和组织实施。1938年4月颁布《日本国家总动员法》，开始进行动员。1942年，实施全国总动员。

②中国战争动员百科全书编审委员会编：《中国战争动员百科全书》，军事科学出版社，2003年，第355页。

③太平洋战争爆发前，日本60%的战略物资依赖英美进口，日本石油自给率不足10%，每年需从美国进口400万吨石油。太平洋战争爆发后，日本战略物资贸易来源通道被切断，出口产品市场被剥夺，资源短板问题加剧，军用物资供不应求，最终导致整个殖民经济体系破产。

有殖民企业的通病，而抚顺煤矿表现得更为典型和突出。

这里有必要对殖民、殖民性与殖民主义概念进行界定。

"殖"，繁殖，滋生①。《左传·襄公二十九年》："松柏之下，其草不殖。"引申为增多、增长。殖民，原指强国向其所征服的地区移民。后泛指把自己的政治经济势力扩张到国外。1897年5月22日《时务报》："殖民者，即移民也。"1901年叶瀚译《泰西教育史》下篇第九章："美国自殖民时代已注意于普通教育。迨独立既成，宪法已定之后，诸先辈定计保合众国之安宁者，尤在于奖励教育，故学风益盛，更尽力于教育之普及。"1903年汪荣宝等《新尔雅·释政》："内政外交全然受他国之指挥监督，表面上为强国之殖民保护国，实则已为强国之属国。"殖民一词，是由英德文（Colonization Kolonisation）翻译而来，一有译作植民者。历来之政治学者，因时代及国家立场之不同，其对于殖民所下之定义因人而异。或以为是一国人民移住于新领土之意，或解作于未开地启蒙的开发之意。英国学者摩理斯（H.C.Morris）认为殖民地之必要条件，是最初之移住者。同属一国籍，且以本国之言语习惯法律，传播扶植于殖民地之意。法国学者罗基尔（Roacher）则认为文明过之人民之半开化国及未开化国移住，谓之殖民。前说失之笼统，后说失之偏窄。兹根据鲁维斯（G.C.Lewis）、科布拿（O.Kobner）等观点，而下一妥当之定义：即殖民者国民民族等社会群之一部，自家乡移住于新的地域，从事于社会的经济的活动，更在新的自然的及社会的环境中从事于新社会创设的活动。普通的殖民者（Colonist）与原住者（native）相接触，是其特征。又广义的言之，本国对于其地域若有经济的军事的设施，虽无住民移殖，亦称之为殖民②。在本国原有国土外的领土上，作移住的、放资的或根据的发展，叫作殖民③。

---

① 张永言、杜仲陵、向熹等编：《简明古汉语字典》，四川人民出版社，2001年，第1116页。
② 李长傅著：《中国殖民史》，商务印书馆，1984年，第2页。
③ 阮湘著：《殖民》，商务印书馆，1924年，第7页。

殖民性（coloniality），圣马科斯大学和纽约州立大学宾汉顿分校社会学教授阿尼巴尔·奎杰罗所著《殖民性与现代性 / 理性》提到，殖民主义是进行全方位压制的产物，这不仅包括那些对全球化的殖民统治并没有什么作用的具体信仰、观念、形象、符号或知识，同时还包括殖民者不断地剥夺被殖民者的知识，尤其是矿业，农业、工程及他们的产品和劳动。当前，在世界范围内，作为政治形式的殖民主义虽早已终结，但殖民性仍然是主导当下世界秩序的重要形式。在这一图景之中，作为曾经区分殖民者和被殖民者重要范畴的种族概念，现在依然是支撑着世界权力欧洲化这一进程的隐性逻辑，同时还极大地影响着当今世界体系之中的劳动分工。正是由于殖民性运作，欧洲现在摇身一变成为现代性化身[1]。

　　殖民主义（colonialism），指资本主义强国用政治、经济、军事手段压迫、奴役和掠夺弱小国家，使之沦为自己的殖民地或半殖民地的政策和行为。殖民主义是资本主义制度的产物。近代殖民主义，肇端于 15 世纪，主要经历了资本原始积累、自由资本主义和帝国主义三个时期。不同时期殖民主义的实质，即侵略和掠夺始终不会改变，但是形式和内容却大相径庭。资本原始积累时期，西方殖民主义者以海盗式劫掠、欺诈性贸易、海外移民、奴隶贩卖为主要内容的暴力和超经济的掠夺方式，既带有封建专制的野蛮，又带有商业资本的贪婪，使资本来到世间，从头到脚，每个毛孔都滴着血和肮脏的东西。自由资本主义时期，打着"自由贸易"的旗号，推行经济掠夺政策，加强对殖民地半殖民地原料和商品市场的掠夺。帝国主义时期，金融资本主要实行暴力和经济掠夺相结合政策，对殖民地实行垄断，用战争作为侵占和争夺殖民地和势力范围的重要手段，资本输出取代商品输出成为主要剥削形式。在殖民主义的掠夺和压迫下，殖民地半殖民地生产力发展受到严重阻碍，长期处于停滞落后状态。历

①[秘] 阿尼巴尔·奎杰罗：《殖民性与现代性 / 理性》，何卫华译，《国外理论动态》，2013 年第 11 期。

第六章　殖民经营之痛

史上亚非拉广大地区都曾沦为资本主义列强的殖民地和半殖民地。殖民主义在第一次世界大战前夕达到高峰,第二次世界大战后,由于民族解放运动高涨,一大批国家获得独立,帝国主义殖民体系瓦解,但是帝国主义仍企图用新的手段维持对这些国家的支配和控制[①]。

日本方面独占抚顺煤矿长达38年,具有典型的帝国主义殖民特征。为掠夺更多煤炭资源,攫取巨额利润,日方在生产、经营、销售、管理等多个环节进行改进和强化。主要手段包括:

第一,加大投资,扩大生产规模。"满铁"制订了4个"五年开发计划",时间跨度近40年,仅第一期计划投资就达920万日元。在高投入支撑下,抚顺煤矿生产经营不断迈向高峰。1912年,即第一个五年计划实施首年,抚顺煤矿年产量达147万吨,低于同期开滦煤矿(163万吨);到1937年,即第三个五年计划实施首年,抚顺煤矿年产量高达924万吨,增幅达528%,几乎为同期开滦煤矿年产量2倍(478万吨)[②]。

第二,革新技术,提高生产效率。抚顺煤矿积极吸收德、英、法等国先进生产技术,在开采方法、运输提升、通风排水、洗选加工等方面均达到当时国内外先进技术水平,如早在1914年便实现了电气化运输、机械化采剥。1912年开始采用"水平分层充填采煤法",1920年改为"水平长壁充填采煤法",1925年改良为"倾斜上行长壁水砂充填采煤法",1930年升级为"倾斜分层上行短壁水砂充填采煤法",该采煤方法一直沿用到新中国成立后70年代中期。特别是大露天开采方式,开启了中国露天开采煤炭历史的新纪元,机械化程度之高、配套之完善、工艺之先进,国内无出其右。

第三,拓展市场,攫取超额利润。实行路矿联运、产销一体式销售方式,占领东北地区市场,抢占关内市场,扩大海外销售。1922年至1937年,

① 廖盖隆、梁初鸿、陈有进等编:《社会主义百科要览》上册,人民日报出版社,1993年,第1401—1402页。

②《中国近代煤矿史》编写组:《中国近代煤矿史》,煤炭工业出版社,1990年,第539页。

抚顺煤已占据日本 50% 以上市场份额，垄断当地煤炭输入市场。

第四，规模经营，扼杀民族资本。以矿产资源和军需资源为重点，构建以日资为主的殖民化、规模化工业体系，挤压民族工业资本生存空间，将东北变成原料供应地和商品倾销地。"满铁"以抚顺煤矿为核心，相继发展人造石油、钢铁、火力发电、火药、电力、机械、化学等多个相关附属产业。民族资本被迫退出矿产、制造等重点工业领域。日资系统的煤铁生产在东北占绝对优势。1926 年至 1930 年，东北煤炭平均年产量达 870 万吨，其中日资煤矿产量 700 万吨，占 80% 以上；生铁平均年产量 28 万吨，全部为日资企业生产。1943 年，在伪满工矿、交通资本中，中国私人实缴资本额仅占 3%；1945 年 6 月，在伪满工矿、交通部门"特殊会社"与"准特殊会社"实缴资本中，中国私人资本额仅占 0.3%。在矿业领域，根本没有中国人经营[①]。

第五，强化管理，以血肉换煤炭。为解决七七事变后劳动力短缺问题，采取强制性、欺骗性招募手段，强征劳力。为攫取超额利润，通过实行"指纹法"管理、延长工作时间等手段，以血肉换煤炭，通过实行"人肉开采"，残酷剥削压榨中国矿工。特别是实行罪恶的把头制度，通过把头剥削控制管理广大矿工，以保障生产经营正常运转。

第六，精神毒害，麻痹矿工身心。日本殖民当局除在生产劳动中剥削中国矿工外，还采取精神控制手段毒害麻痹矿工，通过在矿区开办妓院、赌场、戏园子、烟馆、酒馆等，在榨取矿工微薄的血汗钱的同时，以黄、赌、毒麻醉中国人精神意志，搞垮中国人身心健康，使矿工成为只图享乐的行尸走肉，彻底沦为受控于日方的廉价劳力。最为典型的就是，修建了纸醉金迷的欢乐园。1935 年 4 月，日本殖民当局在杨柏堡河东岸，即西三番町以西、西三条通至十条通之间区域，专门划出炭矿用地 11.57 万平

---

① 吉林省图书馆伪满洲国史料编委会：《伪满洲国史料》（影印本），2002 年，第 39 页。

方米，建设"支那矿工大游乐园"，即"欢乐园"①，抚顺炭矿是最大的股东，并将欢乐园收入作为附属事业重点收入。另外，日本殖民当局积极推行奴化教育，大肆灌输尊日敬日思想言论，宣扬"王道乐土""大东亚共荣"。

殖民经营与日本扩张战略调整息息相关，主要有以下突出特点：

首先，以战养战。受制于国土狭小、资源匮乏的先天性缺陷，日本对外军事扩张急需寻找可靠的海外能源和原料基地。二战期间，日本最高统帅部提出"以战养战"设想并在中国实施，其中在东北执行得最彻底、效果最为明显。特别是九一八事变后，为发动全面侵华战争，日本加紧战争动员，对东北煤炭资源需求日益迫切。在此背景下，煤铁、石油等战备资源丰富的东北，沦为能源原料基地不可避免。抚顺煤矿战略地位之于日本意义重大，被其誉为"帝国的财富和宝库"。1909 年，向日本输出的抚顺煤仅 16 万吨，1931 年则猛增至 180 万吨，增长 11 倍，主要供应军需军备部门。日本知名海军工厂——吴工厂制造军舰所用的特殊钢，必须用抚顺块煤才能冶炼，否则就无法制造出合格的潜艇钢板；日本八幡制铁所 20 余座炼钢煤气发生炉，使用抚顺煤矿仅需开动 12 座即可运行。1931 年日本强令抚顺煤矿增产的重要原因之一，便是满足全面侵华战争的能源需求，用优质的抚顺煤炭资源发展军工产业，以图支持和扩大军事侵略。被肆意掠夺的抚顺煤矿是日本以战养战策略的最大受害者。而视抚顺煤矿为骨干的"满铁"则受益最大，规模迅速扩大。据"满铁"资料记载："满铁"创建 40 年利润惊人。1907 年，利润为 201 万日元，1917 年增至 1792 万日元，1927 年上升为 3627 万日元，达到 1907 年 18 倍以上。1943 年达到 9296 万日元，此时利润是建立初期 46 倍②。"满铁"

---

① "欢乐园"里有许多大烟馆，如"永藏楼""同乐楼""广发成"等，更有"麻雀俱乐部"等赌场，娼、赌、毒一应俱全。特别是妓院，成为日本殖民者毒害矿工、麻痹中国人民的最大精神"毒瘤"。从 20 世纪 20 年代初至 40 年代初，在日本殖民者统治下，千金寨妓院足足存在 30 年，据记载千金寨从事娼业者达 1600 多人。

② 解学诗主编：《满铁史资料》（第 2 卷），中华书局，1979 年，第 473 页。

的高产值、高收益成为日本发动战争的重要财源，为日本海外扩张提供了重要经济支撑。

其次，"以华制华"。1938年，日军统帅部制定的《昭和军制建设纲要》强调：总体战发展到顶点，就要毫无保留地统一部署国家的全部力量，并始终指导和运用它来贯彻战争目的。所使用的手段分为武力、经济、政治和思想等四个方面，它们互相联系，互相影响[1]。日本"以华制华"方针中心目标在于，继军事占领完成之后巩固其政治统治。因此，在占领区建立适合于日军进行殖民统治的政权或行政组织，是"以华制华"战略要解决的首要问题。日本在大陆占领区则都伪善地挂有"自治政府"之类招牌，要求建立各级政权都必须真正适合于汉民族的特性[2]。日本殖民当局在对抚顺煤矿管理上，充分利用了"以华制华"战略，通过实行"把头制"，控制并利用有中国人身份的大小把头，管理监视广大矿工，保障企业日常生产运营有序进行。对日方而言，实行"把头制"既可以在一定程度缓和掩盖激烈的民族矛盾和阶级对立，还可为处理劳资纠纷、矿工罢工斗争赢得回旋余地和缓冲带，有一箭双雕之作用。抚顺煤矿大小把头则充当了极其丑恶的角色，为了瓜分矿工脂膏，层层盘剥压榨，成为日帝戕害同胞的帮凶。

长期的殖民盘剥掠夺，对抚顺煤矿的发展造成诸多影响：

第一，煤炭资源遭疯狂掠夺破坏。日本殖民当局占据抚顺煤矿时期，以资源掠夺为终极目的，不择手段，丧心病狂，抚顺丰富的煤炭资源遭到残酷掠夺和严重破坏。据不完全统计，1907年到1944年间，"满铁"掠夺抚顺煤炭总量高达2.115亿吨，所获利润超过27亿日元。抚顺煤炭预测储量约15亿吨，其中70%已被开采和破坏[3]。

---

　　[1] 堀场一雄：《中国事变战争指导史》，时事通讯社，1962年，第151页。
　　[2] 复旦大学历史系日本史组编译：《日本帝国主义对外侵略史料选编》（1931—1945），上海人民出版社，1983年，第421页。
　　[3] 解学诗主编：《满铁史档案资料汇编》（第7卷），社会科学文献出版社，2011年，第257页。

第二，矿工生命健康损失惨重。在日本当局惨无人道的"人肉开采"政策下，矿区安全设施落后，各种事故不断，疫情疾病肆意蔓延传播，中国矿工死伤惨重。1906 年至 1944 年间，抚顺煤矿伤亡人数达 250996人次，其中死亡 10632 人；平均每采 1.9 万吨煤炭便死亡 1 人、伤残 25人[1]。

第三，矿区环境遭到严重破坏。殖民者疯狂掠夺、破坏性开采造成了严重的生态灾难，影响至今仍在。截至 2014 年，抚顺市矿山地质灾害及影响区面积达 57.8 平方公里，占城市建成区比重高达 42.5%，涉及人口近 30 万人。[2] 矿震、坍塌等地质灾害一直是城市安全的重大隐患。

第四，"一煤独大"的畸形产业模式。出于资源掠夺之目的，日本殖民者把煤矿作为主导产业，不断扩大产能和规模，使抚顺成为名副其实的"煤都"。1929 年抚顺原煤产量占东北煤炭总产量的 69%[3]。"一煤独大"的产业模式被固定和强化，对今后发展造成了巨大困难，埋下了陷入资源枯竭困境的隐患。

掠夺与剥削始终是日本殖民经营抚顺煤矿的终极目标，而在企业生产、技术、管理、销售等诸多环节，则体现了日本殖民主义"将资本与技术转移满洲开发"的总方针。在资源掠夺驱动下，抚顺煤矿产能迅速增长，规模不断扩张，于 20 世纪 30 年代中期生产经营达到顶峰。与其他煤矿相比，抚顺煤矿规模大、产量高，比较优势明显。1933 年抚顺煤矿产量即突破 800 万吨，约占整个东北煤矿产量的 50%，1936 年甚至高达 77%；约占全国煤矿产量的 30%，1938 年则达到 35%[4]。同期其他煤矿难以与之相比，1933 年产量仅次于抚顺煤矿的开滦煤矿产量为 428 万吨，山西阳泉煤矿产量 43 万吨，大同煤矿产量不足 30 万吨，"满铁"

---

① 抚顺矿务局志编纂委员会：《抚顺矿区志　1901—1985》（上卷），抚顺矿务局，内部资料，1990年，第 214 页。

② 抚顺市委办公厅信息处：《每日信息》，内部资料，2014 年。

③《抚顺煤矿一九二九年度产煤量》，《矿冶》，1930 年第 3 卷第 11 期。

④ 沈东运：《日寇侵略我东北经济之满铁公司概况》，《经济汇报》，1944 年第 9 卷第 5 期。

控制下的烟台煤矿产量更低，仅为 17.4 万吨。抚顺煤矿职工队伍十分庞大，1936 年达 3.9 万人，劳动效率较高，全员效率达每工 0.9 吨，采煤效率露天矿每工 1 吨、井下矿每工 0.97 吨，均高于全国其他煤矿水平[①]。

面对日本殖民当局的残酷剥削压榨，中国共产党积极领导抚顺煤矿坚决开展"工运"斗争。据统计，仅 1916 年至 1926 年的 10 年间，抚顺煤矿工人就开展 30 余起罢工斗争，平均每年罢工 3 起以上，这为党在抚顺开展工人运动奠定了基础。中国共产党成立后，对东北人民革命斗争非常关心，抚顺煤矿工人运动得到了党的正确领导，抚顺煤矿工运斗争进入蓬勃发展阶段[②]。1927 年 10 月，中共满洲省临时委员会在哈尔滨成立，省委机关设置在奉天（今沈阳）。由于抚顺地区煤矿工人数量多，革命基础较好，临时省委责成省委主要成员王立功到抚顺开展有关工作。从 1928 年开始，王立功经常深入工厂、矿山广泛接触采煤工人，广泛宣传马克思主义，进行党的基本知识教育。经过宣传教育，矿工们的反日情绪高涨。1929 年春，又派王振祥、张贯一（杨靖宇）等到抚顺煤矿，以老虎台、古城子等矿为中心，开展工人运动，建立红色工会，组织工人斗争。同年，满洲临时省委发布 20 号通告，对工运工作做出部署："抚顺的党应当善于利用资方所设立的矿工俱乐部""须注意铁路工人、煤矿工人，职委最近须派人到南满……铁路及抚顺、本溪各矿去寻找线索"。1929 年 4 月，抚顺正式成立了特支。满洲省委派王鹤寿来抚顺，任中共抚顺特支书记。王鹤寿以矿区为重点，深入到各矿厂，建立党的外围组织——互济会，发展党团员和工会会员，煤矿工人罢工运动得到了党组织的积极影响和引导。

据日本殖民当局对东北地下党组织的破坏和调查资料记载："1929年 3 月派了王振祥、张贯一两名骨干来到抚顺，秘密地在抚顺古城子运输系当连接工进行潜伏，经常宣传共产主义并发展了很多党员。从那以后，

---

① 《中国近代煤矿史》编写组：《中国近代煤矿史》，煤炭工业出版社，1990 年，第 368 页。
② 张金文整理：党领导抚顺煤矿开展"工运"斗争，煤炭史志网，2021 年 4 月 21 日。

抚顺煤矿约有四万劳动者的思想更加恶化，经常以反抗的态度来对付日本人，不知何时就要爆发劳动争议，形势是非常严重的。"[①] 王鹤寿不幸被捕后，满洲省委也遭到严重破坏。对此，从上海中央训练班结业的杨靖宇被派往抚顺，担任中共抚顺地区特别支部书记，继续领导煤矿工人开展反日活动。抚顺工人运动迅速发展沉重打击了日本侵略者的嚣张气焰，引起日本当局警觉。他们派出军警、特务、密探四处活动，抓捕抚顺特支党员。1929 年 12 月，杨靖宇因"反革命嫌疑罪"被判有期徒刑一年半。中共抚顺特支被破坏后，满洲省委派人到抚顺继续开展工作，领导工人参加罢工等反抗活动，推动了煤矿工人的反日情绪，工人队伍反日力量不断加强，并于 1930 年成立了反帝大同盟。

1930 年 7 月全国总工会在上海召开大会后，抚顺成立了中华全国总工会抚顺职工会，即抚顺赤色工会，并在古城子召开抚顺煤矿工会成立大会。这一段时期，抚顺特支积极领导发动工人与日本殖民当局开展斗争。古城子、大井两个党支部，组织工人开展罢工，发动工人与煤矿把头算账，揭发把头克扣工人工资罪行，进行面对面的斗争。九一八事变后，党领导的东北抗日联军同日本侵略者进行了艰苦卓绝的斗争。时任中共满洲省委书记的杨靖宇坚持把军事斗争和城市革命斗争相结合，派大同报社临江分社张佐汉来抚顺继续开展党的工作，进行抗日斗争宣传，成立了中共抚顺支部。其间，随着革命斗争深入，地下党组织不断发展壮大，党员大部分是工人，党的主要工作对象为八大矿、制油厂、学校等，对工人反抗运动起到了组织引导作用。

三、殖民经营的"溢出效应"

溢出效应，即外部性、外溢性影响，是指一个组织在进行某项活动时，不仅会产生活动所预期的效果，而且会对组织之外的人或社会产生影响。

[①] 张金文整理：党领导抚顺煤矿开展"工运"斗争，煤炭史志网，2021 年 4 月 21 日。

经济学中"外部性"又称外部经济，是指经济主体的经济活动对他人和社会造成的非市场化的影响。对此，马歇尔认为："可以把因任何一种货物的生产规模之扩大而发生的经济分为两类：一是有赖于这工业的一般发达的经济；二是有赖于从事这工业的个别企业的资源、组织和效率的经济。可称前者为外部经济，后者为内部经济。"[①] 溢出效应，是开启抚顺煤矿殖民研究的钥匙。在溢出效应作用下，日本对抚顺煤矿的殖民掠夺产生诸多"副产品"：

首先是铁路建设。铁路，被誉为近代煤矿的灵魂，近代煤矿和铁路几乎是同步发展的[②]。为掠夺抚顺煤炭资源，日本十分重视和加强矿区铁路运输建设，特别是"满铁"经营后，积极构建掠夺抚顺煤炭的"吸血通道"。1904年4月，沙俄为铁路运煤，修筑了一条从苏家屯（今沈阳市辖区）北浑河至抚顺铁路，线路正线长53.3公里，岔线1.44公里，轨距为1.524米（宽轨）。日俄战争后，1905年4月，日本将宽轨改为3尺6寸窄轨（1.067米），正线延长至55.90公里，岔线2.736公里。1907年"满铁"经营抚顺炭矿后，将窄轨铁路改为4尺8寸准轨（1.435米）铁路，并采用蒸汽机车运输煤炭。1914年10月，实现了铁路电气化，轨道总长49.6公里。1920年实现矿内线路电气化。1926年底电气化铁路达156公里，1935年达310公里。[③] 为把抚顺煤矿运至日本国内，日本投入巨资对甘井子煤炭码头进行了机械化改造，配备煤炭自装船机械设备、码头起重机、联合机、电拖拉机等。可见，抚顺煤矿开发，刺激了路网建设，铁路的兴建，有助于矿区开发和地区商业发展。

---

① [英]阿尔弗雷德·马歇尔：《经济学原理》（上），朱志泰、陈良璧译，商务印书馆，1965年，第106页。马歇尔认为，除了以往多次提到的土地、劳动和资本三种生产要素外，还有一种要素，这种要素就是"工业组织"。工业组织内容相当丰富，包括分工、机器的改良、有关产业的相对集中、大规模生产、以及企业管理。马歇尔用"内部经济"和"外部经济"这一对概念，来说明第四类生产要素的变化如何能导致产量的增加。

② 云妍：《近代开滦煤矿研究》，人民出版社，2015年，第148页。

③ 《满铁一月份路运收入》，《东北新建设》，1931年第3卷第3期；《满铁之组织及其事业》，《日本评论》，1937年第10卷第2期。

其次是城市初建。抚顺煤矿的开发，直接促成了抚顺城市的产生。为扩大矿界，日方把原本繁华的旧千金寨市街毁于一旦，强制中国居民搬迁。从1908年至1912年，抚顺煤矿强买土地11367亩[①]。1920年，日本在小官屯（今抚顺南站）、山嘴子、永安台一带规划建设新市街，并规划了住宅、商业、混合、公共、公园、铁道、粮栈等，将杨柏堡河以西规划为工业区。1935年，日本建成大山、东乡、小瓢屯、杨柏堡、老虎台、万达屋、新屯、龙凤等日本人居住区和古城子、杨柏堡、老虎台、机械厂等中国劳工居住区。至此，"满铁"抚顺附属地范围，从沈抚铁路抚安（今沈阳浑南区榆树台）以东至抚顺，长52.9公里，包括铁路、市街和矿区占地，总面积达68.397平方公里。"满铁"在东北附属地的总面积为524平方公里，抚顺是其中最大的一块。1945年日本投降时房产清册记载，抚顺地区各类建筑物占地910万平方米，房产7172栋、建筑面积156万平方米。随着居住区扩大，城市人口迅速增加。1935年末，抚顺附属地共有居民15120户89640人，其中日本人21525人、朝鲜人4586人[②]。1937年，抚顺建市，据统计市内人口总数为167230人，其中日本人31588人。1938年6月，满洲《主要都市街户口统计表》显示，抚顺全市人口214670人，其中中国人181922人、日本人26350人、朝鲜人6398人。

再次是公共服务。为满足矿区日本人生活需求，日方逐步建立供水供气、公园、医院、学校等城市公共设施，大力发展现代商业。以煤气供应为例，早在1909年抚顺就实现了煤气供应，是继上海、大连后中国第三个使用煤气的城市。1910年初，抚顺煤矿瓦斯事务所经营的"发生炉煤气"实现成片民用供气。1915年，首批建成的11座蒙特瓦斯发生炉投产，同时建造一座容量达4250立方米的直开式瓦斯贮罐。1918年至

①《撫順炭鑛概要沿革》（1920年2月16日），抚顺矿务局档案馆藏，日伪时期南满洲铁道株式会社抚顺炭矿档案，卷宗号：1-68-014。

②肖景全、金辉：《往事旧影》，辽宁人民出版社，2008年，第116页。

1919 年，相继建成第一、第二、第三瓦斯工厂。1924 年，抚顺煤气年产量达 3000 万立方米。1909 年至 1945 年，抚顺共建成煤气管网 32.3 延长公里，贮气罐 2 座、容积 7250 立方米，煤气用户达 5000 余户。

随着矿区扩大、矿工增多，现代卫生机构也逐步建立。抚顺煤矿最早的医疗机构建于 1907 年[①]，由日军野战铁道提理部建立。1918 年，抚顺煤矿建立"炭矿医院"，并在古城子、千金寨、大山坑、东乡坑、杨柏堡、老虎台、万达屋、新屯、龙凤、烟台等地区采炭所分别设立医疗救护诊所。1926 年，抚顺煤矿开展矿山卫生服务，成立了卫生保健所，业务范围包括身体检查、寄生虫检查、作业现场卫生检查、公私伤医学审查鉴定等。1929 年抚顺炭矿医院建成，占地 75589 平方米，有 600 张病床，设有内、外、儿、产妇、耳鼻喉、眼、齿、口腔、皮肤等 9 科，工程费用 173 万日元[②]。日方投资建设的医院，主要服务对象是抚顺煤矿日籍人员，并非普通矿工。医院分为日本人病房和中国人病房，日本人病房由技术较高的医生诊治，且病人待遇优越，而中国病房只有少数看护。1907 年至 1945 年，抚顺地区官办、教会办医院达 8 所，私人开办医院达40 余所。中国人开办的医院有中华抚顺医院、抚厚医院、同仁医院等；日本人开办的有星野医院、天生医院、浅田医院、长冈病院等。

随着矿区人口增加，城市服务业也得到较快发展。1915 年至 1922 年，抚顺地区服务业商户达 687 家，仅千金寨地区就有旅店 42 家。1928 年，抚顺成立旅店同业公会[③]。日本人在抚顺投资开办旅店，日伪时期多达 18家，如筑紫馆支店、筑紫馆本店合寿旅店、永安旅店等。理发、照相、典当、洗浴等行业也有所发展。1907 年 9 月，抚顺成立理发业组合，由 17 名日

①《医院卫生方面に关する检查报告と往来文书》（1908 年 5 月 16 日），抚顺矿务局档案馆藏，日伪时期抚顺炭矿技能竞技委员会档案，卷宗号：1-310-043。

②《炭、炭矿各级机构设备に关する分课规程》（1930 年 9 月 19 日），抚顺矿务局档案馆藏，日伪时期南满洲铁道株式会社抚顺炭矿档案，卷宗号：1-352-021。

③《抚顺炭矿周边商业》（1929 年 6 月 25 日），抚顺矿务局档案馆藏，日伪时期南满洲铁道株式会社抚顺炭矿档案，卷宗号：1-68-044。

本人和 2 名中国人组成。1938 年抚顺市区理发店达 58 家，其中日本人开办的 24 家。1938 年，抚顺市区内有中国人照相馆 8 户，日本人照相馆 7 户。1938 年，抚顺市区有中国人典当铺 14 家、估衣店①13 家，日本人开设当铺 28 家。1940 年，抚顺市区有中国人浴池 10 家，日本人浴池 4 家。日本人积极在抚顺投资经商，1937 年日本人在抚顺开办各种商号 462 户，比 1909 年增加 5.4 倍。

正是在环境约束和溢出效应共同作用下，抚顺煤矿呈现"殖民性"和"现代性"的双重特质。一方面，近代中国国力衰弱，给列强以可乘之机，日本强占抚顺煤矿，将其纳入殖民经济体系，施行近 40 年的残酷统治，大量煤炭资源被掠夺，无数矿工被剥削迫害致死。抚顺煤矿的发展困境和命运多舛，恰是环境制约因素——帝国主义入侵所致；另一方面，日本殖民者为获取战略资源、攫取最大利益，为对军事扩张提供原料和经济支撑，着力经营管理好抚顺煤矿，在资金保障、技术更新、管理规范、扩大销售等环节持续加大投入。仅从企业经营发展看，抚顺煤矿曾一度达到前期所未及的高度。抚顺煤矿的开发与经营，客观上也成就推动了抚顺城市的发展。但要看到，这种"现代性"的体现，并非日方的主观行为，而是客观产物；对于主体而言，对产生何种性质的"溢出"效应和表现并不关心。抚顺煤矿的溢出效应，绝非主体有意施舍，而是殖民经营的"副产品"，这是近代抚顺"现代性"与"殖民性"的历史关联，也是其城市近代化的屈辱路径。

基于上述分析，可对涉及的诸多历史与现实问题进行解读和回应：

首先，抚顺煤矿与"满铁"的关系。不难理解，以抚顺煤矿的资源禀赋，先天资源不足的日本必然视其为生命线。作为"满铁"核心成员，高效益、高产出的抚顺煤矿之地位，不亚于满蒙之于日本的作用。1935 年抚顺原煤产量 925 万吨，而"满铁"其他煤炭总产量仅 34 万吨，不及抚顺煤矿

---

① 出售旧衣服或廉价新衣服的店铺。

产量的 4%，同期满炭所属煤矿产量也仅为 122 万吨。可以说，"宁可放弃本土，也绝不放弃满洲"的殖民心态恰是日本占据抚顺煤矿的真实写照。

其次，日本在抚顺城市发展中的作用问题。不可否认，在溢出效应影响下，殖民经营下的抚顺煤矿对抚顺城市发展起到了一定的推动作用，特别在城市规划建设、公共设施配套、公共服务等诸多方面，一定程度上开启了抚顺迈向城市进程之门。但必须看到，这种"外溢性"影响的所谓正效应，并非施予者的主观意愿，而是其所谓建立"王道乐土""大东亚共荣"的附属品，不能脱离殖民掠夺、奴役中华民族的险恶目的。客观看待评价日本殖民者在抚顺城市建设中的历史影响，对于抵制错误历史观、警示后人具有重要意义。

再次，近代民族实业发展困境问题。抚顺煤矿的历史遭遇，验证了这样一个真理：没有强大的中央政权和国家统一，就没有民族实业发展壮大。中日旷日持久的矿权博弈中，无论王承尧等爱国实业家如何奔走呼号，终究无法夺回民族资本应有的权益，归根结底是国家实力孱弱及晚清政府腐败软弱。"倾巢之下，焉有完卵"，近代抚顺矿权丧失和发展困境，可为当今民族实业发展提供历史启示。

最后，以抚顺为代表的东北资源枯竭型城市转型路径选择问题。出于资源掠夺考量，殖民经营下的抚顺煤矿一业独大，尽管后期发展若干附属产业，但煤炭业始终是企业乃至整个矿区的唯一支柱产业，导致以煤矿为主体的重工业主导地区经济发展，缺乏接续产业。一旦资源用尽或价格下降，弊端立即显现。当前，抚顺、鹤岗、大庆等东北资源型城市转型之路，可从历史视角寻找借鉴和参照。

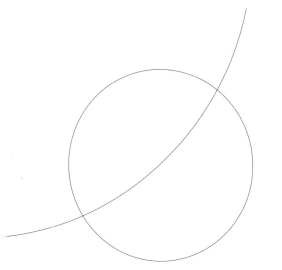

附 录

fulu

抚顺煤矿大事记（1901—1946）

1901 年（光绪二十七年）

2 月　千金寨（今抚顺）地方乡绅、候选府经历王承尧在千山台（今千台山）地区开始试采煤炭。

5 月　王承尧与候补知县翁寿、颜之乐等筹集资金，先后向奉天将军增祺申请开采抚顺千金寨一带煤矿。

9 月 19 日　增祺训令王承尧、翁寿等人先行试办，并委派刘朝钧、祥德实地勘察，规定以杨柏堡河为界，河东归翁寿、河西归王承尧开采。并令兴京（今新宾）副都统及承德县（今沈阳）抚顺路记进行保护弹压。

下旬　翁寿发现河西煤好，遂强占王承尧所属芦沿坑两矿井，并勾结俄商陆宾诺夫和汉奸买办纪凤台为靠山。王提起诉讼，矿界纠纷迭起。增祺将军命交涉司处理。因此时开矿执照尚未下达而停止开采。

10 月 24 日　增祺因王承尧、翁寿先后禀请开采抚顺千金寨煤矿，为请于朝。清光绪皇帝批昭"著照所请该都知道"，准予开矿。

12 月　清政府批准开采申请后。增祺向王承尧等颁发开矿执照。王承尧、翁寿各以报效银 1 万两承领开采抚顺煤矿。

本月　王承尧等募集商股，组织起资本金 10 万两的华兴利公司，总公司设在千金寨，分公司设于奉天城内。王自任总办，另设执事即经理，由张宝瀛担任。共有职员 70 余名，均为中国人，所属五个坑口，有采煤监工 2 人，工人少则 200 人，多则 600 人，日产量50吨至400吨不等。

本月　翁寿、颜之乐等筹集资本金2.3万两，并引进公济堂（增祺将军）和俄商陆宾诺夫股银2.2万两，计资本金4.5万两，组织抚顺煤矿公司，选举沙俄分子陆宾诺夫、俄籍华人纪凤台和朱化东为正副董事。

1902年（光绪二十八年）

1月　奉天将军增祺再派委员增辐赴千金寨处理王承尧、翁寿之间的矿界纠纷，将芦沿坑两矿井判归王承尧。

3月　王承尧经过华俄道胜银行买办吴介臣等人的介绍，并得到增祺将军的批准，引进该银行股银6万两（实际只缴纳3.75万两）。

1903年（光绪二十九年）

1月　沙俄权臣到远东"巡视"，公开提出将抚顺煤矿公司矿权让给远东森林公司的要求。

3月　陆宾诺夫、纪凤台以5万卢布将抚顺煤矿公司转让于俄国远东森林公司的噶德里托夫。此事由公证人向旅顺口地方法院提出备案，从此俄国远东森林公司从翁寿手中攫取了抚顺煤矿公司经营权。

1904年（光绪三十年）

2月　沙俄在日俄战争爆发后，立即撕下"私人入股"的假面具，公开出兵占领抚顺煤矿。沙俄分子噶德里托夫率俄兵400余人侵占华兴利所属五坑中之三坑，强行开采煤炭。另有300多俄人用车向外运出所采之煤炭。仍旧归王承尧华兴利公司的其他二坑所出之煤炭，俄人则蛮横地不许其出售。王承尧向增祺呈报此事。

4月　噶德里托夫擅自在华兴利公司界内铺设从苏家屯到李石寨的铁路。

6月　王承尧赶来千金寨调查"从苏家屯到李石寨铺设铁路"一事。

本月　王承尧就俄人的强占行为再次向增祺提出报告。

1905年（光绪三十一年）

3月　日俄会战奉天，俄军败绩，日军占领抚顺城，同时占领俄军败逃时所弃矿区所有地面建筑物，欲强占抚顺煤矿。王承尧之华兴利公司因有华俄道胜银行之股，即禀请奉天将军照会日军，王本人亦到日军驻奉天军政长官小山处详细声明，但未得到答复。

本月　日军从烟台采炭所派遣技师大八木乔朵到抚顺进行强占后的所谓煤矿整顿。

4月　日人小山田淑助来抚顺任军政长官，与加藤喜助、大八木等一起招集游民，任其包做，强行开采抚顺煤炭。并将华兴利公司约4000吨存煤洗劫一空。

5月　日人设立抚顺采炭所，隶属于日军大本营。仍利用旧坑，强督矿工采煤，专供军用，其时日产300吨左右。

9月　抚顺采炭所改属日军野战铁道提理部，并在其监督下组成第一采煤班。当时所有矿井都采取残柱式采煤法。

本月　开凿杨柏堡新坑，此时抚顺煤矿日产原煤已高达1400吨。

本月　日俄战争结束，签订《朴次茅斯和约》，其中第六条规定"隶属东清铁道"，而为铁道之利益所经营之一切煤矿，得中国政府之承诺，移让于日本政府。

12 月　王承尧禀商部，详陈千金寨煤矿被占情形，乞请收回。

本月　日本强迫清政府订立中日《东三省事宜正约》及附约，沙俄侵占东北南部的全部权益，转让给日本。

1906 年（光绪三十二年）

2 月　商部批复王承尧年前 12 月的禀稿，并依情咨盛京将军就近核办。

本月　清政府照会日本政府，要求归还抚顺、烟台二煤矿，日本政府不予置理。

7 月　日本复照清政府，拒绝交还抚顺、烟台二煤矿。

11 月 26 日　"满铁"公司成立，第一任总裁为后藤新平。总社设在东京，不久迁至中国大连。资本金二亿日元，日本政府出资一半。

本月　中国就日本政府单独成立"满铁"公司问题，向日本政府驻华公使林权助提出抗议，认为这是违反条约规定的。日本政府不予答复。

12 月　外务部照会日本驻华公使："日军踞奉天千山台煤矿请速交还"。

本年　从翁寿、王承尧开办煤矿起，到本年度末止共生产煤炭 70 万吨。

1907 年（光绪三十三年）

1 月　建成第一、第二、第三锅炉房，开始对厂、矿、学校及住宅供气取暖，

4 月　南满洲铁道株式会社在大连正式开始营业。"抚顺炭矿"作为日本政府对该会社的实物投资，从此由"满铁"经营，工学博士松田武一郎应聘就任抚顺炭矿长。

本月　松田炭矿长主持制定抚顺炭矿第一期（1907—1911年）开发计划，预计投资额为 920 万日元。

本月　王承尧察呈外务部，抗议将华兴利公司混入抚顺煤矿公司案内，并充作南满洲铁道资本。

5 月　王承尧上书清政府，要求收回被日霸占的抚顺煤矿。日外务省称：抚顺煤矿一案，应由王承尧与"满铁"总裁后藤新平面议，方易了结。清外务部令王承尧直接与后藤交涉，并先谍知日领事。未几，领事复称：后藤适返国，请令王承尧与满铁副总裁中村面议。

本月　井下禁止使用明火灯，改用安全灯。

7 月　后藤新平命佐藤安之助接待王承尧，意拟偿王承尧资本 10 万金，王未敢答应。

8 月　中日双方委员签订收买矿用地备忘录。

10 月　王承尧再察外务部，指出日本人在千山台勒买民地，其心叵测，应据约力争，务使该地仍为中国所有。

本月　原日军野战铁道提理部所属千金寨诊所被"满铁"接收后，合并为"满铁"大连医院千金寨分院，改名为抚顺炭矿医院。

本月　经清政府批准，中国商人佟恩升、孙世昌、佟松森等人在褡裢咀子建矿采煤，并筹集商民资本，正式组成大兴公司。

12 月　抚顺炭矿在千金寨村东南丘陵之上开凿大山坑。

本年　全年共产煤炭 23.3 万吨。

1908 年（光绪三十四年）

1 月　《北京日报》《盛京时报》均刊登日本佐藤少佐在千金寨及古城子指购民地若干坪的消息。

本月　王承尧察呈东三省总督徐世昌，抗议佐藤指购民地之举，表示自己"力虽不足，尚有公理可据，所以甘冒万死，决不甘为委弃权利之罪魁"。徐世昌批评王承尧禀稿，斥王"狂言上读"，命其候后藤回奉，迅即自向后藤面议。

4月　矿区铺设水管，开始向生产和生活供水。

5月　王承尧察呈外务部，请将抚顺煤矿一案提归北京与日使商议，外务部斥责不许，令仍在奉省抗弁。

11月　开凿东乡坑。该坑在中央事务所东方5里处之平地，与大山坑为姊妹坑。

本月　大山发电厂建成并开始发电，装备了500千瓦发电机两台。抚顺煤矿第一次使用电力作动力。

本年　全年共产煤49万吨。

1909年（清·宣统元年）

2月　驻华日使伊集院彦吉向外务部提出包括安奉铁路及抚顺煤矿的"东三省六案"问题。并声称：如不能满足日方要求，则将采取自由行动，直至动用武力解决。

本月　抚顺炭矿消防队成立。

3月　日本人在抚顺矿区兴建神社。

6月　日本人发现并开始研究抚顺油母页岩的利用问题。

9月　中日两政府在北京议订《东三省交涉五案条款》，其中第三款内容规定，以纳税为条件，清王朝承认了日方对抚顺、烟台两煤矿的开采权。

10月　开始利用瓦斯，日供给量达3200立方米。

本月　王承尧察呈外务部，将千金寨煤矿的交涉情况明白指示，以转达众股东。

本年　全年共产煤63.9万吨。

1910年（清·宣统二年）

1月13日午后1时25分　东乡坑上风坑中间发生火药爆炸，死亡22人。

本月　抚顺炭矿开始经营窑业。

8月　清政府交涉使韩国钧致函小池张造，抗议日在抚顺、烟台二煤矿矿权问题上践踏中国主权。

12月　抚顺炭矿医院工程竣工。

本年　全年共产煤89.9万吨。

1911年（清·宣统三年）

1月　为全面吞并抚顺褡裢咀子煤矿，"满铁"总裁后藤新平提出：在抚顺方面，"则务必占有全部权利，最为相宜"。

3月　为适应掠夺煤矿的需要和采煤华工移动情况，日本人于山东芝罘（今烟台）设立招工所，致力招骗采煤苦力。

本月　中日签订《抚顺烟台煤矿细则》（十四条）。条文主要问题是煤税问题。《细则》规定："满铁"要按出煤成本5%向清政府缴纳出井税。但出井成本在每日出煤3000吨以内者，每吨定为库平银1两，超过3000吨以上者，每吨定为日金1元。由海上输出煤，"满铁"应向清政府缴纳每吨煤银1钱的出口税。以上两税从1909年9月4日实施。以前清政府坚持每吨必须纳出口税银3钱的要求完全被否定。

本月　工学博士米仓清族接替松田武一郎任抚顺炭矿长，制订抚顺炭矿第二次开发计划。该计划要点为：一、确定采煤法。二、开掘万达屋坑。三、古城子露天采（即1914年建设的第二露天堀）。四、建设孟德式煤气发电所。五、电车搬运计划。

9月　公布实行抚顺煤矿《采煤苦力把头规程》。

本月　日本人为了缓和中国人民的反对情绪，由"满铁"会社以抚恤名义，赔偿王承尧25万5000两白银。王承尧拿到这笔钱后，以4.5万两偿还了诉讼费用，余下16万两归还各股东。

12月　本年度产煤131.1万吨。

1912年（民国元年）

4月　千金寨乡正陈荣，大官屯乡正姚绍唐，杨柏堡乡正何锡福，古城子乡正范锡云及业户邵维久等58人察呈奉天交涉司，请阻却日人在千山台一带强买民地，"夺食驱民"。

5月　陈荣、王维林等53人再次呈文，陈述日人强买民房民地，危害居民生活，请求交涉，"保护生命，不致利弃于人"。

7月　李玉宸等22人联名上书抚顺监督，控诉日人勘丈北浑河沙坨田亩之举，造成农业者"饥寒交迫，流离失所"。

10月　杨柏堡坑首先实行填砂采掘法。根据采煤情况，已不能沿用旧时残柱法，如继续沿用，不及一年，该坑即可告终，所藏之煤，将有十分之九遗地中不能采取，于是遂采用德法两国所行之土砂充填采掘法。1911年2月着手开凿注砂小竖坑，1912年各项注砂设备告竣，开始注砂充填。当时所需之砂，即从杨柏堡河中手掘而得。当年填砂710立方米，效果甚佳。后于1913年在东乡、大山两坑设注砂场，并于1917年3月实行此法。随后又在万达屋、龙凤两坑相继使用此法。为解决充填用砂，共设有塔湾、戈布街、计军屯、杨柏堡、栗家沟、刘山等6处采砂场。采砂、运砂、注砂均用机械。

11月　抚顺炭矿庶务课编辑的刊物《抚顺》创刊发行。

本月　抚顺炭矿强买民地5504亩。1908年至本年，强买民地数已达11367亩。

本年　全年共产煤149.7万吨。

1913 年（民国二年）

2 月　抚顺炭矿"猩红热"病发生。（1916 年该病大流行，至 1917 年 4 月共发病 117 名，死亡 37 人。）

9 月　抚顺炭矿救护班成立。

10 月　兴建焦炭试验工厂，并于 1916 年正式开始营业。

本年　全年共产煤 221.8 万吨。

1914 年（民国三年）

3 月　抚顺炭矿在矿区范围内兴建大和、本町两公园，供日人游乐。

4 月　在中央事务所西方 3 里处正式建设第一露天冢。

6 月　开凿万达屋煤坑。

8 月　在千金寨中国街设立招工公司。

本年　全年共产煤 219.1 万吨。

1915 年（民国四年）

2 月 18 日 11 时 30 分　老虎台竖坑自然发火，井口被封闭，致使 45 名中国矿工煤气中毒。

本月　老虎台坑正式使用救护器。

6 月　抚顺炭矿开办抚顺日语学校，学制二年。

8 月　中华民国外交部特派员奉天交涉员田潜致函日军驻奉总领事落合，陈述由于煤矿强买民地给当地居民造成严重后果，反对在矿区界外强买民地。

本年　全年共产煤 226.6 万吨。

1916 年（民国五年）

1 月　东乡采炭所 500 余名矿工举行 3 天大罢工，要求释放被捕工友，遭到拒绝，被迫复工。

3 月 14 日 10 时　东乡坑东人车道自然发火，引起瓦斯爆炸，死亡 151 人。

11 月　建成硫酸厂。开始生产设计能力为日产 100 吨的铅室硫酸。

本年　全年共产煤 217.6 万吨。

1917 年（民国六年）

1 月 11 日 22 时 40 分　大山本坑发生瓦斯爆炸，死亡 917 人，造成了抚顺煤矿开采以来的最大惨案。

本月　抚顺县知事谢祖元受奉天督军张作霖委托，到抚顺煤矿递交张氏对大山坑事故的慰问电。

2 月　举行大山坑事故殉职者殡葬仪式。

5 月　开凿龙凤坑，地点中央事务所东方 7 里半处。

7 月　千金寨坑铁匠炉因日本监工无故打伤中国矿工，引起采煤工人强烈抗议，举行罢工，拒绝下井。

8 月　老虎台采炭所 300 多名工人因不满银价暴涨，要求提高工资，举行一天大罢工，取得了胜利。

9 月　千金寨竖坑 300 多名工人要求增加工资，举行一天罢工，失败。

11 月　在千金寨村之西建千金寨露天冢，1918 年出煤。

12 月　万达屋坑对采煤工人实行请负制即把头包工制。

本年　全年共产煤 246.1 万吨。

1918 年（民国七年）

6 月　抚顺矿区的开采权全部被日人占有。

7 月　火药厂建成，开始生产黑色火药。

本年　全年共产煤 267 万吨。

1919 年（民国八年）

7 月　永安台暖气厂建成，学校、医院、工厂部分住宅进一步扩大供暖。

11 月　在永安台地区开始着手建设日本人居住的住宅建筑群，甲、乙、丙、丁、戊、己、庚 7 个等级。

本年　全年共产煤 289 万吨。

1920 年（民国九年）

1 月　工学博士井上匡四郎接替米仓清族任抚顺炭矿炭矿长。

4 月　建成抚顺公学堂，入学对象主要是满洲人。

7 月　古城子采煤所工人因日人殴打中国矿工，举行罢工。

本年　全年共产煤 333.5 万吨。

1921 年（民国十年）

3 月　抚顺日语学堂改为抚顺矿山学校。

4 月　"满铁"关闭天津招工所，充实扩大济南招工所中枢机关。大量从山东招骗采煤苦力到抚顺煤矿做工。

8 月　抚顺保健所正式成立，设在千金寨炭矿事务所内。

10 月　千金寨坑改为大山南坑，杨柏堡坑改为东乡南坑。

本月　抚顺炭矿长井上匡四郎与华胜煤矿代表马满隆正式

签订委托经营合同，决定抚顺炭矿贷给华胜煤矿 16 万日元，华胜煤矿则将其新矿区全部业务委托于抚顺炭矿经营。

本月　本年共产煤 307.1 万吨。

1922 年（民国十一年）

2 月　设立高等女校，招收本科生第一学年 75 名，家事专科生 26 名。与此同时设立了抚顺中学。

3 月　开始实行一周两次休息制，改"30 工数满工付薪制"为"20 个工数满工付薪制"，8 月后由于煤炭需要量增加，取消了一周两次休息制，恢复"30 工数满工付薪制"。

5 月　福田政纪接替井上匡四郎任抚顺炭矿长。

本月　着手建设抚顺商业区。抚顺车站、中央大街、商业区形成了放射型网。

本月　焦炭厂的煤炭低温干馏厂开始生产。

本月　全年共产煤 416.2 万吨。

1923 年（民国十二年）

4 月　万达屋坑 900 多名矿工反对改变工资制度，罢工 9 小时，取得了局部胜利。

5 月　金川工地 230 名工人要求增加工资举行罢工，日本人不答应要求，罢工失败。

6 月　万达屋坑 40 多名工人举行罢工，要求增加工资，取得了胜利。

本月　开始新建火药厂、选煤厂。

本月　大山、东乡两坑 150 人反对延期发放工资，要求先付 10 元解决生活困难，群起罢工。

9 月　"满铁"以 184000 日元的代价收买了周文贵在大兴

煤矿有限公司的权益。

10月18日　老虎台采炭所西大巷15半片自燃发火，日本人将井口封闭，烧死69人。

12月　杨柏堡采炭所1400名工人，罢工1天，反对减少工资，增加伙食费。结果将原定减少4分的工资改为减少2分，伙食费不涨。

本月　老虎台矿坑与腰截子坑因把头降低工人工资引起工人不满，千余人群起罢工，并砸了劳务系，取得了胜利。

本月　梅野实担任抚顺炭矿长。

本月　全年共产煤534.8万吨。

1924年（民国十三年）

1月　氯化钾厂建成并开始生产。后来于1930年该厂撤销。

本月　在杨柏堡坑和老虎台坑之间的大断层上建立了东岗露天堀，计划年产煤炭30万吨，服务期10年。2月在煤田背后山上设卷扬机一台，6月3日形成运输线，开始剥离作业，剥离使用75马力卷扬机一台，年剥离量5万立方米。11月1日开始出煤。1925年增加200马力卷扬机2台，最后有6台采剥设备进行作业。1926年东岗采炭所独立经营。

本月　老虎台矿500多工人反对新工资制（工资由每煤车2角2分降为2角，伙食由每日1角1分上涨到1角2分），要求增加工资，提高煤车价格，降低伙食费，举行罢工，取得胜利。

本月　万达屋900名工人反对降低工资和由个人负责工具破损费举行大罢工。罢工工人袭击安全矿灯房，砸坏玻璃。

6月　电气安全灯开始在抚顺炭矿负责经营的烟台采炭所使用。

本月　老虎台矿井下搬运开始使用电机车头牵引。

8月　抚顺小学改为抚顺炭矿第一小学，永安台小学改为抚顺炭矿第二小学。

本月　抚顺煤矿南道井、北道井、东道井、西道井、老虎台、新屯、万达屋、龙凤等8大矿（每矿3000人），因金票贬值，工资骤减，延长工作时间而举行大罢工，8大矿罢工工人选出代表1000人，参加集会，在工人张凤岐的领导下，组织了纠察岗哨的罢工工人提出的口号是：要求缩短工作时间，"实行三八工作制"，提高工资，不发钱不上班，把金票改为小银子等等。罢工坚持了十天左右，终于取得了胜利。

9月　对铁道枕木开始使用浸油处理，运输大铁道正式使用浸油枕木。

本月　全年共产煤59.5万吨。

1925年（民国十四年）

3月　东岗露天坑开始新建，于1926年4月正式投产。

本月　在抚顺新市街划出矿用地115700平方米，建立"欢乐园"。内设老君庙、妓馆、赌馆等场所。

本月　千金寨大坑改称大山南坑。

6月　"满铁"对抚顺油母页岩的研究利用，历经10个年头，耗资50万元，终于发明了油母页岩抚顺式"加热瓦斯循环内热式干馏法"。

7月　老虎台矿700余名工人，因用小银子换金票受到剥削，在周振纲、刘振武等人的领导下，举行大罢工。罢工坚持了两天，取得了胜利。

8月　抚顺煤矿研究所成立。

本年　全年生产煤635.5吨。

1926 年（民国十五年）

8 月　从德国购进的选煤设备在古城子露天安装竣工，投入使用。

本月　抚顺煤矿医院迁至永安台。

12 月　抚顺煤被大量运至日本国内，为了加强其军事工业，扩大侵略战争，提供优质充足的燃料，对抚顺煤的需要和实际掠运至日本国内的数量逐年增加，"满铁"决定把历年来同经销煤炭有关的"南昌洋行""三井物产会社"和"三菱商事会社"三社作为发起人，成立了资本金为 300 万日元的"抚顺煤贩卖株式会社"。总社设于东京，并在大阪、名古屋和中国大连设分社。会社成立以前，从 1912 年至本年度，搬运至日本国的抚顺煤总计达 753 万多吨，约占同期抚顺煤总产量的 16% 左右。

本月　从 1916 年到本年末，抚顺炭矿营造坑木林已达 2500 万株。

本月　抚顺煤矿在千金寨、五老屯、小甲邦决河引水，改修河道，筑堤逼水，淹没大量良田，严重威胁人民生命财产和抚顺县城和奉海铁路安全。

本月　由于人民反抗斗争，日人山口文雄在抚顺矿区修建灌溉渠一事被迫停止。

本月　103 型电机和冲击式地钻在露天剥离工作中投入使用。

本月　12 吨电机车投入使用。

本年　全年共产煤 722.3 万吨。

1927 年（民国十六年）

8 月　南昌露天冢开始出煤，大官屯发电所进行第一次扩建。

9 月　杨柏堡建成投产，历史上称为"第三露天冢"。

10 月　据昭和二年"满铁"《抚顺炭矿概要》记载：本年度井下机械通风的扇风机有"沃尔卡尔""拉特""哈伯尔""西洛可风""口纳伊尔"5 个型号，共 12 台，4300 马力，排风量每分钟 29000 立方米；排水采用"志尔闸叶轮机""野次下吴伊恩叶轮机"等 73 台电气水泵，排水能力为每分钟 122 立方米。

12 月　本年度产煤 764.6 万吨。

1928 年（民国十七年）

1 月　龙凤采炭所近 500 名工人反对巡查殴打工人，发动斗争反对华工事务所，痛打了巡警，并捣毁了华工事务所。

本月　抚顺炭矿着手在千金寨北建筑每日可干馏 50 吨页岩之抚顺式内燃炉 80 座的制油工厂。

本月　杨柏堡坑改称东乡南坑。

4 月　建设杨柏堡露天冢。

本月　第三露天坑新建东大巷。

本月　9 日 5 时 50 分，大山坑发生透水事故，井下进水 80 万立方米，淹死 482 人。

5 月　焦炭场的煤炭低温干馏厂改产焦炭。

8 月　满洲临时省委派苏振久来抚顺，专做工运工作。这时抚顺有 4 名党员，建立了党的支部组织（即中共抚顺特别支部，简称抚顺特支），苏振久为支部负责人。

10 月　正式采用倾斜长壁充填法，全部改变过去的残柱式采煤法。

本月　抚顺炭矿在新屯设立第三小学。

本月　抚顺炭矿创立抚顺体育协会。

本月　久保浮接替梅野实任抚顺炭矿长。

附
录

11 月　满洲省委派王鹤寿来抚顺，任中共抚顺特支书记。王鹤寿来抚顺以后，以矿区为重点，积极开展工作，亲自深入该矿山工厂，团结和教育广大工人群众，很快地在工人中建立了党的外围组织（即互济会），联系了一些群众。在此基础上，发展党员和工会会员，建立了工会组织。这时，党员有6名（其中4名工人），特执委3名，除王鹤寿外，还有苏振久（做团的工作）和范青。

本月　日本海军和"满铁"开始研究煤炭的液化问题，1934年11月设立石炭液化委员会，研究本工业制造之各种条件。1936年4月于抚顺炭矿内设立临时石炭液化工场事务所，并在小瓢屯建电厂。1938年各种设备安装完毕。1939年得到一次液化油之产品。1943年11月归伪满人造石油株式会社，划该社为抚顺分厂。

本月　在煤炭工厂的基础上，建立"抚顺化学研究所化工厂"，除制造防毒面具用之原料外，还制造军火原料，如甲苯、甲醛、甲酚等。

本年　全年共产煤816.8万吨。

1929 年（民国十八年）

3 月　千金寨"满铁"医院病房和医护人员宿舍改造后，设立抚顺工业实习所（抚顺工业学校），学制四年，设机械、电气、土木、采矿4科。

5 月 1 日　抚顺炭矿工人在特别支部领导下举行大型集会。

本月　日本人在褡裢地区滥施凿井开采煤炭，危及当地居民生命财产安全，群众奋起反抗斗争。90多人冲进作业现场，阻止作业并提出3条要求：1.收买地与未收买地道路不得因开凿斜井而受阻，应当保存下来。2.因工程和采煤可能引起的宅地塌陷，煤矿当局要出高价收买，否则要赔偿受害损失；3.因采煤影响居民用水，应敷水管供水。日方进行镇压，引起斗殴，互有伤者。后经煤矿长与抚顺县长双方交涉，煤矿当局答应：1.新修道路。2.铺设水管，免费供水，不得浪费。3.给殴斗中负伤者发放医疗费，事件方告平息。

6月　满洲省委派杨靖宇来抚顺，任抚顺特支书记。

9月　抚顺炭矿制油厂开始运转。

本月　抚顺机械制造所（重型机械制造厂）200名工人举行罢工，反对提高工时定额，无故开除工友，罢工取得胜利。

本月　抚顺炭矿与关东厅递信局办理交换业务，全面使用直线自动交换电话。

本月　抚顺城区市街开始使用电灯照明。

本月　抚顺炭矿第二火药厂建成。

本年　全年共产煤837.5万吨。

1930年（民国十九年）

1月　"满铁"职制改革，抚顺炭矿机构变化，撤销了调查役事，另设庶务、经理、采炭、机械、化学6课，后又增设工作课。

本月　在老虎台和龙凤台井田内，着手筹建专采油母页岩富矿的东露天矿。但建设工作未能结束即告终止。

2月　东乡坑发生瓦斯爆炸事故，死亡8人，伤数十人。

3月　永安台火药厂发生爆炸事故，死亡7人。

4月　杨柏堡露天电气系39名工人，抗议日本职员无故打伤中国工人。在中国工人的坚决抗议之下，日本打人者受到处罚，事件尚得平息。

本月　万达屋坑50名工人自发罢工，有7人被捕，罢工被镇压。

本月　老虎台、万达屋坑 20 名矿工罢工反对使用新的华工制度，条件被日本人接受，第三日复工。

本月　各采炭所、工厂开始设直营工人卖店。

7 月　抚顺煤矿工会成立，当时定名为"赤色工会"，郝金贵为工会主席。并发表决议："马上发动总政治罢工和扩大组织，建立各矿各厂的工会。"工会组织领导发传单，组织工人纠察队。

9 月　抚顺工人联合会发表《抚顺工人联合会简章案》。内容包括：定名、宗旨，会员、会费、会期、组织纪律等 9 章。

本月　抚顺工人联合会发布抚顺工人斗争纲领，主要内容为：工人有组织工会的自由；工会有保护工人利益之特权；实行七小时工作制；禁止童工下井等。根本任务是推翻帝国主义、国民党反动统治，建立工农兵苏维埃共和国。

本月　爆发了以提高工资为要求的以煤矿为中心的抚顺市联合大罢工。罢工斗争口号是："不涨工资不上班，中国人不挣日本钱，还挣中国的小银子"。罢工进行了 3 天，日本人到处张贴布告，答应罢工工人提出的要求，罢工取得了胜利。

11 月　第三发电厂建成，第二发电厂一号机 2.5 万千瓦机组发电。

本月　"满铁"以 50 万元代价收买了褡裢煤矿属于中国方面名义人周文富（周文贵之兄）的一切权益。

本年　全年共产煤 793.9 万吨。

1931 年（民国二十年）

6 月　"满铁"炭矿部庶务课日本人高久肇，撰写抚顺、烟台两煤矿矿税问题报告。第一次披露在过去 23 年间，"满铁"将抚顺煤分为标准煤和杂煤。向中国纳税只以标准数量为准，杂煤从不公开，偷漏大量税款。日本人占据抚顺煤矿期间，其采杂煤总量约为 3000 万吨。

8 月　褡裢坑发生水灾，淹死 8 人。

9 月 18 日　日本关东军进攻沈阳北大营，造成武装侵略东北的九一八事件。

9 月 19 日　日本关东军占领抚顺。

11 月　第三发电厂第二厂 2 号机（2.5 万千瓦）发电。

12 月　废除大山坑。

本月　建成西大巷，使西露天坑的提升能力大大加强。

本年　全年共产煤 719.2 万吨。

1932 年（民国二十一年）

2 月　井下救护班改成煤矿救护队，修订煤矿《井下救护规程》，设 21 个救护班。

6 月　抚顺炭矿发明创造出"抚顺钻孔机"。

8 月　废除东乡南坑（旧杨柏堡坑）。

9 月 16 日　日本关东军驻抚顺独立守备第六大队，制造了震惊中外的平顶山大惨案。400 多间民房被烧毁，3000 多名同胞被屠杀。其中，煤矿工人及家属最多。为悼念殉难同胞，抚顺人民于 1951 年 4 月 5 日修建了平顶山殉难同胞纪念碑；1970 年在平顶山惨案现场开建平顶山殉难同胞遗骨馆，1973 年 3 月 5 日建成。

10 月　在万达屋坑开始使用电车运输。

本年　全年共产煤 687.3 万吨。

1933 年（民国二十二年）

3 月　抚顺党组织根据奉天特委指示，以煤矿工人为中心，组织劳动工会，举行全体工人同盟罢工，由于叛徒出卖，抚顺党组织再次遭到破坏。

本月　受"满铁"委托，抚顺炭矿开始经营老头沟煤矿。

11月　受"满铁"委托，抚顺炭矿负责经营奶子山（蛟河）煤矿。

本年　全年共产煤864.6万吨。

1934年（民国二十三年）

4月　抚顺洋灰株式会社（抚顺水泥厂前身）成立，资本金250万元。除制造水泥外，尚经营洋灰瓦、洋灰管等加工品业务。1938年满洲重工业公司加入资本250万元，扩大了生产能力，年产水泥25万吨。1941年"满铁"又加入资金350万元，总资本达850万元。

5月　满洲炭矿公司正式成立，"满铁"向其投资800万元，支援技术力量，并派员充任监事。

本月　开凿龙凤东竖坑，并于1936年6月开始出煤。该竖坑全部设施于1938年安装完成。

本月　废除东岗露天堀。

7月　发明安全柳条帽，开始在井下使用。

本年　全年共产煤942.1万吨。

1935年（民国二十四年）

3月　古城子露天冡东侧水洗机房竣工，并于4月动工兴建了西侧水洗房，于1936年11月完成，并全部投入使用。

本月　由于老虎台井田浅部接近采完，1925年建设的东岗露天报废，着手开凿老万大斜井，并于1942年建成投产。

本月　第一硫酸工厂开始作业。

7月　抚顺炼油厂第一期扩建工程完成，年产量由7.5万吨增至 15 万吨。

9 月 12 日　抚顺炭矿古城子采煤所第二露天冢发生霍乱（4 名中国工人）。

9 月 26 日　霍乱病人达 10 人（含 1 名日本人）。

12 月　在安全柳条帽上开始配备电气安全灯。本年度内配备了 12437 套，同时配备手提式电气安全灯 4595 套、油安全灯 1270 套。

本年　全年共产煤 925.6 万吨，占东北煤产量的 77%。

1936 年（民国二十五年）

4 月　抚顺炭矿开始治理杨柏堡河。1914 年建立的古城子露天和 1928 年建立的杨柏堡露天，因该河相隔而一直分开开采。杨柏堡河上游改为和古城子河合流，1938 年 11 月治理完工。

10 月　随着日本政府侵略战争规模扩大，"满铁"结构也不断发生变化，抚顺炭矿新设置油课。

11 月　制油工厂分解挥发油车间形成。

本月　"满铁"与伪满政府合股在抚顺建立满洲轻金属株式会社。之前，1934 年在大官屯创立"中央试验所临时制铝实验工厂"，开始实验制造。1937 年 4 月开始建立工厂（今抚顺铝厂），年产铝 4000 吨的制铝厂于 1938 年 6 月竣工。而后又增设年产 1000-5000 吨工厂。1941 年后，年产 10000 吨铝工厂告竣。1945 年 5 月，依据氧化镁之直接还原法建成年产 30000 吨试验厂开始制炼。日本投降后，该厂有年产万吨的设备，实际产量仅达 8000 吨左右。

本年　全年共产煤 959.3 万吨，占东北煤产量的 75%。

1937年（民国二十六年）

5月　老虎台发生瓦斯爆炸，死亡20余人。

8月　抚顺炭矿负责经营的炸子窑煤矿改名为瓦房店煤矿。

9月　抚顺炭矿指定《培育坑木森林十年计划》，实行直营造林、奖励造林和合作造林三种形式。

本月　"满铁"为适应军事工业需要，在抚顺建立制铁实验工厂（即特殊制钢厂）。

10月　日本宪兵队破坏中共抚顺特支，逮捕20多人，十余人牺牲。

本月　抚顺炭矿开始执行伪满"第一次五年计划"。

本年　全年共产煤952.9万吨，占东北煤产量的74%。

1938年（民国二十七年）

11月　在北满被俘抗日武装人员100人，被作为战俘发配抚顺煤矿充作苦工。至1940年7月，除逃亡者外，仅剩22人。

12月　杨柏堡河改道，将"第一、第二、第三露天"合并为西露天矿，同时开辟东舍场排土，制定采掘深度为350米的大露天开采计划。

本月　早已停止出煤的抚顺褡裢坑煤矿重新开始出煤。

本年　全年共产煤913.8万吨。

1939年（民国二十八年）

1月　抚顺炭矿进行重大机构改革，将炭矿长、课长二级机构，改为炭矿长、局长、课（所）长三级机构。设总务、工务、第一采煤、第二采煤和工业5个局。总务局负责全矿庶务、人事、会计、生产品推销等事项；工务局负责全矿设备，机械等事项，并管理机械制造所、发电所、工事事务所和运输事务所；第一采煤局负责井工矿采煤事项；第二采煤局负责露天采矿事项；工业局负责工业制造事业。

2月　杨柏露天与西露天合并经营，废除杨柏露天矿名称，保留西露天矿名称。

4月　抚顺炭矿钢铁工厂完成第一期工程。

本月26日12时20分，龙凤坑突然起火爆炸，死70人，伤70人。

本月　杨柏选煤厂经过3年兴建，于本月投产。

5月　伪满组成勤劳奉仕队。

10月　日本人无限增加劳动强度又减少工资，1000多工人举行大罢工，持续2天。日本人感到由于罢工带来的损失严重，答应罢工工人要求，罢工取得了胜利。

本月　设计并建设抚顺煤矿办公楼。

本月　龙凤、新屯、褡裢三坑合并为龙凤矿。

本年　全年共产煤892.1万吨。

1940年（民国二十九年）

2月　抚顺采矿制铁实验工厂试验成功"满铁"式低温还原炼铁法。

3月　煤炭液化工厂生产出第二次加氢的粗挥发油。

4月2日　龙凤矿第二大下山发生瓦斯爆炸，死80余人，伤150人。

本月　抚顺炭矿合成树脂厂建成。

6月　大山、东乡采炭所合并为一个，称为大山采炭所。

6月27日23时30分至30日5时20分，万达屋斜坑发生火灾引起瓦斯爆炸，死亡36人，伤23人。

12 月　万达屋、老虎台、老万达斜坑合并为老虎台采炭所。

本月　抚顺煤矿开始使用"特殊工人"。以"调配给龙凤采炭所的 168 人为开端"，到"1941 年 6 月 11 日，半年到矿564 人"。

本月　天马西露天机房子工人反对日本工头在马机上安设千斤闸，经过斗争，千斤闸被拆除。

本年　全年共产煤 736.8 万吨，占东北煤产量的 48%；抚顺炭矿发电量占 32%；粗油产量占 100%。

1941 年（民国三十年）

2 月　由日本海军投资，兴建抚顺东制油工厂。

本月　伪满政府制订满洲第二次煤炭增产计划。

3 月　"特殊工人"王国恩因宣传抗日被捕，引起工人愤怒，20 余人联合起来同日本当局斗争，迫使日本人释放王国恩。

6 月　"特殊工人"250 人集体逃跑。

本月　刘山大斜井建成。

8 月　为加强战时防卫工作，抚顺煤矿在"满铁"统一部署下，成立了抚顺煤矿特务委员会，在委员会下设专门的"特殊工人"对策分科会。以庶务课长为会长，庶务课防务系主任、劳务课管理系和劳务系主任为委员，专门从事以"特殊工人"为对象的宣传监视活动。

本月　制订《抚顺炭矿工人动向取缔计划》，并为应付可能发生的"数万工人的动向（逃走、罢工、怠工、暴动）"，决定"在煤矿警备队之外，组织预备队，并且将警护团的一部分武装起来"，以便随时镇压工人反抗。

本月　大垣研接替久保浮任抚顺炭矿长。

12 月　老虎台矿"特殊工人"原晋绥军第二一二本部中校

参谋南品，中尉排长高明义和晋绥军决死纵队上尉军医李凤鸣等组织 49 人集体逃跑。

本月　开凿大山坑深部斜坑。因受财力、物力限制，全年只掘进 2397 米，为预定计划 6135 米的 39%。

本月　抚顺矿区发生斑疹、回归热、赤痢等传染病，日方不予治疗，造成大量工人死亡，死于上述三种传染病的中国工人有 187 人。

本月　抚顺炭矿开始执行伪满《第二次五年计划》。本年度只完成预定增产计划的 70%。

本月　本年度被发配到抚顺炭矿的"特殊工人"已达 6312 人。抚顺炭矿将这些"特殊工人"分配到各单位，计有：西露天矿事务所 753 人；大山采炭所 2155 人；老虎台采炭事务所 1365 人；龙凤采炭所 1252 人；制铁机械工作所 176 人；烟台采炭所 428 人；蛟河采炭所 183 人，分属 15 个劳务班。由于无法忍受日本工头摧残，本年有 1697 名逃走，几乎占"特殊工人"的 27%。

本年　全年共产煤 670 万吨。

1942 年（民国三十一年）

2 月　日伪决定扩建"满铁"抚顺煤矿炭液化工厂。

6 月　"满铁"在抚顺、沈阳召开煤炭液化恳谈会，研究如何进一步掠夺抚顺煤炭，强化日本军事工业。与会人员有关东军将校、日本国内有名气的学者、教授，多达数十人。该会前后经历 9 个月，到 1943 年 2 月方告结束。

7 月　抚顺炭矿在劳务课内设置工人辅导班，总管"辅导工人事务"。

8 月　露天矿火药库"特殊工人"朱美斋，经常向工人宣传反满抗日思想，组织 200 余人砸了劳务系和商店，并将商店物品分给工人，后带领一些人逃跑。

11 月　全伪满煤矿举行会议，讨论加紧煤炭生产问题。

本年　全年共产煤 635.8 万吨。

1943 年（民国三十二年）

1 月 8 日　老虎台煤矿发生瓦斯爆炸事故死伤数十人。

4 月　抚顺炭矿发电所转让给满洲电业株式会社。

本月　日伪在抚顺矿区成立"矫正辅导院"。

5 月　宫本慎平接替大垣研任抚顺探矿长。

8 月　日本人在新屯南山设立迫害抚顺人民的"矫正辅正导院"。

9 月 4 日　抚顺炭矿发生霍乱病，瘟疫流行很快。

10 月　龙凤矿部分"特殊工人"，在队长唐玉武领导下，打死 3 个日本人，并烧了伪警察局所长的房子。

本月　关东军决定将其在东满各部队管辖的"辅导工人"5264 人移交给抚顺煤矿。这批"特殊工人"自本月 14 日至 11 月 28 日分四批到达抚顺煤矿。其中第三批早途中逃跑 42 人，死亡 4 人，实到 5218 人。抚顺煤矿对"特殊工人"实行集中管理，不和一般工人杂居，在宿舍周围设置"警务栏"，指派日本人管理工人宿舍，实行每日点呼制度。工人外出要经过队长向劳务班请假，实行所谓"外出许可证"和"旅行许可制"。工人的来往书信包都要经过防系员的严格检查。工人从宿舍到工地来往途中实行"护送"，受到监视。"特殊工人"不采用把头制，而是在他们中任命原来的军官或有影响的人物为队长，200 人以上为中队，50 人以上为小队。

11 月　满铁抚顺炭矿煤矿液化工厂移交给满洲人造石油股份公司。

12 月　油母页岩富矿年产量 948.8 万吨，成为本期最高产量。

本月　老虎台矿选煤场竣工。新设计量为 150 万吨。以生产中块为主，供石油加工用煤。

本月　老虎台矿井下中央东部泵房整装完毕，先后运转，建起井下排水系统。

本年　全年共产煤 537.2 万吨。

1944 年（民国三十三年）

1 月　据《满铁年鉴》记载：抚顺炭矿地质勘探工作由满铁株式会社大连调查局矿床地质调查室进行。

本月　西露天矿下盘的"特殊工人"由张立钧等 5 人组成党支部，领导特殊工人进行斗争。

2 月 9 日　抚顺炭矿设置保养院，定员 25 人，下设保健系、检诊所、防疫所、产业医学研究所、建民馆等。

3 月　据"统计年报"披露：抚顺炭矿残存煤藏量为 76700 万吨。

4 月 2 日　龙凤矿一天之内连续发生 43 次瓦斯爆炸。

5 月　为供战争需要，增强战力物资，伪满和"满铁"强令抚顺炭矿炼铁厂特殊钢生产要比上年增产 60%。

本月　在龙凤矿以东建立东制油厂，第一期建立 200 吨干馏炉 20 座，1945 年 6 月开始产油。

6 月　老虎台矿材料斜井 600 马力单筒人车投入运行。

7 月　"特殊工人"组织了对敌斗争活动小组。组织大山坑、东乡坑和其他矿 1000 多人，编入八路军十六军分区特务三团。

8 月　抚顺炭矿召开"煤矿作业讨论会"，妄图扭转煤矿生产每况愈下的被动局面。"满铁"总裁直接出面，对日本人员提出"鉴于战局吃紧，必须加紧时间观念贯彻至每一基层从业人员，实行严格的做勤时间，以提高效率，以身作则，率先下井"的强行指令，同时决定本年 9 月起，开展"非常增产月"活动。

9 月　抚顺炭矿发生大批矿工逃跑事件。4、5、6 三个月逃跑 8334 人，被抓回 2749 人；7、8、9 三个月逃跑者达 8864 人，被追回 2556 人。半年时间共 5585 人逃跑成功。

11 月　"满铁"召开各单位负责人会议，研究抚顺焦炭工厂扩大问题。

本年　全年共产煤 483.5 万吨。

1945 年（民国三十四年）

1 月　从 1943 年开始的抚顺煤田勘测工作，到今年结束，已测出煤田总面积 13 平方公里。

2 月　"矫正辅导院"东制油分院的劳工举行暴动，600 多名工人中，有 400 多人逃跑成功。

8 月 27 日　苏军进驻抚顺煤矿。对煤矿实行军事管制。

9 月　苏军调来拆除部队，消耗长达 1 个月时间，拆除主要机械设备，抢运车皮达 1200 辆之多，伪满轻金属（今抚顺铝厂）机械设备几乎全部拆除，按当时账面价格，总值达 8.67 亿元。

12 月　东北人民自治军进入抚顺，驻扎在抚顺市郊，未进入市区。中共中央派王新三接收抚顺煤矿。

本年　全年共产煤 325.4 万吨。

历届矿主、炭矿长、局长名单

时期	姓名	职务明细	在职时间	工作详情
1901—1946	王承尧	候选府	1901.2—1911.9	在千金寨（抚顺）试采煤炭，并创办华兴利公司。
	翁寿	候选知县	1901.9—1903.3	创办抚顺煤矿公司。
	大八木乔朵		1904—1905.3	组建抚顺采炭所，并强制整顿抚顺煤矿。
	松田武一郎		1907.4—1911.10	应聘于"满铁"抚顺炭矿，制定抚顺炭矿第一期开发计划。
	米仓清族		1911.11—1919.12	制定抚顺煤矿第二次开发计划，矿井采用填砂掘法。
	井上匡四郎		1920.1—1922.4	取消对中国矿工的各种奖励与津贴，进行机构大改革。
	福田政纪		1922.5—1923.11	着手建设抚顺商业区；制定"井内保安处理规程"等规章。
	梅野实		1923.12—1928.9	实行新工资制（工资由每煤车贰角贰分降为贰角，伙食费由每日一角一分上涨到壹角贰分）；建设"欢乐园"；采用倾斜长壁充填法，废除残柱采煤法。
	久保孚		1928.10—1941.8	建立人造石油株式会社；实行"劳动系工作人员服务规程"；参与平顶山大屠杀事件，后被处决。
	大恒研		1941.9—1943.4	实行伪满"第二次五年计划"，加紧煤炭外运。
	宫本慎平		1943.5—1946.3	度过由日本投降到苏军军管阶段。

资料来源：《矿冶》，1928年第4期。

资料来源：《矿冶》，1928年第4期。

资料来源：抚顺矿务局档案馆藏《撫順炭鑛概要沿革》（1936年），
全宗号一、案卷号68。

参考文献

一、档案类

（一）辽宁省档案馆藏档案

1.辽宁省奉天省长公署档案，全宗号 J10。

2.《满铁中国人生计费调查》（人民生活调查统计资料），辽宁省档案馆藏，"满铁"资料，第 217 卷。

（二）抚顺市矿务局档案馆藏日伪时期抚顺煤矿档案（日文）

1.《満洲炭業統制方策（1935 年）》，全宗号一、案卷号 26。

2.《満洲鉱業開発株式會社設立方策（1936 年）》，全宗号一、案卷号 39。

3.《満洲炭鉱株式會社設立方策（1936 年、1/2 号）》，全宗号一、案卷号 40。

4.《満洲五年計画概要（1937 年）》，全宗号一、案卷号 65。

5.《撫順炭鉱概要沿革（1936 年）》，全宗号一、案卷号 68。

6.《撫順炭鉱技能競技委員会書類（1935 年）》，全宗号一、案卷号 350。

7.《撫順炭鉱職員クラブ書類（1915--1918 年）》，全宗号一、案卷号 343~349。

8.《撫順炭鉱職員傷病統計》，全宗号一、案卷号 270。

9.《撫順炭鉱病院、医療衛生行政職務に関する文書》，全宗号一、案卷号 273。

10.《撫順炭鉱工人（1938 年）》，全宗号一、案卷号 275。

11.《撫順炭鉱重役に関する一般関係会議、記録文書》，全宗号一、案卷号 311。

12.《撫順炭鉱伝染病等の発生に関する文書》，全宗号一、案卷号 327。

13.《撫順炭鉱疾病等に関する文書》，全宗号一、案卷号 330。

14.《撫順炭鉱警備隊啓用、訓練、稽古結核病等の文献（1944 年）》，全宗号一、案卷号 333。

15.《撫順炭鉱組織機構表》，全宗号一、案卷号 366。

16.《鉱、炭鉱各級機構設備の分課規程（1939 年）》，全宗号一、案卷号 352。

17.《撫順炭鉱工程師人員名簿（1945 年）》，全宗号一、案卷号 373。

18.《撫順炭鉱俸給人員名簿（1946 年）》，全宗号一、案卷号 374。

19.《撫順炭鉱技手書記以上名簿（1946 年）》，全宗号一、案卷号 375。

二、史料汇编类

1.《第一次中国矿业纪要》，农商部地质调查所印行，1921 年。

2.《第二次中国矿业纪要》，农商部地质调查所印行，1926 年。

3.《第三次中国矿业纪要》，学术研究与国立中央研究院、北平研究院，农矿部直辖地质调查所印行，1929 年。

4.《第四次中国矿业纪要》，实业部地质调查所国立北平研究院地质学研究所联合刊行，1932 年。

5.《第五次中国矿业纪要》，实业部地质调查所国立北平研究院地质学研究所联合刊行，1935 年。

6.《第七次中国矿业纪要》，实业部地质调查所国立北平研究院地质学研究所联合刊行，1935 年。

7.步平等编：《东北国际约章汇释》，黑龙江人民出版社，1987年。

8.陈真等编：《中国近代工业史资料》（1~4），生活·读书·新知三联书店，1957—1961年。

9.解学诗主编：《满铁史资料——路权篇》（第2卷），中华书局，1979年。

10.解学诗主编：《满铁史资料——煤铁篇》（第4卷），中华书局，1987年。

11.辽宁省档案馆编：《满铁的设立——满铁档案选编》，辽海出版社，1998年。

12.辽宁省统计局编：《辽宁工业史资料》，辽宁省统计局，内部资料，2003年。

13.宓汝成：《中国近代铁路史资料》，中华书局，1963年。

14.祁守华，钟晓钟：《中国地方志煤炭史资料选辑》，煤炭工业出版社，1990年。

15.上海社会科学院经济研究所：《刘鸿生企业史料》，上海人民出版社，1981年。

16.实业部中国经济年鉴编委会：《中国经济年鉴》，商务印书馆，1934年。

17.孙毓棠编：《中国近代工业史资料》（第2辑），科学出版社，1957年。

18.台湾"中央研究院"近代史研究所编：《清矿务档》（第6册），台湾"中央研究院"近代史研究所，1965年。

19.汪敬虞编：《中国近代工业史资料》（第2辑），中华书局，1962年。

20.王庆阳：《抚顺煤矿统计年鉴1992》，抚顺矿务局出版社，1992年。

21.伪满洲国财政部：《满洲国外国贸易统计年报》，文海出版社，1978年。

22.伪满洲国国务院统计处：《第二次满洲帝国年报》，伪满洲国国

日本对抚顺煤矿殖民经营研究

务院统计处，1936年。

23.翁文灏：《中国矿业志略》，农商部地质调查所，1919年。

24.武衡主编：《东北区科学技术发展史资料》，中国学术出版社，1988年。

25.严中平等编：《中国近代经济史统计资料选辑》，科学出版社，1955年。

26.虞和寅：《抚顺煤矿报告》（第2册），农商部矿政司，1926年。

27.中国第二历史档案馆编：《中华民国史档案资料汇编》，江苏古籍出版社，1994年。

28.中国近代煤矿史编写组：《中国近代煤矿史》，煤炭工业出版社，1990年。

29.中央档案馆、中国第二历史档案馆、吉林省社会科学院合编：《日本帝国主义侵华档案资料选编·东北经济掠夺》，中华书局，1991年。

三、方志

1.中国煤炭志编纂委员会：《中国煤炭志·辽宁卷》，煤炭工业出版社，1997年。

2.中国煤炭志编纂委员会：《中国煤炭志·综合卷》，煤炭工业出版社，1997年。

3.辽宁省地方志编纂委员会办公室主编：《辽宁省志·煤炭工业志》，辽宁民族出版社，1999年。

4.辽宁省地方志编纂委员会办公室主编：《辽宁省志·电力工业志》，辽宁科学技术出版社，1999年。

5.抚顺矿务局志编委会：《抚顺矿务局志》（全3卷），抚顺矿务局，内部资料，1994年。

6.抚顺矿务局煤炭志编纂委员会：《抚顺矿区史略1901—1985》，抚顺矿务局，内部资料，1988年。

7. 内野敏夫：《东北矿产志》，东北科学研究所，1950年。

8. 政协文史资料委员会：《文史资料东北文献篇名索引》，辽沈书社，1991年。

9. 陈加、郭君等：《辽宁地方志考录》，辽宁省图书馆出版社，1982年。

10. 徐曦：《东三省纪略》，商务印书馆，1915年。

11. 王树楠、吴廷燮等：《奉天通志》，东北文史丛书编辑委员会，1983年。

四、著作、文集

（一）论著与文集

1. 北京矿业学院露天采矿教研组，抚顺煤炭科学研究院编著：《小型露天煤矿开采》，煤炭工业出版社，1958年。

2. 北京师范大学历史系编：《门头沟煤矿史稿》，人民出版社，1958年。

3. 本书编写组编：《煤矿工人亲历与感悟》，煤炭工业出版社，2010年。

4. 陈慈玉：《日本在华煤矿业投资四十年》，稻香出版社，2004年。

5. 陈达：《中国劳工问题》，商务印书馆，1929年。

6. 陈嘉明：《现代性与后现代性》，人民出版社，2001年。

7. 陈志刚：《现代性批判及其对话：马克思与韦伯、福柯、哈贝马斯等思想的比较》，社会科学文献出版社，2012年。

8. 单世联：《现代性与文化工业》，广东人民出版社，2001年。

9. 丁建弘主编：《发达国家的现代化道路：一种历史社会学的研究》，北京大学出版社，1999年。

10. 费广泰编著：《抚顺煤矿瓦斯排放和利用》，中国工业出版社，1965年。

11. 费孝通：《乡土中国》，北京大学出版社，1998年。

12. 傅波：《中国抚顺煤矿案交涉始末》，黑龙江人民出版社，1987年。

13. 郭世佑、邱巍：《突破重围——中国早期现代化研究》，河南大学出版社，2010 年。

14. 何天义：《日本枪刺下的中国劳工——伪满劳工血泪史》，新华出版社，1995 年。

15. 何一民：《近代中国城市发展与社会变迁（1840—1949）》，科学出版社，2004 年。

16. 胡建：《现代性价值的近代追索：中国近代的现代化思想史》，上海人民出版社，2008 年。

17. 胡荣铨：《中国煤矿》，商务印书馆，1935 年。

18. 吉林大学历史四年级编著：《蛟河煤矿八十年》，吉林人民出版社，1959 年。

19. 贾文成：《煤殇》，群众出版社，2007 年。

20. 姜念东等：《伪满洲国史》，吉林人民出版社，1980 年。

21. 康立勋主编：《煤矿工人安全行为规范》，煤炭工业出版社，2008 年。

22. 孔经纬：《清代东北地区经济史》，黑龙江人民出版社，1990 年。

23. 孔经纬：《新编中国东北地区经济史》，吉林教育出版社，1994 年。

24. 李欧梵：《现代性的追求》，人民出版社，2010 年。

25. 罗荣渠：《现代化新论：世界与中国的现代化进程》增订本，商务印书馆，2009 年。

26. 罗荣渠：《现代化新论》，北京大学出版社，1993 年。

27. 罗荣渠主编：《从西化到现代化》，黄山书社，2008 年。

28. 罗荣渠主编：《各国现代化比较研究》，陕西人民出版社，1993 年。

29. 马俊亚：《被牺牲的"局部"：淮北社会生态变迁研究（1680—1949）》，北京大学出版社，2011 年。

30. 潘喜廷等编：《红色的矿山——本溪煤矿史话》，辽宁人民出版社，1962 年。

31. 曲晓范：《近代东北城市的历史变迁》，东北师范大学出版社，2001 年。

32. 施良：《东北的矿业》，东方书店，1946年。

33. 苏崇民：《满铁史》，中华书局，1995年。

34.［苏］费修可夫著、杨景译：《一个煤矿工会主席的手记》，工人出版社，1957年。

35. 汤士安：《东北城市规划史》，辽宁大学出版社，1995年。

36. 王影质：《煤矿》，生活书店，1940年。

37. 隗瀛涛编：《中国近代不同类型城市综合研究》，四川大学出版社，1998年。

38. 吴晓煜：《煤史钩沉》，煤炭工业出版社，2000年。

39. 吴晓煜：《中国煤炭史志资料钩沉》，煤炭工业出版社，2002年。

40. 谢家荣：《煤》，商务印书馆，1929年。

41. 谢立中，阮新邦主编：《现代性、后现代社会理论：诠释与评论》，北京大学出版社，2004年。

42. 抚顺市政协文史资料委员会、抚顺矿业集团有限责任公司：《抚顺煤矿百年1901—2001》，辽宁人民出版社，2004年。

43. 薛世孝：《中国煤矿工人运动史》，河南人民出版社，1986年。

44. 薛毅、薛世孝编：《煤矿歌谣》，中国民间文艺出版社，1986年。

45. 薛毅：《焦作煤矿史》，河南人民出版社，1986年。

46. 严立贤：《现代化模式与近代以来中国历史进程》，九州出版社，2010年。

47. 尹保云：《什么是现代化——概念与范式的探讨》，人民出版社，2001年。

48. 余明侠：《徐州煤矿史》，江苏古籍出版社，1991年。

49. 云妍：《近代开滦煤矿研究》，人民出版社，2015年。

50. 张伟保：《艰难的腾飞：华北新式煤矿与中国现代化》，厦门大学出版社，2012年。

51. 张雁深：《日本利用所谓"合办事业"侵华的历史》，生活·读书·新

日本对抚顺煤矿殖民经营研究

知三联书店，1958 年。

52.郑也夫：《城市社会学》，中国城市出版社，2002 年。

53.［日］中村哲、罗荣渠，［韩］安秉直：《论东亚经济的现代化》，东方出版社，1998 年。

54.中央人民政府燃料工业部编译：《苏联煤矿专家报告》（第 1 辑），燃料工业出版社，1952 年。

55.朱荫贵：《国家干预经济与中日近代化》，东方出版社，1994 年。

56.朱荫贵：《中国近代股份制企业研究》，上海财经大学出版社，2008 年。

（二）译著

1.［德］马克思：《资本论》（第 1 卷），人民出版社，1975 年。

2.［澳］蒂姆·赖特：《中国经济和社会中的煤矿业：1895—1937》，东方出版社，1991 年。

3.《马克思恩格斯选集》，人民出版社，1972 年。

4.［德］马克斯·韦伯：《经济与社会》，商务印书馆，1997 年。

5.［美］亨廷顿等：《现代化——理论与历史经验的再探讨》，上海译文出版社，1993 年。

6.［美］费正清：《剑桥中华民国史（1912—1949）》（上、下），中国社会科学出版社，2006 年。

7.［美］施坚雅编《中华帝国晚期的城市》，中华书局，2000 年。

8.［美］徐中约：《中国近代史：1600—2000 中国的奋斗》（第 6 版），世界图书出版公司，2008 年。

9.［波］席包尔·里尔斯基：《煤》，作家出版社，1957 年。

五、报刊

1.《大公报》，天津

2.《地质丛刊》，重庆

3.《东北通讯》，北平

4.《东方杂志》，上海

5.《工商半月刊》，上海

6.《工商天地》，上海

7.《国防论坛》，上海

8.《国际劳工通讯》，上海

9.《经济月刊》，上海

10.《经济周报》，上海

11.《矿冶》，北平、南京

12.《矿业周报》，南京

13.《民国日报》，上海

14.《南工月刊》，南京

15.《农矿通讯》，镇江

16.《申报》，上海

17.《新经济》，重庆

18.《新世界》，重庆

19.《中行月刊》，上海

20.《中外经济周刊》，北京

六、学术（位）论文

（一）期刊论文

1.陈争平、云妍:《外资企业在后发国家现代化进程中作用再分析——以近代开滦煤矿为案例》，第六期中国现代化研究论坛论文集，2008 年。

2.陈忠:《城市现代性:历史走向与伦理选择——基于城市哲学与城市批评史的研究视角》，《江汉论坛》，2016 年第 1 期。

3.高超群:《中国近代企业史的研究范式及其转型》,《清华大学学报》（哲学社会科学版），2015 年第 6 期。

4.高瑞泉：《现代性与中国文化精神的近代转向》，《江苏社会科学》，2002年第6期。

5.宫明利：《抚顺煤矿产业战略转型的调查与思考》，《辽宁工程技术大学学报》（社会科学版），2002年第3期。

6.何光宇：《钱德勒企业史研究方法的综述》，《湖北师范学院学报》（哲学社会科学版），2012年第3期。

7.衡芳珍：《英商福公司研究述评》，《河南理工大学学报》（社会科学版），2010年第2期。

8.红叶：《东北的煤铁资源》，《新世界》，1945年第9期。

9.胡尘白：《我国古近代的煤矿矿难》，《江西煤炭科技》，2007年第2期。

10.焦润明：《日本自近代以来对东北资源与财富的掠夺》，《辽宁大学学报》（哲学社会科学版），2005年第5期。

11.解学诗：《评伪满的经济"统制"和五年计划》，《社会科学战线》，1981年第3期。

12.解学诗：《七七事变与华北煤铁工业》，《抗日战争研究》，1999年第4期。

13.解学诗：《日本帝国主义与东北煤铁工业》，《社会科学战线》，1983年第4期。

14.解学诗：《日本帝国主义与东北煤铁工业——史资料》第四卷序言，《社会科学战线》，1983年第4期。

15.解学诗：《日本对战时中国的认识——满铁的若干对华调查及其观点》，《近代史研究》，2003年第4期。

16.金辉、罗敏：《满铁抚顺炭矿对抚顺殖民化城市的影响》，《中国名城》，2012年第8期。

17.柯华：《基于诺思制度变迁框架的中国近代企业史研究——以荣家企业制度变迁为例》，《财经研究》，2012年2月第38卷第2期。

18.孔经纬:《清代民国伪满时期东北社会经济的演变》,《史学集刊》,1982年第4期。

19.李红梅、萨殊利:《南满洲铁道株式会社的设立与日本侵华政策》,《北方交通大学学报》(社科版),2003年第4期。

20.李金铮:《问题、结构与阐释:〈中国的大企业〉的方法论意义》,《中国社会经济史研究》,2015年第1期。

21.李丽娜:《发展与困厄:铁路与山西煤矿业近代化进程(1907—1937)》,《历史教学》,2015年第5期。

22.李世宇:《伪满时期满铁抚顺煤矿中国工人状况之考察》,《许昌学院学报》,2007年第1期。

23.李玉:《从"深闭固拒"到"依法力争"——晚晴山东矿权交涉的两个片段》,《江苏社会科学》,2008年第4期。

24.李玉:《关于中国近代企业制度研究的若干思考》,《江海学刊》,2015年第5期。

25.李玉:《尽一分努力,保一分利权——河南官员与晚清福公司办矿交涉》,《中州学刊》,2000年第1期。

26.李玉:《近代中国对日怒称"倭寇"的历史考察——以《申报》为中心的分析》,《南京社会科学》,2015年第12期。

27.李玉:《论晚清矿章关于办矿洋商的规定及其效果》,《南京大学学报》(哲学人文科学社会科学版),2002年第4期。

28.李玉:《晚清中外合办矿务的"四川模式"》,《西南交通大学学报》(社会科学版),2003年第2期。

29.李玉:《袁世凯与晚清直隶矿权交涉》,《贵州师范大学学报》(社会科学版),2001年第4期。

30.李玉:《中国近代公司制度建设的几个面相——以张謇创业为中心的考察》,《南京大学学报》,2009年第4期。

31.李玉:《中国近代企业史研究概述》,《史学月刊》,2004年第

4 期。

32.刘万东:《1905—1945 年日本侵略者对我国东北煤炭资源的掠夺》,《辽宁大学学报》,1987 年第 6 期。

33.刘万东:《从本溪湖煤铁公司看日本帝国主义对我国东北的经济侵略》,《辽宁大学学报》,1982 年第 2 期。

34.马永山:《日俄战争后东北地方官反对日本掠夺路矿利权的抗争》,《史学集刊》,1998 年第 4 期。

35.宋燕:《日俄战后至"九一八"事变前日本对中国东北的经济侵略及后果》,《东北亚论坛》,2003 年第 5 期

36.宋玉祥、李国平:《抚顺煤矿区域工业化过程的社会背景与劳动力因素研究》,《地理科学》,1995 年第 3 期。

37.苏崇民:《关于满铁在日本侵华史上的地位和作用问题》,《日本问题研究参考资料》,1980 年第 4 期。

38.王渤光:《抚顺"特殊工人"的暴动》,《党史纵横》,1990 年第 3 期。

39.王渤光:《日本对抚顺煤田的侵占与掠夺》,《社会科学辑刊》,1995 年第 5 期。

40.王渤光:《杨靖宇领导的抚顺煤矿工人运动》,《党史纵横》,1988 年第 10 期。

41.王天根:《在场与追忆——中外开平矿权纠纷缘起探析》,《史学月刊》,2013 年第 11 期。

42.王亚琴:《华兴利煤矿公司与抚顺煤矿公司的创立》,《兰台世界》,2000 年第 12 期。

43.吴世汉:《东北及华北沦陷区煤矿资源暨日人开发计划与概况》,《资源委员会月刊》2 卷第 6 期、第 7 期,1940 年。

44.吴伟,李兆友,姜茂发:《"满铁"对华经济掠夺问题新探》,《江南社会学院学报》,2010 年第 3 期。

45. 向光沅：《东北的煤业》，《大公经济周刊》，1946 年第 10 期。

46. 熊沛彪：《对日本侵华战争全面发动的再认识》，《世界历史》，1993 年第 2 期。

47. 徐梗生：《本溪湖之煤铁》，《新经济》，1942 年第 7 期。

48. 叶茂、孙继民、高聪明、徐建青、刘枫：《1989 年中国经济史研究综述》，《中国经济史研究》，1990 年第 2 期。

49. 衣保中：《论伪满时期日本对中国东北能源的掠夺》，《社会科学辑刊》，2002 年第 5 期。

50. 殷相国：《东北近代工业与东北工人阶级的产生和发展》，《东北师范大学学报》，1990 年第 3 期。

51. 云妍：《近代开滦煤矿产出的"Solow 余值"分析》，《中国经济史研究》，2012 年第 4 期。

52. 云妍：《中国早期工业化中的外资效应——以近代开滦煤矿的外溢性影响为中心》，《中国经济史研究》，2010 年第 1 期。

53. 张伟东：《我国近代企业制度的生成及其现代化——一个企业史视角的文献回顾》，《商业经济研究》，2015 年第 9 期。

54. 中国第二历史档案馆：《1942 年前日本在华工矿业资产之调查统计》，《民国档案》，1991 年第 2 期。

55. 朱绍文：《"九·一八"后日本帝国主义对我东北经济的疯狂掠夺》，《教学与研究》，1991 年第 2 期。

56. 朱晓明、任真：《满铁时期抚顺煤矿发展与城市空间演变》，《中国名城》，2013 年第 2 期。

（二）学位论文

1. 丛治辰：《现代性与社会主义城市建构——1949 年后文学中的北京想象》，北京大学 2013 年博士论文。

2. 邓永芳：《文化现代性引论》，中共中央党校 2007 年博士论文。

3. 丁一平：《1953—1966 工业移民与洛阳城市的社会变迁》，河北师范大学 2007 年博士论文。

4. 范矿生：《社会资本与近代企业——以中兴煤矿公司（1899—1938）为中心的考察》，复旦大学 2011 年博士论文。

5. 房忠婧：《满铁与东北殖民地化研究》，大连理工大学 2006 年硕士论文。

6. 高路：《1900—1937 年中国社会精英对城市化与城市现代化道路的探索》，华中师范大学 2013 年博士论文。

7. 耿科研：《空间、制度与社会——近代天津英租界研究（1860—1945）》，南开大学 2014 年博士论文。

8. 宫雯雯：《铁路发展与近代东北城市研究》，大连理工大学 2014 年硕士论文。

9. 郭文娜：《1929—1945 年大同煤矿的变迁》，山西师范大学 2015 年硕士论文。

10. 郝飞：《近代开滦煤矿矿难研究》，河北大学 2009 年硕士论文。

11. 衡孝庆：《现代性视域中的城市伦理研究》，苏州大学 2006 年博士论文。

12. 金凤：《日俄战争期间中日关于东北矿产资源的交涉研究》，辽宁大学 2011 年硕士论文。

13. 李晓锋：《近代山西新兴煤矿主的崛起及其影响研究（1895—1936）》，吉首大学 2013 年硕士论文。

14. 刘吕红：《清代资源型城市研究》，四川大学 2006 年博士论文。

15. 陆汉文：《民国时期城市居民的生活与现代性（1928—1937）——基于社会统计的计量研究》，华中师范大学 2002 年博士论文。

16. 吕蕾：《淄博煤矿工人运动三个历史阶段的发展研究》，山东大学 2009 年硕士论文。

17. 任晓飞：《都市生活与文化记忆——近代汉口的公共娱乐空间与大众文化（1912—1949）》，华中师范大学 2012 年博士论文。

18. 沈瑾：《资源型工业城市转型发展的规划策略研究基于唐山的理论与实践》，天津大学 2011 年博士论文。

19. 孙多忠：《民办淮南煤矿研究（1928—1937）》，苏州科技学院 2011 年硕士论文。

20. 孙好飞：《民国时期焦作煤矿工人研究》，郑州大学 2015 年硕士论文。

21. 陶双宾：《再置的生命：1946—1976，辽西北村落中的国家、社会与农民》，华中师范大学 2008 年博士论文。

22. 王汉筠：《中兴煤矿企业史研究（1880—1937）》，苏州大学 2003 年硕士论文。

23. 王磊：《近代以来煤炭资源型城市转型研究——以枣庄为例》，江西师范大学 2013 年硕士论文。

24. 王林楠：《近代东北煤炭资源开发研究（1895—1931）》，吉林大学 2010 年博士论文。

25. 徐婷：《铁路与近代东北区域经济变迁（1898—1931）》，吉林大学 2015 年博士论文。

26. 杨红波：《奉天地方政府于煤矿业近代化研究（1895—1931）》，辽宁大学 2008 年硕士论文。

27. 杨玉霞：《山西近代煤矿企业的个案研究——山西保晋矿务公司》，山西大学 2012 年硕士论文。

28. 于光：《矿业城市经济转型理论与评价方法研究》，中国地质大学 2007 年博士论文。

29. 张米尔：《资源型城市产业转型研究》，大连理工大学 2002 年博士论文。

30. 张微微：《民国时期门头沟煤矿工人生活研究（1917—1945）》，郑州大学 2014 年硕士论文。

31. 张紫鹏：《近代矿业生产的定量研究，1850—1933：以煤、铁为例》，

日本对抚顺煤矿殖民经营研究

广西师范大学 2014 年硕士论文。

32.赵天石：《我国资源型城市经济转型研究》，吉林大学 2006 年博士论文。

33.杨钰：《日俄战争后日本与抚顺煤矿》，齐齐哈尔大学 2014 年硕士论文。

34.周陶洪：《旧工业区城市更新策略研究——以北京为例》，清华大学 2005 年硕士论文。

七、外文资料

1. 《撫順炭鑛統計年報》，南満洲鉄道株式會社，1938—1943 年。

2. 《満洲日日新聞社：カント三年満洲年鑑》，満洲日日新聞社，1936 年。

3. 《満鉄天津事務所調査課》，北中國礦業紀要，1936 年。

4. 満洲日日新聞社：《カント五年満洲年鑑》，満洲日日新聞社，1938 年。

5. 満洲日日新聞社：《カント七年満洲年鑑》，満洲日日新聞社，1940 年。

6. 満洲礦工技術員協會編纂：《満洲礦工年鑑》全三冊，東亜文化図書株式會社，1944 年。

7. 南満鉄道株式會社：《明治四十一年度統計年報》，南満洲鉄道株式會社，1908 年。

8. 日満商事株式會社：《カント七年販売統計年報》，日満商事株式會社，1941 年。

9. 三上安美：《鉱物読本》，南満洲鉄道株式會社，1936 年。

10.山本実彦：《満洲経済年報》，改造社，1933 年。

11.偽満洲勞工協會編：《カント七年満洲勞動年鑑》，嚴松堂本屋，1941 年。

12. Carlson, Ellsworth C., The Kaiping Mines （1877-1912）, Harvard University Press, 1971.

13. Chan, Wellington, K. K. , Merchants, Mandarins and Modern Enterprise in Late Ching China, Harvard University Press, 1977.

14. Coble, P. M., The Shanghai Capitalists and The Nationalist Government, Harvard University Press, 1986.

15. Edward, e. W. , British Diplomacy and Finance in China 1895-1914, Clarendon Press, 1987.

16. Feuerwerker, Albert, China's Early Industrialistion: Sheng Hsuan-Huai and Mandarin Enterprise, Harvard University Press, 1958.

17. Fishlow, Albert, American Railroads and the Transformation of the Ante-Bellum Economy, Harvard University Press, 1965.

18. Fogel, Robert William, Railroads and American Economic Growth, John Hopkins University Press. 1964.

19. Hou, Chi-Ming, Foreign Investment and Economic Development in China 1840-1937, Harvard University Press, 1984.

20. Huang, Philip C. C., The Peasant Economy and Social Change in North China, Stanford University Press, 1985.

21. Wang, Kung Ping, Controlling Factors in the future Development of Chinese Coal Industry, King's Crow Press, 1947.

22. Wright, Tim, Coal Mining in China's Economy and Society 1895-1937, Cambridge University Press, 1984.

历经数载的修订完善，拙作《日本对抚顺煤矿殖民经营研究》终于和大家见面了。关于抚顺煤矿这一选题，源于一次偶然的学术发现，或者说是不经意间的机缘得之。所谓无心插柳柳成荫，当时揪住这个看似无意间的题材线索，开启了长达数年的攻关研究，终于成稿。

忆往昔，史料搜集之困难、文献整理之繁杂，依然历历在目，但经岁月之河的洗礼，聚沙成塔、积水成渊，那些孜孜不倦、钻研求索的时间片段，早已固化为收获的印记，镌刻在漫漫的求知路上。事非经过不知难，成如容易却艰辛。科研探索的过程如同羽化成蝶，最美的并不是凤蝶飞舞的那一瞬间，而是孕育生长的整个过程。今日之成稿，不言感谢，因为感谢早已刻在心底，良师益友、支持单位、家人亲属，铭记于心、唯有感恩。

看今朝，人生不惑，初心不改；岁月无声，书香做伴。学海无涯勤可渡，书山万仞志能攀。没有往日之轻狂年少，褪去岁月之青涩年华，唯有矢志不渝、上下求索，唯有重整行装、再上征程。千淘万漉虽辛苦，吹尽狂沙始到金。求知的果实如同冰山之雪莲，只有不懈的跋涉、征服，才能在雪中采撷那美轮美奂的花朵，品味辛勤耕耘后的泥土芬芳。

本书参阅、借鉴、引用了许多专家学者和单位的研究成果，在此表示衷心感谢。由于笔者掌握文献资料和研究水平有限，书中疏漏之处在所难免，恳请专家和读者斧正。

郑　超

2022 年 3 月于沈阳